山顶视角
代表作定制出版

成就顶尖高手代表作
让阅读更有价值

山顶视角

Practice of Management in China

成为一流企业

高晓春 —— 著

北京联合出版公司
Beijing United Publishing Co.,Ltd.

图书在版编目（CIP）数据

成为一流企业 / 高晓春著. -- 北京：北京联合出版公司, 2024.8. -- ISBN 978-7-5596-7710-5

Ⅰ. F279.23-49

中国国家版本馆 CIP 数据核字第 2024DT5448 号

Copyright © 2024 by Beijing United Publishing Co., Ltd.
All rights reserved.
本作品版权由北京联合出版有限责任公司所有

成为一流企业

高晓春 著

出 品 人：赵红仕
出版监制：刘 凯 赵鑫玮
选题策划：山顶视角
策划编辑：王留全 李俊佩
责任编辑：翦 鑫
封面设计：今亮後聲 HOPESOUND 2580590616@qq.com · 张张玉
内文制作：聯合書莊

关注联合低音

北京联合出版公司出版
（北京市西城区德外大街83号楼9层　100088）
北京联合天畅文化传播公司发行
北京美图印务有限公司印刷　新华书店经销
字数218千字　880毫米×1230毫米　1/32　12印张
2024年8月第1版　2024年8月第1次印刷
ISBN 978-7-5596-7710-5
定价：78.00元

版权所有，侵权必究
未经书面许可，不得以任何方式转载、复制、翻印本书部分或全部内容。
本书若有质量问题，请与本公司图书销售中心联系调换。电话：（010）64258472-800

目 录

前 言   1

引 子   001

第一部分
突 围   005

"水涨船高"时代过去，企业面临重重困境和内卷竞争。初创企业或默默无闻的小公司如何杀出重围，引爆公司发展？

第一章　什么是企业成功的商业基础　　007

企业成功的基础是成规模的商业需求，即要有足够数量且具有支付能力的客户愿意为企业的产品买单。创业者首先必须确认，企业的产品是基于真实的商业需求，而不是纯粹出于技术、主观臆想或者模仿跟风。

■ 商业点评　如何避免产品或业务开发走入误区　　015

第二章　明确企业的市场位置　　025

企业在市场的战略位置的确立，不仅决定了企业未来发展和优势建立的方向，也是企业采取差异化战略脱颖而出的关键。

■ 商业点评　企业突围策略及其核心　　039

第三章　战略落实，说到做到　　045

战略不落地，形同虚设！平庸企业和一流企业之间最大的差距往往不是战略，而是战略在经营的各个环节有没有落实到位，有没有真正完成战略闭环。

■ 商业点评　战略落地和企业发展"漏桶原理"　　060

第四章　创造优势产品价值　　067

产品只有提供客户难以拒绝的巨大价值优势，才能真正引爆企业起飞！

■ 商业点评　"价值优势凸显"产品定位策略　　084

第二部分

争　雄

　　产品和经营管理各个环节做到位只是企业成功的基础，只有在某些关键环节建立并持续保持竞争优势与特色，企业才能长久地处于领先地位。

第五章　规模——建立优势的基础

　　规模不是优势，但能为建立竞争优势提供必要的基础，尤其在以大为王的中国市场。企业规模化发展的关键，是运营和管理的标准化与体系化，以及管理团队的梯队化和队伍化。

■ 商业点评　创始人在企业不同发展阶段的角色转换

第六章　人才——建立优势的关键

　　企业只有在中高层执行领导层面和关键岗位上拥有众多优秀人才，才能真正建立竞争优势。

■ 管理点评　企业如何成功空降人才

第七章　文化——建立优势的堡垒

　　技术可以升级或颠覆，廉价劳动力或资源可以被替代，人才也极具流动性，但企业文化的优势却能长久传承，并难以竞争、拷贝。

■ 管理点评　企业文化的重要性与建设关键　　　155

第八章　品牌——建立优势的归宿　　161

　　对企业竞争优势而言，品牌既是原因，也是结果。品牌建设的关键，是保持产品和服务体验与营销的高度平衡、一致，切忌过度营销！

■ 管理点评　品牌是一驾虚实两轮驱动的马车　　177

第三部分

陷　困　　183

　　企业发展容易陷入"三大瓶颈"：苦心经营多年"起不来"（商业瓶颈），发展到一定阶段后"上不去"（管理瓶颈），一路狂奔之后突然崩溃"塌下来"（自我瓶颈）。其根本原因都是认知缺陷，即缺乏对商业管理以及人性与自我的深刻认知。

第九章　争权夺利，陷入内斗　　185

　　企业取得初步成功后，面对权力和利益，企业高层往往蠢蠢欲动，开始你争我斗。"共苦不能同甘"仿佛成功的魔咒，齐心协力打造一流企业似乎遥不可及。

■ 管理点评　组织内耗：中国企业走向一流必须
　　　　　　克服的门槛　　　　　　　　　　211

第十章　多元诱惑，误入歧途　　　215

拒绝商机是反人性的，让成功者克服贪婪、虚荣并超越自我更是异常困难，但盲目多元化也是危险的！

■ **管理点评　多元化，机会还是陷阱**　　　231

第十一章　自我膨胀，偏离市场　　　241

成功使人自信，但盲目的自信也容易使人丧失对市场的敬畏之心，忽视商业本质，导致企业领导自我膨胀，成为企业的头号杀手。

■ **管理点评　论老板的基本素养**　　　257

第四部分
超　越　　　261

中国企业只有超越传统文化与环境的局限，追求极致的专业化和卓越的企业组织，发挥自身特长，立足中国、走向世界，并且领导者能超越自我，始终追寻商业本质，才能成为一流企业。

第十二章　实行全面专业化　　　263

经营管理各环节的专业化是中国企业的软肋，也是它们和全球优秀企业的最大差距。超越传统中庸文化，实行全面专业化，是中国企业通往一流企业的关键途径！

■ 管理点评 研发金字塔与企业发展长短平衡　276

第十三章　建立卓越组织　283

追求卓越是一流企业的共同特征，如何超越传统环境约束，建立卓越的企业组织，是中国企业迈向一流的核心问题。

■ 管理点评 中国企业如何超越传统约束，打造卓越企业文化　300

第十四章　发挥自身特长　305

国有品牌的崛起和全球品牌的败退，说明庞大的中国市场具有其特殊性。超越西方经验，发挥自身特长，建立中国特色的管理实践，是中国企业立足中国、走向世界、成为一流企业的契机。

■ 管理点评 《孙子兵法》对中国企业管理真的很有价值吗　337

第十五章　追寻商业本质　343

领导是组织的灵魂，企业领导如何认知自己的局限并超越自我，敬畏无形之手，遵循市场规律，以及始终追求商业本质，才是中国企业迈向一流的关键！

■ 管理点评 如何避免企业经营管理偏离市场轨道　363

鸣　谢　368

前　言

动荡和充满挑战的 2023 年已经过去，但中国企业界最常听到的一句话"生意更难做了"，却并未随之而去。生意为何变得更难做了？中国企业又该如何应对呢？

毫无疑问，全球供应链的去风险重构，对中国高科技的遏制，国际地缘政治，西方发达市场保守民族主义抬头下的国际贸易保护和通货膨胀与应对措施，突如其来的两大军事冲突（俄乌和巴以），以及国内经济政策、环境的改变，加深了动荡与挑战。但许多人可能并未意识到的是，市场的这些内、外部环境的变化与风险只是推波助澜，生意更难做背后的根本原因，是中国市场"水涨船高"时代的落幕，以及因此产生的中国市场的结构性变化。

在"水涨船高"时代，市场到处涌现的是未被满足的需求与客户，企业只要勇敢地冲上去，把客户需要的产品做出来，做好几个基本点，就不愁在市场中找到自己的一席之地。这时候，企业经营只需要勇气胆量、直觉以及碎片化的经验和能力，企业就会"野蛮生长"。

当"水涨船高"时代过去，市场已经基本成形、成熟或渐近饱和时，企业似乎只能在存量需求下依靠你争我夺来分得一杯残羹。使情况更糟糕的是，"水涨船高"年代过度扩张造成的产能过剩，使需求的萎靡不振更加突出，导致你争我夺更加激烈，并近乎白热化。这正是中国企业目前陷入内卷竞争，或者出海寻求新市场发展的时代大背景。在国内成熟、饱和的市场，或进入西方发达市场，企业经营依靠的是专业的能力、不断的创新和系统的经验，企业发展需要精心呵护，即进入了所谓"深耕新创"时代，不仅需要对现有领域进行精耕细作与专业化，还需要跨领域创新，包括开创新方法、新模式和新领域，以及摒弃部分现有不适合的领域（如终止或剥离边缘化或无竞争力的多元化业务）。近年的中国市场，企业正在经历从"野蛮生长"到"深耕新创"的结构性变化。

诚然，在市场进行这种结构性变化时，过剩的产能和只有边缘能力的企业终将被淘汰，过去企业经营所依赖的勇气、胆量、直觉和碎片化的经验与能力也不再奏效，生意自然变得更难做，甚至没法做。但"深耕新创"时代的降临，往往也是一些企业变得更加强大、市场更加集中化的机会，只要这些企业具备或能够打造新时代所要求的关键能力。所以，中国企业感觉生意更难做的迷思，不仅是因为时代变化和内、外部环境挑战带来的直接冲击，更是因为没有意识到时代变

前言

化对新能力的要求，或者新时代相关核心能力的缺失，不知道如何面对市场结构性变化。

由于中国市场经济发展时日尚短，中国企业专业管理基础普遍薄弱，系统且专业的经营能力也往往缺失。再考虑到过去"水涨船高"年代直觉、莽撞的粗犷经营给中国企业带来的普遍性管理问题，成批的企业因此陷入经营困境、衰退或失败的现状，中国企业迫切需要一本实战商业管理指导书，系统引导企业如何突破经营困境、如何成功经营管理，以及如何培养"深耕新创"时代所需要的专业与创新能力。本书正是在中国市场结构变化要求和中国企业经营管理现状的双重驱动下诞生的。

面对中国市场管理实践的特殊性和复杂性，以及中国企业管理实践体系的缺失，要写一本实战且系统的企业管理教科书是一项巨大挑战。截至目前，业内鲜有这样的尝试。但本书接受这一挑战，试图首次做出这一大胆尝试。

本书既不同于传统的实战案例书，读之生动实在，读完却因缺乏普适性与全面性，只能碎片化借鉴而不能系统指导；也不同于系统的管理理论书，读起来头头是道，读后如何实践应用却无从下手。尤其是那些知名的西方管理实践译著，套用在中国企业身上难免有些水土不服，只能隔靴搔痒而不能直接应用产生效果。本书通过普适性的实战案例，围绕企业实际经营管理的系统框架展开，以达到实战性和系统性的双重功用。

成为一流企业

　　为了保证实战性、增加趣味性，以及避免专业书籍惯有的枯燥乏味与空洞抽象，本书的写作采取章节主题故事和结尾管理点评相结合的方式。主题故事基于作者当年接手并带领一家寂寂无名的管理咨询公司，在短短三年左右的时间里成功突围、强势崛起，并迅速逆袭规模数倍于自己的行业对手，成为国内咨询公司龙头的真实故事。同时，为了避免行业局限性和增强实战故事的普适性，主题故事还以各行各业的咨询实战案例作为辅助。

　　本书的主题故事以手把手教的方式一步步向读者展现，企业在弱小或处于困境时如何突围和起飞，在成长时如何建立强大的市场优势地位，以及如何避免停滞、不能跨台阶发展、快速扩张引发突然崩塌的陷阱，并最终成为优秀卓越的企业。管理点评则展示主题故事不曾提及的企业经营管理核心的系统全貌或偶尔的普适性缺陷，或者点评中国企业在这些关键环节的典型问题、挑战，以及实战应对解决办法。

　　本书围绕一个特定目的而写，即帮助中国企业成为世界一流企业。经过多年的发展和努力奋斗，尽管实力不断加强、以规模进入全球500强的中国企业数量众多，但这些企业与全球一流企业的关键差距依然巨大，真正踏足世界一流的中国企业数量仍然极其有限。因此，本书着重阐述中国企业成为世界一流企业的障碍、出路、途径和关键。

　　写中国企业管理实战的书，自然不可能绕开中国市场的

前言

特殊性和复杂性。本书对中国市场的人文管理、消费心理、竞争行为和市场环境的特色特征做了比较深入全面的分析，并尝试指出中国企业管理实践体系建设的可能出路，以及通过摒弃与修正西方管理理论在实践中不适用的部分、创造中国市场特色内容的方式，来初步探索和建立中国企业管理实践体系。

企业经营管理体系既复杂又庞大，在不同企业具现出来的问题与挑战也各不相同。尽管本书的宗旨追求系统性，但并不追求理论上的完备性，而是化繁为简，从实战角度抓住经营管理系统的关键环节。这样，读者就能清晰地"既见树木，又见森林"，还能在审视自己企业的具体情况时，迅速识别、找出自己特殊问题的关键，并在寻求具体解决办法时，知道其他关键环节该如何联动。

无论你是初创企业尚在迷茫的创始人，还是在中国市场结构性变化或内外部环境挑战下陷入困境而想要寻找突破口的企业领导，抑或是停滞不前的成长型企业或凸现危机的大型企业的老板，或纯粹是想将企业做成一流企业的成功企业老总，希望你能从本书中找到所面临的挑战或危机的直接答案，或者通过本书提供的实战和系统方法，创造性地提出自己的针对性解决方案。当然，如果你是研究中国企业管理实践的学者、教授，或是纯粹想学习中国企业管理的学生、职业人士，也希望阅读本书能对你有所裨益。

需要指出的是，本书的主题故事都基于真实的或实际发生的事件，但为了呈现主题的逻辑性和系统性，少数故事情节发生的具体时间、顺序、地点或方式，在不违背核心事实和本质的原则下做了相应的调整或虚构，所以这些情节的细枝末节未必完全真实、准确，但并非作者故意隐瞒。另外，主题故事中的个人姓名或企业名称，除了"我"和少数无关紧要的，其他均做了虚名或匿名化处理，并且为了展现许多中国企业家的共同特征，书中对某些关键角色的性格个性做了必要的虚拟处理。所以，读者没必要主观臆测或对号入座，以免对当事人或企业造成无谓的干扰和影响。本书采用真人、真事叙事，只是想展现中国企业普遍存在的实际问题和现象，以及实战中的对症下药，无意贬损或评价个人的性格、品行缺陷，或讨论谁对谁错和过往的功过是非。

希望读者能喜欢本书，从阅读中感受其价值，并能有所感悟和启发。如果对本书有任何反馈意见，或者想探索中国企业管理实践、帮助中国企业成为世界一流企业，或者你的企业碰到了实际困惑与挑战，可以与作者联系。作者为本书设立了专门邮箱：POM-China@amiline.com，欢迎随时来邮件联系！

高晓春
2024 年初于波士顿

引 子

> 创业充满着未知与偶然,难以计划和预测,就像命运一样,往往静悄悄地在不经意中突然变化!

2000年4月的北京,春寒料峭。因为创业计划的突然改变,我从硅谷搬到了中关村。

受维新创投网创始人的再次盛情邀请,两个月前我答应休假三周,来北京帮助他们将一再推迟的网站上线,然后再决定是否接受他们的搭档邀请。

我清晰地记得,3月31日一整个上午,我面谈了十来位创业者,他们既有海阔天空狂想,然后纯粹拷贝硅谷模式的在读及刚毕业的大学生,也有深思熟虑如何将手机短信和电视对接,然后进行互动娱乐的年轻在职人员,还有从事高科技材料行业,试图进行行业模式变革的成熟中年人。他们的商业计划从热门的互联网、传统的高科技制造，到技术不断升级的移动通信应用，可谓五花八门。但是从他们脸上，我看到了一个共同点：激情四射的、对成功与财富的强烈渴望！

激动且热烈的创业面谈延续至下午两点时，我饥肠辘辘地冲出燕山酒店公寓大门，只见外面天昏地暗，风沙呼啸肆虐。突然，黑风与黄沙迎面朝我猛烈扑来。"Oh my God, what the heck am I doing here?"（老天啊，我在这里干吗？）我本能地吥了一声，黄沙和英语脱口而出。离开中国多年，再回来时，语言习惯还没来得及改变。

出乎意料但强烈真实的感受激烈地冲击着我：中国正在经历着翻天覆地的变化。一方面到处是新兴市场的机会和希望，另一方面也充满着艰辛和未知，就像实际上已经沦为建筑大工地的北京，现代高楼到处拔地而起，建筑工地尘土飞扬。

如果说改革开放后的前二十年，创业只是少数勇敢开拓者或贪婪投机者的游戏，那么世纪交替之际，受中国经济发展和美国硅谷创业造富神话的驱动，创业已经成为中国大众的梦想。尤其是中关村的年轻人，创业的激情更像是脱缰的野马。

回国休假三周的短暂经历，彻底改变了我的创业计划。尽管我对维新创投网的市场前景并不十分看好，但是进入创投行业也能把我带到中国商业的中心地带，迅速弥补我离开多年导致的对中国市场深入了解的缺失。最重要的是，我清

引 子

晰地知道，中国经济的列车已经在轰轰隆隆地加速前行了。我必须上车，不然这千载难逢的机会只会与我失之交臂。

三周休假期间把维新创投网推上线后，我火速回到硅谷，在短短一个月的时间里辞掉了蒸蒸日上的工作，离开位于半山腰俯瞰硅谷、刚刚过户还未住热的崭新别墅，抛下熟悉和舒适的一切，毅然回到了北京。

在此之前，我的创业梦想一直只围绕着创业天堂——硅谷。芝加哥大学商学院毕业后，我没有去华尔街涉足与自己工程背景更靠近的金融，而是选择进入斯坦福大学旁边的一家战略咨询公司做管理咨询。作为骑驴找马的过渡，我为的只是到硅谷接受创业洗礼和寻找创业机会。

我清晰地记得半年多前的某一天，午餐过后，同事和我半躺在办公室外美丽的草地上，沐浴着清澈明丽的阳光，脚下是集聚了美国一半以上风险投资机构而闻名全球的沙丘路（Sand Hill Road），远处是美丽的斯坦福大学校园和高尔夫球场。正当我们畅谈创业的时候，代表公司在中国拓展业务的资深同事陶博士向我走来，第一次和我谈起了维新创投网的项目，并悄悄告诉我，创始人委托他帮忙找一位既懂技术又懂管理的搭档，问我是否有兴趣。我当场否决了，因为我并不看好维新创投网的市场前景与商业模式，也因为我当时的创业计划里只有硅谷。

当然，我后来回国创业起始之年的道路蜿蜒曲折。在确认维新创投网就像我所担心的那样，缺乏足够的市场驱动力而难以维系，募集有限合伙风险投资基金的时机又不成熟，以及尝试潜力无限并受深圳市政府大力支持的生物材料科技孵化园项目两个月后，发现创业团队完全不适合时，我的回国创业计划陷入了空前的困境。

正当我焦头烂额地琢磨创业出路之时，新近认识的中西咨询公司（以下简称"中西咨询"）创始人钟名突然约我面谈，并盛情邀请我入伙中西咨询。尽管管理咨询是我的本行，但它并不在我的回国创业字典里。因为咨询公司的规模局限，以及当时中国市场为咨询付高昂费用之难，使我望而却步。不过，时值媒体大肆报道某顶级跨国咨询公司在中国因水土不服而走下神坛，我在国内市场浸淫一年，也深刻感受到了中国企业管理实践的特殊性，我似乎看到了创建一家强大的本土咨询公司，与顶级跨国公司分庭抗礼，以及以此为基础建立一个实力雄厚的实业财团的希望和潜力。

在西方的成熟市场，创建一家咨询公司与顶级跨国管理咨询公司竞争，这简直就是天方夜谭。但现在，因为中国市场的特殊性，在中国则变得极有可能。我的创业激情再次被点燃，回国创业的梦想之车也从此驶入了激动人心的快车道。

第一部分
突　围

"水涨船高"时代过去,企业面临重重困境和内卷竞争。初创企业或默默无闻的小公司如何杀出重围,引爆公司发展?

第一章　什么是企业成功的商业基础

　　企业成功的基础是成规模的商业需求，即要有足够数量且具有支付能力的客户愿意为企业的产品买单。创业者首先必须确认，企业的产品是基于真实的商业需求，而不是纯粹出于技术、主观臆想或者模仿跟风。

一

2000年夏，北京友谊宾馆宽敞的大会厅里人头攒动、座无虚席，中国中小企业融资大会在这里隆重举行。除政府官员、风险投资机构人员和各大媒体记者外，参会者绝大多数是激情四射的创业者。与几年前美国硅谷开启的互联网创业热潮相比有过之而无不及的创业激情，迅速蔓延到了中国高科技产业中心的中关村。

毕业于美国著名商学院的中华创业网总裁张总和身为维新创投网总裁的我，受邀作为会议演讲嘉宾。中华创业网是维新创投网直接且唯一的竞争对手，所以张总和我的演讲颇有点华山论剑的味道，针锋相对、火药味十足。

我没有讲那些高大上的泛泛理论或时髦话题，而是直击创业者心中的需求和渴望：如何获得风险投资，以解决初创企业生死存亡的资金问题？因为内容的实战性和清晰的逻辑、目标，我的演讲在众多参会创业者中引起了强烈反响。到了下午，在洽谈会的公司展台前，创业者排了几十米的长队，迫不及待地等着见我。与此同时，对面中华创业网的展台前却门可罗雀。维新创投网也因此迅速享誉中国创业和风险投资界，并成为创投领域的翘楚。

演讲的一炮走红，不仅让我一夜之间成为镁光灯下媒体访谈与会议演讲的嘉宾新星，也让维新创投网迅速在创业、投资界家喻户晓，取得了品牌上的优势，公司在短短几个月里收集到了数千个创业项目。

其实，演讲的巨大成功也彰显了一个简单、朴实但直击商业本质的深刻逻辑：你只有想你的客户所想，并为他们的真实需求提供他们渴望的解决办法或产品，你才能成功！当你出于自己的主观臆想、自以为是，把高大上、深奥的技术或其他自己认为重要的所谓产品或服务硬塞给客户的时候，你就会面临困难和挑战，不及时调整的话最终必将折戟沉沙。

维新创投网突然变得兴盛繁忙起来，但加盟维新之前让我一直犹豫的关键问题依然困扰着我：维新创投网这个平台，会有足够多的具有支付能力的客户持续为其买单吗？

就像中国众多互联网初创公司一样，维新创投网也是在激情创业的时代潮流驱动下，通过在国内拷贝硅谷模式而创办的。创始人是北京某知名大学金融学院的李教授和芝加哥大学商学院的美国校友保罗，我是他们认为既懂技术又懂管理、受邀后加盟的搭档。李教授曾在哈佛大学从事风险投资研究，回国后写了一本关于风险投资的书。因为是国内系统介绍风险投资的第一人，她一夜成名，被公认为中国首屈一指的风险投资专家。

　　在激情燃烧的年代，创业公司如雨后春笋般在国内市场涌现，也催生了众多的创业需求。其中最突出的有两个：创业专业指导与培训，以及创业融资。维新创投网的业务或许可以满足初创企业的一些迫切需求，但资金才是创业公司最稀缺的资源，通常很难获得。问题在于，创业公司在没有获得资金、经营没有起色之前，靠什么支付维新创投网为其提供的专业服务费用？如果依靠创业公司的股权来支付，那么多数创业公司成功的概率很小，这将使维新创投网的未来充满了不确定性。而且，创业公司即使成功也需要数年时间，维新创投网在成功套现之前，自己的经营又靠什么资金来支撑？

　　另一方面，国内市场尽管创业激情爆棚，但是因商业发展时间不长而严重缺乏资金。除了试水中国市场的少数跨国风险投资基金，其他参与投资的个人、私人企业或机构资金极其有限，真正能获得风险投资的创业企业堪称凤毛麟角。所以，尽管维新创投网通过将创业项目和风险资金成功对接，可以获得不错的佣金，但单从成功融资的公司数量来看，很可能不足以支撑维新创投网的商业成功。

事实上，维新创投网收集的几千个创业项目经过分析与筛选后，真正值得深入发展的好项目并不多。大部分项目都是激情创业风口下为创业而创业，要么是基于新颖的概念或创意上的空洞设想，要么纯粹是对硅谷创业模式的盲目复制，其中真正值得维新创投网的风险投资合作机构进一步考察的创业项目寥寥无几。

更深入一层，作为创业和资金桥梁中介的维新创投网，其自身到底能提供什么价值？这种价值是不可替代的吗？真正优质的创业项目，为何要通过维新创投网这个平台，而不是直接接洽风险投资机构呢？

加盟维新创投网半年后，正如最初我对其客户需求和商业模式所担心的那样，公司依然没有成功一单。坐在泛亚大厦新装修的办公室里，我不得不痛苦地承认并接受，维新创投网的创始业务无论是在需求的支付能力和数量，还是在产品的价值吸引力上，都严重缺乏有能力买单的、成规模的客户需求。尽管维新创投网自身所需的百万美元风险资金已经到位，公司短期经营没有资金压力，但我不得不拷问自己：维新创投网的长期商业出路到底在哪里？是否有新的突破方向？

或许，可以尝试自身募集资金成立风险投资基金，进入投资业务，辅助维新创投网的业务发展？

二

互联网高科技创投行业在中国市场的迅速崛起，也促进了政府拟定新的投资政策、法律法规的尝试。正当我搭建风险投资管理团队，并试图募集风险投资基金的时候，中关村科技园区管理委员会（简称"中关村管委会"）开始在北京市试点推行有限合伙风险投资基金。在此之前，受社会环境和政策法规的影响，无论是新兴风险投资还是传统一般投资，在中国统一以有限责任投资公司的形式开展，而国际通行的高科技风险投资均采取更适合的有限合伙基金形式。

我组建的四人基金管理团队，既有来自跨国风险投资基金的，也有来自国有集团企业的，其背景要么投资，要么商业，属典型的中西结合专业投资管理团队。负责风险投资基金有限合伙试点的中关村管委会路主任，对我组建的团队以及投资理念和策略赞赏有加，决定把我们当作试点对象，全力支持我们在北京募集资本，试图创建中国第一支有限合伙风险投资基金。这不禁让我看到了一丝突破的希望。路主任毕业于中国顶级的大学，从政前还做过多年的厂长，不仅实践经验丰富，且思维敏捷、口才出众、年富力强，是我接触过的领导中少有的既有能力又令我敬佩的官员之一。

金秋十月，路主任特意召集了十来位北京国企的老总，在中关村管委会会议室为我们举办基金募集召集会。在我介

第一章　什么是企业成功的商业基础

绍了基金团队、投资策略以及募集计划的设想后，路主任起身为我们站台，单刀直入地对国企老总们说："今天召集大家开会的目的，就是希望你们能支持高总募集成立中国第一支有限合伙风险投资基金。我们正开展中国有限合伙风险投资基金的试点工作，非常看好高总和他的团队；他们是我们的试点对象，也希望得到你们的认同与支持。另外，如果出资高总的基金，你们企业将会得到北京市政府和中关村管委会的相关优惠政策支持，并且投资项目也有我们管委会产业资金的配套支持！"路主任的承诺和支持完全出乎了我的意料，不禁让我大喜过望。

会议进行得似乎很顺利，老总们整个过程听得全神贯注，也提出了许多问题，大家的讨论更是积极热烈。但即使有路主任的全力举荐和全力支持，也没有任何老总表示愿意出资参与基金，这使我颇感诧异和纳闷。

会议结束后，一位好心、直率的老总悄悄跟我说："高总，你的演讲和基金的设想很棒，我非常认同。我们公司其实也想涉足风险投资，不过有限合伙基金试点工作刚刚开始，相关配套法律法规还不健全，我们关注的不只是投资业务的发展，更关心资金的安全。所以，我们国企通常不会做第一个吃螃蟹的。"

这位老总的话顿时让我醍醐灌顶，一下子点醒了我——我所构想的风险投资基金并不能满足当前国内投资者的核心

013

需求。我立刻意识到，中国市场经济的发展历史极其短暂，基本诚信和资金监管配套的法律法规仍存在缺失，国企老总们最关心的并非专业性和市场，而是资金的基本安全和国有资产流失的风险。我忽然觉得募集有限合伙风险投资基金不仅路途遥远，而且困难重重。毕竟当前国内市场国有企业才是最可能的金主，个人或私有企业的资金还未形成足够的力量。所以，尽管风险投资资金募集的需求仍然存在，但有限合伙基金在国内市场似乎过分超前，时机还未成熟，充满着"第一个吃螃蟹"的巨大不确定性。

就这样，我回国创业的首战即受挫。但面临的并非资金、战略或组织执行问题，而是公司成功所必需的规模商业需求缺失。执着坚持下去已经没有意义，我也不想成为第一个吃螃蟹的人，试图通过漫长而不确定的等待去寻找募集资金的突破口，至少我的第一个创业项目不想这样。我必须立即停止，掉转船头，寻找新的创业方向！

商业点评

» 如何避免产品或业务开发走入误区

正如我当年刚回国在维新创投网的经历证明的那样,创业不是盲目拷贝或跟风,商业成功的前提是有真实且规模化的客户需求。站在风口上,也许狂热的飓风能短暂地把猪刮飞上天,但天上的猪如果不能迅速地进化出翅膀或脱胎换骨,很快就会被打回原形,重摔落地。

企业要取得成功,必须依赖客户需求打磨出自己的产品,只有成功的产品才能引爆企业发展,让企业起飞。而产品的成功与否,取决于它是否与客户的真实需求完全匹配。

道理听起来似乎很简单,但真正要做到却远非那么容易。许多初创企业之所以起不来,大多数时候都是产品有问题,也就是其提供的产品并不是客户真正需要的。维新创投网就是因为其产品或专业服务找不到大量具有支付能力的客户需求,在我离开之后苦苦挣扎了几年,最终不得不关门大吉。

事实上,许多创业企业甚至包括那些成功但处于变化环境中的大企业,其产品或业务开发经常容易陷入一些常见误区:

1. 技术主导产品

开发者往往沉迷于技术的先进性，产品开发以技术为驱动和目的，却忽视了技术对客户能产生什么价值或满足客户什么需求、产品是否是客户真正想要的，以及客户对产品的需求是迫切刚需、还是有了也挺好，甚至可有可无。技术永远只是产品或公司成功的手段，从来不是目的。即使是少数爱炫耀先进技术的产品，其技术也只是满足客户需要的产品的附属。另一方面，新技术的接受以及习惯的改变都需要一定时间，新技术的使用有时还需要相关的配套应用与基础（或需要取得一定的势），所以新技术产品的成功往往需要天时或准确的时机（过早或过晚都不好）。许多高科技创业企业起不来或失败，大多是因为纯粹追求技术目标，或者新技术的应用时机未到。这样的例子不胜枚举。

2. 主观臆想主导产品

产品开发想当然，从自己的主观意愿出发。就像技术主导一样，不是从客户的真实需求出发，而是想当然开发出来的产品，自然很容易背离客户的需要。知名的例子有国内著名手机品牌厂商小米贸然进入平板电脑产品，以为自己在手机市场的强势和经验，可以成功延伸、复制到平板电脑。殊不知大屏幕智能手机的普及，已经使平板电脑的需求逐年下降，并且这个需求渐渐萎缩的市场已经有苹果、三星和华为这样的强势品牌存在。小米平板电脑2014年上市后，尽管受到了部分小米粉丝的追捧，但实际业绩并未达到预期，短短三年后，该产品业务即陷入停滞状态。尽管新冠肺炎疫情暴发，大大刺激了作为学生网课标配的平板电脑的需求，也使小米在疫情期间重返平板市场，业务有所起色。不过，面对强大的竞争对手，在手机与电脑夹缝中的平板电脑需求峰值过后，小米平板业务必将面临挑战。

3. 过分注重外表或外显因素，不注重产品品质或本质

以前的国产品牌产品往往好看但不中用，即外表看起来似乎和国际知名品牌一样，并且精美、漂亮，但一使用就很快出了问题。尽管如今国产品牌的产品质量已经大大提高，但注重产品外表而忽视内在品质的问题依然普遍存在。以前做咨询的时候，我曾参加过四川一家国有家电企业研发体系项目的竞标。该公司曾经是当时中国家电行业响当当的企业，但其新产品研发的主体基本只是外形的工业设计。比如他们的新平板电视开发，显示屏和电控关键部分都是直接从韩国购买，自己只是通过工业设计加了一个吸引眼球的外壳，怪不得这家昔日辉煌的家电企业最终衰落，令人嘘唏。

4. 盲目拷贝或"我也行"产品

在供不应求或缺乏竞争的年代，抄袭大品牌的产品（不

侵权的话）短期内也许可以很快在市场中建立自己的优势，甚至获得迅速发展，但长久下来，当客户有其他选择的时候，这样的产品必然会被抛弃。当然，在充满竞争的年代，这种纯粹拷贝的产品开发策略更不可能成功。最引人注目的例子是众泰汽车。这家靠抄袭知名汽车品牌车型而迅速崛起的企业，一开始发展得风生水起，但一直扛着抄袭大旗却没有研发出真正属于自己的产品，慢慢被市场抛弃，落得如今接近破产的边缘。

5. 品牌跨界延伸

企业在某类产品或领域建立强势品牌后，受眼前利益和投机主义驱动，总想吃尽品牌红利，往往会轻易将品牌延伸到不同的新品类，甚至毫无关联的跨界新品。这样的做法，对于在诚信不足的市场迅速为新产品取得信誉也许有一定作用，但未必能保证成功。即使因市场竞争不强而取得成功，也往往会稀释原有产品的品牌，毕竟品牌在客户心中存在一定的品类或领域的强关联性，使用也存在一定界限。所以，品牌跨界延伸通常会出现三种可能的结果：品牌因为在新领域缺失关联性，对新品的市场开发没有帮助而导致失败；新领域竞争不强，新品市场开发成功，但原有产品的品牌遭到了严重稀释；新品获得了一定市场，半死不活，原有产品品牌遭到侵蚀，竹筐挑水两头空。著名的例子是，以管理创新扬名的著名家电企业海尔，以为自己强势的家电品牌可以延伸至手机市场，但因为品牌在手机市场的关联识别度低，并且手机市场已有数家强势品牌参与激烈竞争，最后不得不铩羽而归，重回自身强项的家电市场。

6. 成功产品跨国或跨地区延伸

企业通常会将一个国家或地区的成功产品或经验，盲目延伸或推广到不同国家或地区。产品之所以在某个国家或地区成功，是因为符合那个地方客户的需求，但换一个完全不同的国家或地区却未必如此。文化和社会环境的不同，导致不同的客户对某一特定产品的需求，可能因国家或地域的差别而完全不同。所以，成功产品的跨国、跨地区延伸未必是理所当然的，不应贸然行进。比如，跨国咨询公司刚进入中国市场的时候，想当然地向中国企业推行他们在欧美市场成功的管理实践，却不知当时的中国连谙熟西方管理系统知识的公司领导都异常缺乏，更不用说企业的管理基础和基本人才了。自然，他们为许多大型国企做出的漂亮的咨询方案，多半会成为企业老总的谈资或办公桌上一件吸引眼球的摆设，也就不足为怪了。所以，中国企业出海的关键或最大挑战，其实也是产品和管理的本地化适应。

7. 因产品持续改善机制和文化的缺失而不能适应变化的客户需求

客户的需求可能会因为新技术的出现、市场消费环境的变化、重大调控政策的颁发等，而产生重大的变化，产品自身也存在周期，新的或更具竞争力的产品会不断涌现。企业如果不能及时觉察到这些变化或规律，并迅速根据新的需求调整产品策略、采取相应措施，就会导致产品甚至企业的失败。最著名的例子莫过于曾经叱咤风云、统治传统照相技术胶卷市场的柯达公司，因为没有与时俱进地跟上数字照相技术时代新的客户需求，最终惨遭淘汰，完美演绎了温水煮青蛙的故事。中国市场著名的例子有锤子科技智能手机，锤子公司推出的一系列智能手机，如坚果手机，曾备受市场关注。但随着市场对手机性能、拍照能力、续航等方面需求的不断提升，锤子手机未能跟上市场趋势，对产品定位和策略未做及时调整，导致锤子手机失去竞争优势、销量不佳。

为了避免这些容易陷入的产品开发误区，并成功开发新产品或业务，企业应该遵循以下一些基本原则。

1. 从外向内，而不是从内向外的原则

任何成功的产品都起源于客户的客观真实需求，而不是公

司开发人员的主观臆断或技术主导。所以，成功的产品开发的第一步，是深入了解客户的真实需求，再根据客户需求细致打磨自己的产品或服务。

2. 客户价值原则

产品除了必须满足客户需求，还必须给客户提供具有足够吸引力的价值。只有这样，客户才会有动机购买，或者放弃现有选择转换购买。产品的客户价值要么是比现有产品更具吸引力（比如更适合客户需求，或在性能、价格和使用等方面提供更大的综合价值），要么是提供新的产品来满足客户未曾满足的需求。值得注意的是，产品的客户价值未必总是理性的、可以度量的。比如，有些产品可以给客户带来地位或面子上的心理价值，这在中国市场尤为突出。

3. 差异化原则

尽管产品价格始终是获取销量最直接也最有效的手段，但价格并不是能长久、持续产生产品优势的手段，除非你的产品具有竞争者无法超越的成本优势（比如沃尔玛通过高效供应链管理带来的商品成本绝对优势）。这是因为企业销售产品必须产生利润，不然就无法长久生存。因此，产品的差异化才是建立或保持产品优势，同时创造客户价值的最有效也最长久的办法。

4. 简单易用原则

产品的内部可能很复杂，但客户使用的部分或操作界面必须力求一目了然和简单容易。再有吸引力的产品，如果客户使用起来很麻烦或很复杂，就很难让客户愿意接受或者在有其他选择时仍然继续购买或使用你的产品。

5. 产品持续优化改善原则

产品在其生命周期内要保持长久的客户吸引力，企业就必须对其进行随时监测和持续改善，以应对客户需求、替代技术或产品、使用环境或竞争新品出现等各种变化，而不只是产品开发时的一锤子买卖。产品的精益求精和持续改善，往往是中国企业通往一流企业最缺乏的要素。

6. 建立客户产品反馈原则

客户反馈不仅能帮助企业深入了解客户需求，也有利于企业把握自己产品与客户需求的匹配度，同时还为企业监测竞争对手、产品持续改善提供方向和具体指导。

7. 产品售后服务原则

产品的售后服务不仅能有效获取客户对产品的真实反馈，也是提高客户的产品满意度、保留与获取客户以及建立产品品牌的有效手段。但产品售后服务不仅仅是表面上的热情、礼貌与形式,而是切身站在客户的立场,及时解决客户的产品疑惑、担心与真正问题。

8. 产品市场试用原则

在可能的前提下,产品开发应尽量增加市场试用阶段,以便取得客户的真实反馈来调准产品,或及早发现产品问题。但是,并非所有的产品都能有或适合先开发样品试水市场这样的奢侈机会,这往往更适合服务型企业的新业务开发。

第二章　明确企业的市场位置

企业在市场的战略位置的确立，不仅决定了企业未来发展和优势建立的方向，也是企业采取差异化战略脱颖而出的关键。

一

我从机场打车，匆匆赶到这座华夏文明发祥地之一、著名历史文化古城——洛阳，但目的并不是游玩这里随处可见的名胜古迹和人文景点。

回国创业第一年在维新创投网的尝试受挫之后，受另一家公司的创始人钟名之邀，在2001年夏初，我以搭档的身份全面接管他创办的中西咨询。公司是钟名在六年前创办的，但业务一直不温不火，没有真正发展起来。几个月来，我一直在琢磨和寻找公司起飞的突破口。这次来到古城，是进行最后一步的市场调研：深入一线了解客户的管理咨询需求。

这座充满历史文化韵味的城市尽管昔日辉煌不再，但作为国家"一五"期间重点建设基地之一，在重工业制造行业不仅拥有数家知名企业，还建立了深厚的机械制造业基础。这次拜访的目的，同时也是参与某知名金属制造集

第二章　明确企业的市场位置

团战略咨询项目的竞标。这是我首次亲临一线牵头项目销售，直面客户。

客户是一家大型国有制造企业，也是国家"一五"期间的重点建设项目之一。当年依靠国家扶助获得了先进设备和重点技术力量，经过多年经验积累，企业现在拥有较强的有色金属特种加工能力和制造各种不同产品的设备与人员，近几年来业绩也因此持续增长。他们想通过战略咨询，制订出企业发展战略和组织变革计划，以便成为一家高效、高速发展的市场化企业。借助以前在美国做管理咨询的经验，以及基于跨国咨询公司的惯常思路与咨询框架，我为这次项目竞标特意准备了厚厚的演讲材料。

客户的总部大楼坐落在老旧的街道上，是一座方方正正的老式红砖水泥结构建筑。大楼里灯光昏暗的水泥走廊两边，分布着众多独门独户的办公室，里面摆放着老旧的办公桌椅，一切都似乎和现代企业毫无关联。当我提前十分钟赶到三楼的会议室时，幽暗的房间里只孤零零地坐着客户的企划部部长。在我演讲即将开始之际，客户的一把手宋总才缓步推进门来。

尽管客户参会的人数只有出乎意料的两位，我仍然慷慨激昂地开始了我的演讲。我不仅分析了国内外有色金属加工市场的现状、结构、发展趋势和机会，以及客户企业在行业里的大概位置、可能的优势与资源，还呈现了如何将客户企业打造为现代先进企业而制订的战略的初步思路与框架。演讲结束后，我自我感觉还不错——毕竟我演讲的内容既逻辑清晰，又专业、深入、先进，并且对客户企业有比较强的针对性。

当演讲结束，进入客户提问环节时，房间里却鸦雀无声，客户似乎无话可说或不想说话，只是默默不语地坐在那里。我突然感到哪里似乎出了严重的问题，试图用通俗的语言与随意的话题调节气氛。最后，宋总终于开口说话了。

他说："高总，你讲得非常好，也非常专业，我也确信你们比另外那家公司更专业、更有能力。但是，跟你打个比方吧，我现在想买一台电视机，有两个品牌可供选择——索尼和熊猫，我完全明白索尼比熊猫好多了，而你就是造索尼电视的，但我怎么觉得熊猫牌电视更熟悉和亲切呢！"我知道，宋总说的另一家公司就是依靠著名大学发展起来的本土头部咨询公司之一——众航咨询。

宋总的话让我一时摸不着头脑。难道客户不喜欢专业、先进的全球管理实践？但宋总的话也深深地刻在我的脑子里，挑战我以前在跨国管理咨询公司的专业经验与共识。

之后与其他客户的接触，又一次超出了我在跨国管理咨询公司的经验与共识。我随后牵头竞标的项目客户，是南方一家以造船为核心业务的多元化中国工业500强企业集团，其咨询需求不仅包括制订企业战略，还明确要求咨询企业参与该战略的实施与执行。这明显违反了全球顶级咨询公司一贯坚持的设计与执行分离、不过多插手客户内部事务的管理咨询基本原则。

通过市场一线的客户接触和调研，使我逐渐认识到中国企业的背景与管理基础很不相同，对管理咨询的需求也完全不一样。中西咨询不但不能照搬西方发达市场成功的管理咨询方案，还必须放下跨国咨询公司发展、坚持的一些基本咨询原则和固有的观念与共识，重新认识中国企业的管理咨询需求和中国企业管理咨询市场。

二

国内的管理咨询市场起步不久，从头部跨国咨询公司20世纪90年代进入中国开始计算，也不过区区十年。但一方面中国市场供不应求和占山为王的年代渐行渐远，竞争已悄悄向企业袭来，另一方面企业发展使组织规模不断扩大，开始面临人员与组织管理的挑战，许多传统国企还面临市场化转型改造的考验。这些变革、战略和人员管理的挑战，与企业极其薄弱的管理基础和奇缺的企业管理人员境况形成了鲜明对比，也催生了对管理咨询的大量需求，使管理咨询行业在国内迅速发展起来，并形成了规模不错的国际咨询公司与本土咨询公司两大阵容。

一方是阵容豪华的跨国管理咨询公司。不仅全球所有顶级的管理咨询公司都已进入中国市场，一些不那么知名的中小型咨询公司也跃跃欲试，或者已经进入。但这些全球知名的跨国咨询公司一直在向中国企业推销它们在西方发达市场取得成功的所谓"全球管理最佳实践"，它们认为自己的解决方案既专业又先进。

另一方是旺盛的企业管理需求下催生的本土管理咨询初创企业。这些本土咨询公司以学院派为主，依靠管理培训和传播西方管理理论起家，给国内企业提供的解决方案貌似系统、全面，却缺乏针对性。这些本土咨询公司基本上是按照西方的管理系统，对企业做全面的检查、诊断，列出一系列问题以及基于理论的应对办法，解决方案往往既无重点、抓不住关键，又缺乏实用性。尽管咨询公司的低门槛和大量咨询需求，催生了数以千计大大小小的本土咨询公司，但绝大多数是地方性的个人小公司，成规模且全国性的本土咨询公司寥寥无几。

依附著名大学或管理学教授发展起来的、员工规模超过一百人的头部本土咨询公司是众航咨询和君创咨询，排行第三的是跨国咨询公司出来的几位搭档创办的卓群咨询，目前员工五十多人，以低得多的价格提供类似跨国咨询公司的解决方案。卓群尽管规模不及众航和君创，但专业实力在本土咨询公司里最强，也是钟名最敬畏的本土咨询公司。而我刚

第二章　明确企业的市场位置

加盟的中西咨询，无论规模还是知名度，都进入不了本土咨询公司第一梯队。

中西咨询的实际情况与创始人钟名试图说服我入伙时给我呈现的公司印象相距甚远，它其实是一家只有二十多名员工的普通创业咨询公司。真正成规模且在行业内具有影响力的，是钟名带两名前同事创办的提供企业信息服务的中西公司。中西咨询只是中西公司衍生出来的管理咨询业务，虽然已经独立经营多年。事实上，钟名带领中西咨询闯荡江湖已经六年，既尝试过与国际中小咨询公司的合作，也尝试过与市场改革先锋、大型国企老总以及著名跨国咨询公司出来的高级经理等合伙搭档，但业务一直没有起色。正因为如此，我成了钟名又一次，或许是最后一次尝试的新搭档。

经过几个月来与公司每一位员工的深入访谈和内查外调，我认识到中西咨询不仅规模弱小，而且毫无特色，几乎没有任何优势可言。就像许多初创企业一样，中西咨询依靠创始人的直觉经营，对自己的主体客户是哪些，这些客户真正需要什么，以什么产品或服务去满足客户的需求，又通过什么样的系统渠道去接触与吸引这些客户，公司要建立什么样的市场位置，以及靠什么特色、优势去持续获取客户等这些公司关键的商业问题，并没有明确、清晰的认识。

诚然，"中西"是企业信息服务行业里响亮的品牌，但能否延伸至管理咨询行业以帮助中西咨询发展，却并非确定。

一方面，中西公司的整体实力的确会给弱小的中西咨询带来信誉上的背书，毕竟诚信对起步中的中国市场仍然严重缺失。但另一方面，专业人员或懂的客户很清楚企业信息服务和管理咨询是泾渭分明的两项不同业务，关键能力几乎不相关，最终还可能存在潜在的品牌关联模糊与稀释等问题。

当然，在咨询项目的实施、执行层面，中西咨询和本土咨询公司相比还是具有一定优势的。通过与国际咨询公司和来自著名跨国咨询公司的专业人员的合作，中西咨询学到了国际公司高标准、严要求的咨询项目执行文化，以及对咨询结果的严格质量要求。这几乎是中西咨询和头部学院派本土咨询公司相比唯一可以拿得出手的优势，并且仅限于企业众多经营环节中的生产或服务环节。事实上，中西咨询在公司战略、人员、组织、文化和其他经营的关键环节上问题重重。

还记得几个月前，我在北京燕山酒店和钟名商谈合伙搭档时，正值媒体公开报道某顶级跨国咨询公司在中国市场水土不服、走下神坛之际。我最终决定加盟中西咨询，主要驱动因素也是看到了实现自己回国创业理想的希望：打造一家一流的管理咨询公司，与顶级跨国咨询公司在中国市场分庭抗礼！

面对弱小、几乎毫无优势或特色可言，并且问题重重的中西咨询的冰冷现状，我感到当时的希望与理想似乎突然变得遥不可及。不用说对抗专业、强大的跨国咨询公司，即使是挑战规模数倍于自己的本土第一梯队咨询公司，也似乎是天方夜谭，或是一项不可能完成的任务。我清晰地知道，第一步必须为中西咨询找到突破口。只有业务突围成功，才有可能挑战远比自己强大得多的对手。

也许是钟名对前面四位搭档合伙失败经验的感悟，也或许是他想最后一搏而孤注一掷，钟名主动把除财务外的所有公司经营大权全部交付于我。手握中西咨询的生杀大权，意味着我可以充分挑战自己的能力，发挥自己的创造力，从商业本质出发彻底整改和重新打造中西咨询，把它建成市场所需要的样子。尽管挑战巨大，并且困难重重，但这岂不正是中西咨询突破的机会？

三

面对严峻的现实，我绞尽脑汁思忖着中西咨询杀出重围的突破方向。

与行业头部公司死磕、直接竞争可能是一个自然选择，问题是谈何容易。面对以专业实力和广泛成功案例建立起全球著名品牌的跨国咨询公司，既无多少经验积累又处于资源绝对弱势地位的中西咨询，试图通过打造自己的专业实力来分一杯羹，显然是唐吉诃德式的以卵击石。管理咨询公司强大的专业实力的建立，不仅需要长期管理咨询的经验积累，还需要对管理理论与应用的持续研究投入。

但要进攻另一端——以突出对西方管理体系系统理解、依附著名大学建立自己市场位置的学院派本土咨询公司，没有任何著名管理学教授或管理学院纽带的中西咨询，又怎能让市场相信自己对西方管理理论具备更深的认识？另外，学院派的领头羊——众航与君创，因为许多顾问是在读的研究生，具有天然的成本优势，这也使得中西咨询实行价格方面的竞争没有可能。

所以，中西咨询的突围必须另辟蹊径！之前深入一线对客户咨询需求的调研和分析表明，尽管不少国内企业对学院派咨询公司那种系统全面然而笼统的咨询方案仍有需求，不少大型国企虽然并不十分在乎咨询方案的实施，也依然喜欢聘用顶级跨国咨询公司为自己企业贴金，但也有越来越多的中国企业，在为自己内部的特殊战略和管理问题寻找针对性的解决办法。

是的，市场竞争渐渐加强、企业规模慢慢扩大、国企市场化转型等市场驱动因素，使国内企业面临着大量的战略与管理挑战。而且，因为企业组织的复杂性和公司管理基础的薄弱，许多企业迫切需要为自己所面临的挑战，找到具有针对性的、能有效实施的管理解决方案。但无论是跨国咨询公司，还是目前本土的咨询公司，其管理咨询服务似乎都不能满足国内企业的这些新兴需求。

也许我可以围绕未被满足的新咨询需求,全面重塑中西咨询的业务和组织?不追求西方管理咨询崇尚的所谓最先进、专业的解决方案,而是基于对中国企业的组织、人事以及管理基础的深入理解,给他们提供针对性的、能实施执行下去的、最有效的专业解决方案?这是否意味着国内企业管理的提升与国企的市场化,由于受其自身组织、人事和管理基础的限制,必须分两步甚至多步完成?中西咨询即将提供的管理咨询方案,可能是国内企业在当前情况下能迈出的最大步、最有效的解决方案?并且,为了保障咨询方案的实施落地,中西咨询似乎还应该摒弃西方管理咨询遵循的不插手客户内部事务的基本原则,利用"外来的和尚好念经"的传统理念,为客户企业提供必要的实施指导与支持,帮助客户把针对性方案实施、执行下去,并产生效果?这些崭新的管理咨询设想、方案,在我脑子里翻江倒海地涌现。

进一步说,考虑到西方管理实践在中国的文化与市场环境下水土不服,中西咨询可以深入探索研究中国市场的特殊因素对管理实践的影响,从而对西方管理实践在中国的应用进行修正、延伸,甚至部分重造。当然,这些只是中西咨询成功突围之后的长远工作了。

突然间,我对中西咨询未来的发展方向、业务应该采取的市场位置以及公司的战略定位变得清晰起来:中国企业管理实践的领导者和中西合璧的实践派。

这难道就是我苦苦求索的弱小中西咨询杀出重围的突破口？我不禁为自己这一崭新的业务与战略定位设想，以及因此可能为中西咨询未来带来的巨大发展空间而激动得手舞足蹈。但我也清醒地知道，任何的新业务、新战略，必须经受得住市场的考验，不然就只不过是主观臆想而已。

我迅速组织公司市场部，根据新的业务和战略定位重新修改了公司介绍和业务营销材料，以便尽快试水市场。

四

我来到了上海，带着项目经理坐在上海某投资发展公司整洁漂亮的会议室里，等待客户领导马总出来面谈他们的咨询项目。这是上海市属大型集团下面一家投资发展子公司，尽管成立不久、规模不大，却实力雄厚，负责上海市政府授权的许多特大项目的规划、投资和开发。这次的咨询项目，事关上海崇明岛数十平方公里土地开发发展的商业规划和实施方案。

和其他国企老总不一样，马总做事的方式非常专业、规范，虽然看着很年轻，但经验老到，并且干脆利落、不绕弯子。他见到我第一面，就很坦白地说："我们这个项目肯定不请那些著名的国际咨询公司。不是费用问题，而是我以前和他们有过许多项目接触，觉得他们对中国知之甚少，却还不愿意深入了解、适应。上海有好几家公司请了国际头牌的咨询公司做项目，不但效果很差，有不少项目还给做砸了！所以，我们这次的项目面谈只邀请了几家本土的咨询公司。你们递交的项目计划材料我初步看过了，对你们公司基于中西结合和企业具体状况做出的专业解决方案比较认同。"

我微笑点头。为保持我们的专业性，中西咨询要求员工从不主动评价竞争对手及其业务，如果客户坚持要求，则只陈述事实而不讲主观评价。这也是我个人一贯坚持的职业操守。

来到上海之前，我对此次项目所有的演示材料依照新确立的公司和业务定位做了全面的修改。为了展示得更加深入和透彻，面谈一开始，我亲自演讲了第一部分对中西咨询和业务服务特色的介绍。话音刚落，就得到了马总的高度认同与赞赏，这是我始料未及的。多数情况下，客户在确定咨询公司前，通常会保持惯有的距离，有时甚至会故意表现出甲方专有的冷漠与傲慢。在我的助手做完咨询项目具体安排的演示后，马总还与我就管理咨询和中国企业管理实践与现状展开了热烈的讨论，并且话题很快就超出了咨询项目的范围。马总和我几乎一见如故，我悬着的心也很快落地。

不出所料，演讲后的第一天，马总就让助理通知我们赢得了他们的咨询项目。我们竟然没有感受到任何来自竞争的压力！只是因为苏沪一带惯有的细致规范要求，让我们花了整整一天时间面谈，商讨具体的合同细节、斟词酌句，但项目合同商定后就很快签署确定了。

来自市场一线的验证和客户的高度认同，更加坚定了我对中西咨询和业务新战略定位的信心，也确立了公司未来发展的突破口。下一步的任务，就是围绕公司新的业务与战略定位，对组织、人员、运营和企业文化等经营管理的各个关键环节进行全面的调整和重建，以保证新战略的实施落地。这将是一项更加艰巨、漫长的工作。

商业点评

» 企业突围策略及其核心

成为一流企业的前提,是在竞争重围下成功突围,为企业与业务建立优势市场位置。而企业突围的关键,则是寻找有效的突破口。所谓有效的突破口,是指不仅能为企业带来重大商业效益,还能为企业提供足够大的空间以建立竞争优势,以及不会轻易被竞争者拷贝或模仿的战略机会。

对许多中国企业来说,突破可能意味着压价、打价格战,或者给客户小恩小惠来促销,或者把产品外表做得更花哨、更吸引人一点,或者纯粹与竞争对手死扛,甚至大打出手。

也许有的企业已经意识到,品牌是突破的有效手段。但是,品牌是依靠企业一步一步做起来的,而不是天上凭空、突然掉下来的。问题依然是:企业怎样做才能提高自己的实力,建立自己的品牌?

所以,价格战、产品与营销的雕虫小技通常不会是企业突破的有效手段,尤其对在行业里处于弱势的企业而言。但管理咨询行业里处于弱小地位的中西咨询,却找到了新兴的客户需求作为崛起的有效突破口。

处于竞争挤压或困境的一般企业,如何寻找发展突破口呢?有效突破口有没有一些规律或途径可循?

企业发展要实现有效突破,通常有以下一些突破口:

未完全满足的客户需求。它既可以是现有行业主要企业没有或不屑于满足的特殊、小众客户群体的需求,即所谓缝隙市场(Niche Market),也可以是现有产品与服务没有完全满足主要客户群体的某些核心诉求,或没有完全解决的客户的一些关键痛点。未完全满足的主体客户需求之所以存在,是企业短期忽视的结果,也可能是因为实现难度很大(比如矛盾的高质量与低成本)或者实现手段不足(如没有相应的技术手段)。后二者往往会是更有效的突围选择,因为它们不仅能使突围者进入潜力巨大的主体市场,也使突围者有更大的空间建立自己的市场优势。遭到忽视的主体客户需求则不同,尽管也可以是企业突破的机会,但可能机会很短暂,因为行业里的主要玩家一旦知道,就会利用其现有的优势,迅速迎头赶上和超越。

新出现的客户需求。可能有许多原因会引发新的客户需求,这些新需求常见的有市场环境变化而企业还没有捕捉到的新需求趋势(比如中西咨询当时面临的新兴咨询需求),时代变化引起的消费群体变化所产生的新消费需求(比如最近几年催生出许多知名快速消费品牌的、"90后"与"00后"的新消费需求),或者下面会说到的、纯粹因为新技术的出现而引发的新需求。如果企业领导者能及时觉察和发现的话，新的客户需求的出现，往往是初创企业或相对弱势企业突围、逆袭的最有效手段之一。

新技术的出现或技术的换代与升级。新技术的出现可能会引发大量的、新的客户需求，比如无线通信技术发展至 4G 时，引爆了数据传送和对我们现代生活与社会影响巨大的智能手机市场；最近，大规模的 AI 语言平台 ChatGPT 正在催生潜在的 AI 应用的巨大需求市场。同时，技术的升级与换代也会引发新的客户需求。另外，技术的变革不仅会带来新的市场需求，还能促使现有产品及服务更好地满足客户的现有需求。这类客户需求通常早已存在，但因为缺乏相应的技术手段，商业上暂时没有可行的办法去满足。比如，物流仓储系统的无人化或机器人化，只有当视觉识别技术达到商业化的程度，才能够大规模实现。总之，抓住新技术带来的需求商机，往往是初创或处于弱势的企业（尤其是技术类公司）成功突围崛起的另一有效手段。美国硅谷近几十年的崛起就是最显著的例子。但需要谨记的是，就商业而言，技术只是满足客户需求和实现商业价值的有效手段，而不是目的。

面对面直接竞争。尽管这通常不是初创或弱小企业有效突围的手段，但处于行业第二、第三且实力不错的企业，仍有很大概率利用管理和技术上的提升突围并逆袭领头羊，尤其是在专业化程度还不是很高的中国市场。当然，如果企业拥有占优势的技术手段或其他特殊优势资源，面对面直接竞争仍然不失为企业突围的有效手段。比如，新的工艺技术或制造方法的突破与掌握，使产品的生产成本大大降低，价格就可能成为非常有效的突破口。没有真正成本优势的价格战则不是有效突破口，因为它不能持续和长久。

必须指出的是，有效突破口有两个核心要素。第一，对象是客户或客户需求，而不是竞争对手。企业寻找突破口时，往往会自然而然地瞄准竞争对手，简单地认为打败对手就是突破。其实，突破的本质事实上是更好地满足客户的需求（关键是深入了解和理解客户需求）。当瞄准竞争对手时，企业不但不能很好地了解自己的客户需求，而且会不知不觉地限制自己的应对手段，毕竟在没有技术或特殊资源优势的情况下，重复竞争对手所做的事且做得更好是很困难的，甚至是不现实的。所以，企业最终往往容易陷入不可持续的价格厮杀。

有效突破口的第二个核心要素是差异化，即创造性地以不同的产品与服务更好地满足客户需求。差异化不仅会在客户心中建立企业自身独特的个性标志，有利于打造强势品牌，还会给企业的突围减少不必要的竞争阻力，争取到足够的时间与空间来打造竞争优势与壁垒。所以，只有变道才能超车。对处于弱势的企业而言，没有撒手锏却要弯道超车，是不可能也不符合逻辑的。需要强调的是，差异化的目的是为了更好地服务客户、满足客户需求，而不是为了不同而差异化，即所谓优秀的前提是与众不同,但与众不同未必一定优秀。

也许正是因为过分关注竞争对手和缺乏差异化与创造性,中国市场才成了全球价格厮杀最激烈的血腥红海之一。

第三章　战略落实，说到做到

战略不落地，形同虚设！平庸企业和一流企业之间最大的差距往往不是战略，而是战略在经营的各个环节有没有落实到位，有没有真正完成战略闭环。

一

中西咨询新战略的实施落地，意味着对公司组织、人员、文化和运营各关键环节，围绕战略进行全面、彻底的调整、改造或重建，也意味着中西咨询将发生翻天覆地、脱胎换骨的变化。

通常对公司的组织与人事进行重大调整，往往会出现巨大的障碍，阻力通常来自现状的既得利益者与重要掌权者。事实上，许多中国公司的管理变革都因为复杂的组织人事关系，以及关键掌权人的极力反对而失败，要么半途而废，要么得过且过，不能真正做到位，最终不了了之。所以，任何组织的重大变革为确保成功、到位，首先必须扫除关键阻力与障碍。

尽管中西咨询只是一家拥有二十多名员工的小公司，也不例外。通过前期对顾问与内部员工的深入访谈，以及在公司工作几个月来的观察与感受，我明确感受到负责人力资源与行政的王经理将是公司新战略实施落地的关键障碍。我知道，要实现公司新的发展战略，必须卸下王经理的管理权力，确保她不再负责公司的任何管理工作。但这谈何容易！

王经理尽管名义上只是主管人力资源与行政的经理，实际上她是我到来之前中西咨询的第二号人物，也是钟名完全信任的管家与得力助手，公司内部的任何事务，钟名都一直放心交给她去处理。事实上，此前来自国际著名咨询公司、钟名的前搭档胡久也曾想拿下王经理，但钟名没有同意，反而导致王经理更有底气，在公司时常和胡久争辩、吵闹。

王经理跟随钟名多年，为中西公司当年成功创业立下了汗马功劳。我还清晰地记得，几个月前我第一次踏入中西公司坐落于三元桥旁的办公室的情景，建筑外墙气魄的全玻璃窗，和里面陈旧磨损的办公室形成了强烈反差。只有进门左手边的会议室和毗邻的四间独立办公室还算不错，它们的主人是公司的三位创始人和这位王经理，而我的临时办公室位于暗淡的大办公区里头的一间小会议室里。虽然中西咨询已经独立经营好几年了，但仍然和中西公司合用办公室。

钟名把王经理带到中西咨询之前，她手握中西公司人力资源和行政大权。中西公司身处企业信息服务行业，绝大部分员工是只有高中学历的信息收集与调查员，王经理用对待工厂工人的方式一丝不苟地严格管理他们，所以在中西公司养成了一种严厉与苛责的文化。随着王经理来到中西咨询，她自然而然地把这种严苛的文化带到了中西咨询。但中西咨询的主要员工是拥有著名商学院MBA或著名大学研究生学位的管理顾问，严苛文化不仅完全不适应咨询公司这种精英组织，也使中西咨询很难吸引并留住优秀顾问人才。怪不得在前面的员工访谈中，有好几位顾问向我抱怨，王经理对事斤斤计较，对人容易严厉、批评与苛责。

事实上，不合适的企业文化已经成为中西咨询战略落地和未来发展的最大障碍。为改变企业文化，我必须首先让王经理卸任。尽管名义上我已经拥有公司的所有经营大权，但如此重大的人事变动，我想还是应该先征得钟名的同意。于是，我思忖着如何说服他。

选了一个愉快的日子，约了一个合适的时间，我走进钟名办公室，和他聊起让王经理卸任之事。我心中有些忐忑不安，不仅因为事情本身极其困难、充满不确定性，还得仔细考虑万一钟名不同意的话下一步该怎么走，以及公司的战略实施该如何展开。此前，我已经和钟名初步交流过在员工访谈中发现的公司种种问题，因此这次约谈我就单刀直入了。

我说："管理咨询成功的关键之一，是优秀的管理顾问人才。现在主管公司人力资源和行政管理的王经理，无论性格、管理理念还是言行，都完全不适合这一行业，公司现在的许多顾问对她抱怨连连，上次也和你初步交流过，公司目前的文化已经严重影响了我们招聘与留用优秀顾问。如果想要把中西咨询打造成中国市场一流的咨询公司，王经理必须停止并不再插手咨询公司的人力资源与行政管理工作。如果让她继续负责下去，我可以肯定地告诉你，我们不可能达成你我想要的公司发展目标！"

接着，我列举了几点王经理处理事情的不妥当之处，以及顾问们对她的激烈反对意见，等待着钟名的反应。他思索了一会儿，然后慢慢但清晰地回复我，口气中似乎还带着点客气的征询：

"就照你的意思办吧。但她是公司的老员工，以前为中西公司立下了汗马功劳，最好不要让她走人。目前我正在尝试开展图书出版业务，让她去负责新业务，你觉得如何？"

我的目的只是让王经理离开中西咨询的管理岗位，并非赶尽杀绝，因此立即顺水推舟地表示：" 我没有任何意见。"

如此棘手的问题，竟然前后不到五分钟就解决了！这出乎我的意料，也让我惊讶不已。我如释重负，内心因战略实施有了良好的开端而充满喜悦。我知道，真正让钟名如此爽快地答应，是因为他认同了我的看法：如果王经理继续参与咨询公司的管理，必将严重阻碍公司发展，而这与钟名个人的目标和利益直接相冲突。

考虑到人力资源对咨询公司的重要性，我立即展开了人力资源经理的招聘，以便有人尽快接手王经理的工作。

我对新人力资源经理的要求，除专业、经验、能力和努力外，性格必须随和，且对人力资源工作充满热情，如果还具备在大公司和专业服务企业管理过人力资源的经验自然更好。很快，我就找到了这样一位专业、能干且经验丰富的人力资源经理，她叫向雯。更重要的是，向经理从小公司起步，最后做到了一家规模不错的国际公司的人力资源经理，正困惑于下一步的职业发展方向，得知中西咨询的宏伟发展目标后非常激动，很乐意辅助我打造并管理一支优秀的人才队伍，并希望与公司一起成长。

二

公司变革的重大障碍已经清除，我终于可以按照新战略的要求，大刀阔斧地对公司经营的各个重要环节进行全面的整顿改造。我决定，先从咨询公司经营重中之重的人力资源开始。

正当我在办公室琢磨如何全面改造公司的人力资源体系与新战略对接的时候，突然接到了客户打来的电话。原来是正在进行中的管理咨询项目的客户方经理、担任现代农业公司董秘的童女士。一般项目问题都是客户的老总找我，项目经理正常情况下不会直接和我联系，因为咨询项目组是在一起工作，有关项目问题，对方会和我的项目经理直接交流。

第三章 战略落实，说到做到

于是，我突然对项目情况有不好的预感。

童经理在电话里非常不满地抱怨说，咨询项目顾问王毅在他们省下属分公司的实地访谈调查工作做得很马虎，并且在没有预先通知客户的前提下就草草结束回北京了。她还抱怨王毅缺乏工作经验，访谈问的都是MBA教科书上的理论问题。她同时质疑，这样粗糙的调查数据信息怎能保证后面有效地设计分公司的管控，以及高管的考核与激励方案。

放下客户电话，我迅速联系了我方的项目经理。但他回答说，这几天王毅和他不在一起，分头在客户不同地方的分公司调研，并说王毅也没有联系过他，更没有告知他回京之事，所以不知道具体情况。我不禁愕然！

王毅是我前不久费了九牛二虎之力，花重金从跨国一线咨询公司挖来的顾问，原计划是作为公司中层骨干力量重点培养的。此次去客户分公司实地访谈，是他来中西咨询做的第一个咨询项目。毫无疑问王毅是聪明、优秀的，东北某省曾经的高考文科状元，中国顶级大学的经济学学士和硕士，研究生应届毕业时过五关斩六将进入国际著名咨询公司，并在那里工作两年有余。但是，客户不只是抱怨他工作经验缺乏，还质疑他的专业能力与沟通交流等基本职业素养。怎么会出现这样的情况？

进一步的摸底表明，客户的分公司地处小县城，工作与生活环境比较艰苦，王毅不能吃苦耐劳与踏实苦干，也不乐意接受这种挑战。因此，在没有联系项目经理并取得同意的前提下，他草草应付工作，就擅自提前返回了北京。客户分公司的负责人立即把情况告诉了童经理，童经理这才电话找我问责。

我不禁拷问自己，中西咨询新的发展战略到底要求有什么样的管理顾问？除了咨询公司传统上要求的聪明、优秀以及很强的逻辑思维与学习能力，还有没有其他关键的招聘标准？

国际咨询公司的人才结构是金字塔型的，处于塔底层的是为数最多的管理顾问以及少数低一级的商业分析员，依次往上是项目经理、高级经理、准合伙人（Principal），以及最后站到金字塔顶的公司合伙人。管理顾问人员进入公司后，采取"要么上去，要么走人"（up or out）的严格晋升与淘汰策略，以保障公司金字塔型人才结构组成。

在知名的国际咨询公司，对顾问人员的录用均采取笔试、面试和案例分析等多轮严格招聘筛选流程，从全球著名商学院百里挑一地招聘优秀的MBA，当然也有少数来自顶级大学的经管等相关专业硕士与博士。但是，它们基本不怎么关心应聘者的以往工作经验，只招收智力、逻辑思维分析能力、发展潜力等出色的应届毕业生，比如像王毅这样的，以便进入公司后统一培养和塑造，就好比标准问题的标准答案，但往往缺乏面对实际问题的应对与变通能力。现在看来，像王毅这样单纯只是优秀、聪明的经管研究生或MBA，似乎并不适合我们公司，也与中西咨询新的战略不匹配。

要为国内企业提供针对性且有效的管理咨询解决方案，不仅要求顾问具备商业管理专业能力，还要求顾问具备一定的国内企业工作经验，对企业的组织与人事的复杂性有所了解和应对，并且具备较强的与企业中高层沟通交流的能力。所以，我很快确定了中西咨询管理顾问人才策略的基本原则：招聘专业和基本能力突出（但未必最出色），沟通能力强，整体工作经验比较丰富，最好具有中层管理或与高层管理打交道的工作经验，并且与中西咨询的企业文化一致，要求上进同时也能脚踏实地做事的MBA或经管类硕士、博士。

另外，为了实现公司中西合璧实践派的定位，我制定了顾问招聘"三个三分之一"原则，即三分之一的国内一流商学院的优秀MBA、三分之一的海归MBA、三分之一的其他相关优秀人才，包括名校优秀经管硕士与博士、少数具有培养潜力的顶级大学应届毕业生，以及国内次一级商学院的突出优秀MBA等。其中，海归MBA指的是拥有中国市场丰富工作经验后到国外商学院求学，毕业后主动回国的留学生。

有了明确的人才策略以及清晰的顾问招聘目标，人力资源的招聘、考核、激励与培训等体系就可以完整、放心地交给向经理去负责了。中西咨询除了模仿国际咨询公司的多轮严格筛选招聘流程比较完整，考核激励与培训体系还是基本缺失或缺乏系统性的，需要重建。我给向经理提出了重建的

成为一流企业

两个关键要求。第一，在考核上，必须增加项目考核作为顾问考核的主要手段。每个咨询项目结束后都需要考核，考核结果与项目奖金挂钩，并且项目考核必须包括评价方案的针对性、有效性，以及客户对项目的总体满意度等指标。第二，在激励上，增加项目奖金作为顾问的基本薪酬之外的另一重要激励。但同时，其总体薪酬必须符合内部公平和外部具有竞争力的基本原则，薪酬的总体水平要高于其他本土咨询公司，以便为中西咨询实现"成为本土咨询公司领先者"的第一阶段战略目标做人才铺垫。当然，我之所以提出这两项关键要求，不仅仅是提升顾问薪酬的竞争力和保证顾问激励的有效性，更重要的是为公司新的业务战略定位在日常工作中的执行和落实，提供机制上的保障。

三

人力资源体系全面整顿后，下一个目标就是企业业务链的关键环节之一——销售。

与传统的制造性企业不同，咨询公司并不生产有形的产品，而是为企业提供专业服务，并且服务内容会随着企业具体管理问题的不同而变化，服务结果也只有在服务完成后才完全成形。所以，咨询公司销售的其实是看不见摸不着的、未成形的专业服务，对客户公司来说很难预先准确评判其优劣，存在许多未知和巨大的不确定性。另一方面，咨询公司的销售以项目为基础，即项目销售，销售服务的对象是客户企业的领导或高管。

咨询项目的销售起源于客户的领导或高管的咨询需求，经由客户的企划部或总裁办寻找并对咨询公司进行初步筛选，然后约见待定咨询公司面谈，咨询公司撰写项目建议书（即项目理解与运作思路和安排），然后给客户进行项目建议书的演示与问答，客户从中选定中意的咨询公司，最后进行商务谈判与合同签署这样一个标准的过程。其中，项目建议书是关键，不仅要求咨询公司具体陈述对客户管理问题的初步认识、解决思路、项目的展开计划与安排，也侧面展示了咨询公司的实力、经验和能力，以减轻或消除客户对充满不确定性的咨询服务的担忧。

中西咨询以往的项目建议书通常会很厚，文件里堆积了大量吸引眼球且看似放之四海而皆准的专业咨询工具与方法，以及繁复而通用的项目实施过程。但是，这种项目建议书一般针对性很差，更不用说基于对客户问题的初步认识，而产生专门的解决思路与思考这样深入的内容。

我曾经半开玩笑地告诉钟名："我们现在的项目建议书，不同管理水平的客户可能会有截然不同的反应。对管理不是很了解的客户，会夸赞并敬佩我们水平真高、什么都懂；对管理半知半解的客户，会像雾里看花一样，搞不清楚、疑问重重、问这问那；对管理有深入理解的客户，会说我们缺乏针对性、不能抓住问题关键，并且有点忽悠、瞎掰。幸运的是，目前在国内第三类客户极少或几乎没有。"但不管客户如何，一份好的项目建议书，必须对客户的需求或特殊问题有比较深入的理解和针对性的分析，对初步的解决思路、逻辑框架和特殊关键点也要有一些专门的思考，并且对可能用到的咨询工具、方法与过程要有清晰的描述。

我对中西咨询的项目建议书从内容到结构都进行了大规模的调整和模板化，对每一部分内容都制定了明确的要求与规定，以大大提升项目建议书的针对性、逻辑性与专业性。为了确保新的项目建议书按模板执行到位，为销售提供必要的支持，我还专门成立了销售服务部。一方面监督项目建议书按模板执行，同时为加强对客户问题的针对性理解，提供相关行业和企业的研究信息与数据，另一方面对销售项目进行及时跟踪和客户交流。

中西咨询销售环节中的另一大问题，是项目销售组织与人员配置。正如前面描述的项目销售过程所示，咨询项目销售人员在与客户高层面谈时，需要有迅速抓住管理问题本质，并提供初步解决思路的高屋建瓴的能力；面谈后，还需要有把对问题的初步理解和解决思路，变成使项目建议书进一步深化的专业能力；在不短的销售过程中，还需要有胜任演示安排、及时跟踪交流等许多事务性工作的能力。中西咨询采用的是经理级别的专业顾问单独销售模式，容易出现严重的能力不匹配和事务性工作做不到位的问题。这些专业顾问尽管咨询专业与理论功底不错，但就综合商业管理经验与总体资质背景来看，还不足以在和客户高层面谈时应付自如，并且往往缺乏高屋建瓴的能力，不仅经不住客户领导的考察与盘问，也很难获得他们的认同、接纳与信服。

所以，我决定收缩销售权，明确规定只有公司合伙人或准合伙人，才有资格参与公司咨询项目的销售。并且，要求任何项目销售必须建立三人项目小组，包括负责销售的合伙人或准合伙人、撰写项目建议书的资深顾问、来自销售服务部的支持人员。另外，我还要求销售负责人必须亲自参与客户的首次需求面谈和项目方案演示，在面谈后，还必须亲自向撰写项目建议书的资深顾问提供自己对客户咨询项目需求的理解、关键问题与初步解决思路，并且对项目建议书进行最后的质量把关。

事实上，项目销售权上收至合伙人或准合伙人，还有利于需求面谈时能第一时间见到客户的项目领导或老总，以便更迅速、更准确地抓住客户的真实咨询需求，缩短销售过程，以及降低销售过程的不确定性。

四

　　新战略的全面落实自然远不止人力资源和销售这些关键经营环节，还包括战略在员工中的宣讲与培训，围绕战略重新设计和制作公司宣传材料和网站，调整预算与投入，整顿公司的所有运营流程、制度与政策，建立与战略完全一致的企业文化，对公司的组织架构做必要的调整，等等。尽管其中许多环节都是简单但烦琐的细节，但对战略的落地和实现非常重要，所以必须保证每个环节都做到位。

　　正如前面提到的，中西咨询还面临着突出的企业文化问题。公司现有的企业文化不仅严重影响优秀人才的招聘与留任，还直接阻碍了公司新战略的实现。为此，我让向雯经理组织成立了文化小组，以重塑中西咨询的企业文化为主要任务，我亲自任组长，向雯经理担任负责执行的副组长。

　　文化小组的工作包括：组织和发动员工积极参与企业文化的讨论，明确公司的核心价值与理念，进行员工满意度调查，参与和监督公司奖惩和相关制度的修改，定期组织文化活动，督察行政部门建立顾问支持体系。

　　咨询公司的管理顾问常年在客户现场工作，只有项目结束之际才会偶尔回到公司。因此，顾问支持体系的重点，是项目结束时如何帮助顾问迅速、顺畅地完成诸如项目差旅报销等项目收尾的日常行政杂务，以及在顾问远离公司于客户现场工作时，帮助他们保持与公司的密切联系。为此，文化小组还特别创办了中西咨询内部第一本刊物《文化信使》，以便远离办公室的顾问也能充分了解公司的近况与发展，加强员工之间的相互交流，以增强公司的组织氛围和凝聚力。

经过近十个月的日夜苦战，绝大多数经营环节的战略已经基本落实到位，只有个别环节还需要辅以日常的贯彻执行，有的环节可能还需要尝试、评估与微调。但这已经足以使我迫切地期待着中西咨询新战略实施的初步效果。

成为一流企业

商业点评

» 战略落地和企业发展"漏桶原理"

《尚书》曰:"非知之艰,行之惟艰。"

战略策略无疑是企业经营的关键要素之一,因为它们决定了企业经营在整体以及各个关键环节该如何选择和决断。这不仅事关公司的生死成败,而且直接影响企业的发展方向、竞争优势、愿景规划以及资源投入和调配等。

其实,优秀企业与平庸企业之间最大的差距往往并非战略,而是战略的实施与真正落地。百年老店都是踏踏实实做出来的,不是规划或喊出来的!本书中描述的真实主题故事——中西咨询的崛起与逆袭,不仅是因为当时我敏锐、及时地抓住了市场契机,制定了正确的公司战略,还因为我根据战略要求,对中西咨询进行了彻头彻尾、脱胎换骨的变革,领导了战略在经营各个环节的实施,实现了战略的真正落地。事实上,当时制定公司战略只花了短短几个月,而战略的全面实施落地却足足花了一年多时间。对于大的组织战略变革来说,其实施可能需要花更长的时间,并且过程也会更复杂。

第三章 战略落实，说到做到

企业或组织的战略实现，其实是包括战略制定、战略实施与落地、战略结果评估、战略策略微调四个要素的一个闭环。只有形成闭环，战略才能真正落地、实现，不然则形同虚设。

但是，许多国内企业往往只注重战略策略，忽视或轻视战略的实施与落地，导致企业战略和企业实际经营成为两张皮。对某些企业而言，所谓战略只是美丽的门面或响亮的口号，制定之后漂亮地印刷在企业宣传册上，或者做成标语和口号高高地挂在办公室墙壁上，并不会真正付诸实际行动，或不知道如何执行。还有些企业，其实际经营行为甚至与战略背道而驰。比如，有的企业一方面战略上提倡建立创新型组织，另一方面却在制度和文化上严厉惩罚犯错行为，或者要求下级绝对服从上级等。一方面设了条条框框要求员工听话，另一方面又要求他们创新，试问这可能吗？

比如，一家制造型企业想实现低价战略，就必须对产品策略、产品设计与制造、工程技术、制造工艺技术、生产过程与管理、工程师配置、招聘与考核激励、组织与文化等方面，技术、产品、管理等重要支撑环节，进行全面的创新、调整甚至重建，以真正实现低成本运营，使低价战略得以落地，而不只是简单地营销压价，打价格战。

沃尔玛能从美国阿肯色州罗杰斯这样一个名不见经传的小地方的百货商店，发展成为全球最大的零售商，依靠的不仅仅是起家、发家的每日低价策略，更是以采购、库存和供应链管理为突破点，借助科技手段与系统，辅之以相应的人员组织与管理监控，真正实现了商品成本比竞争对手低几个百分点的低价战略落地。

大家可能知道广为流传的所谓"木桶效应"，一只木桶的盛水量由组成木桶的短板而不是长板决定。延伸至企业管理，"木桶效应"意味着一家企业的产出取决于组织的弱势部门，而不是优势部门。所以，企业需要补短板才能提升产出。

一家企业如果在其经营的某些关键环节存在明显的短板，那么它真的能在市场立足或找到自己的位置吗？或者说，它能获得与自己短板相应的效益或成功吗？

在过去供不应求、缺乏竞争的"水涨船高"年代，勇敢的创业者只要领导企业做好关键几点，敲敲打打，就至少能短暂地建立起企业的市场位置。但在如今产能过剩、充满竞争并需要精耕细作的年代，如果在某些关键的经营环节存在明显的短板，显而易见，企业在市场中就难以分到一杯羹。也就是说，在一个充满竞争的市场中，企业经营关键环节的短板必须足够长，或满足必要的门槛要求，否则企业将无法建立起自己的市场位置，就像桶底有个巨大的漏洞而无法盛水一样，终将一无所获。

另外，一家曾经成功的或具有一定市场位置的企业，其所处的市场环境发生重大变化，比如出现新的强大竞争对手、技术淘汰、政策急剧变化、市场与行业阶段转变等，会突显其严重短板，如果没有意识到并加以调整、修复的话，企业必将慢慢失去其市场位置直至消亡，就像木桶漏水一样。

我把因经营的关键环节存在或出现明显短板，导致企业起不来、上不去或慢慢消亡的现象，统称为"漏桶原理"。

事实上，成功的企业都是一样的，在经营的每个关键环节都做到位了，并且在某个或某几个关键环节还具备较强的优势。失败的企业原因却各不相同，在一些不同的关键经营环节没做好、出现短板，就会存在漏桶问题。

企业的成功或发展其实是一项系统工程，企业是商业和管理两条主线串起来的系统，一条是商业策略上怎样更好地满足和服务客户需求，另一条则是如何实施、落地商业策略，并保证商业策略目标的实现。

商业主线的关键包括：客户是谁，他们需要什么，竞争产品与企业是怎样满足客户需求的，优劣在哪儿，自己企业以什么市场位置切入，以怎样的产品满足客户需求，以什么方式建立特色与优势，如何使客户优先购买自己的产品，用什么渠道把有需求的客户和企业的产品连接起来，如何对客户营销自己的产品，等等。这事关产品价值优势和战略策略。

管理主线的关键则包括：什么样的人员与组织，如何规范（如文化、过程与制度），有怎样的资源支持（主要指资金），以及因此产生的以什么方式吸引、留住和激励所需的人力资源等等。这事关人力资源的组织与激励，以及资源的有效配置。

企业如果在商业与管理两条主线中的任一关键环节严重缺失或没有做到位，在激烈竞争的市场中就可能停滞不前或面临失败，或者企业系统因失去某项关键支撑而坍塌，即所谓"漏桶原理"。

中西咨询的全面管理变革，一方面是新战略在关键经营环节的实施落地，另一方面是基于"漏桶原理"，对企业商业与管理两条主线上的各个环节进行补漏或重建。战略的实施关乎经营特色在各关键环节的落地实现，"漏桶原理"则确保关键经营环节的完整到位。也正因为正确的战略、战略的实施落地和消除"漏桶问题"，才使得中西咨询面临困境和竞争而能成功突围！

"漏桶原理"向我们警示，企业领导只有深入了解企业的经营管理系统，熟知各个环节的功能与作用，既见树木又见森林，才能敏锐地洞察自己企业哪些环节薄弱而需要加强，哪些环节出现缺失而需要重建，避免出现明显的关键经营短板，远离"漏桶原理"的魔咒。

另一方面，企业领导熟练掌握了企业的经营管理系统，才能全面看清楚各个环节的联动与协调，才能了解各个关键经营环节孰轻孰重，以及在有限资源下如何协调发展，避免出现重大决策失误。比如,许多国内企业的领导由于缺乏对企业系统的深入认识,经常会犯这样的战略错误:只注重眼前利益、喜欢投机取巧走捷径,使企业未来经营可能出现明显的短板,导致企业长期发展不起来。

第四章　创造优势产品价值

　　产品只有提供客户难以拒绝的巨大价值优势，才能真正引爆企业起飞！

一

飞天集团巨大的会议厅里人头攒动，座无虚席，空气中弥漫着少有的紧张气氛。这是中西咨询对飞天集团管理诊断咨询报告的第二轮汇报会议，汇报对象为飞天集团的二百多名中层干部与骨干。

老牌国企飞天集团借助外力启动市场化转型，邀请了两家管理咨询公司同时做项目第一阶段的工作。一方面，集团如此重大的管理变革必将直接影响个人的切身利益，以民主投票的方式来决定谁是集团变革方案的设计者，对他们至关重要；另一方面，两家咨询公司火药味十足的竞争比试，到底谁胜谁负，也激起了他们的好奇心。参会者都翘首以待，群情热烈！

与我们以前做的咨询项目截然不同，飞天集团将其管理咨询项目运作的第一部分——管理诊断——分离出来进行招标。他们同时邀请了两家咨询公司对飞天集团进行独立的管理诊断，并要求就诊断结果分别对飞天集团的高层和中层进行两轮公开汇报，通过两轮汇报的参会者匿名投票的方式，决定其中一家公司进入项目运作的下一阶段——管理解决方案设计——的合作。

同时邀请两家公司做同一咨询项目的诊断部分，并通过公开汇报和匿名投票决定下一阶段的项目运作公司，这在咨询行业真可谓绝无仅有。

与竞争对手同台PK，对刚经历了战略与组织全面调整的中西咨询来说，一方面可能是一次绝佳的亮相机会，但另一方面也是巨大的挑战和压力。因为，竞争对手是规模数倍于中西咨询的本土头部咨询公司——众航咨询。也许飞天集团高层是想通过市场PK的方式，来解决他们选择咨询公司的难题，以回应上级要求。因为据客户说，众航咨询是飞天集团的主管部委某领导推荐介绍的。

飞天集团是一家大型特种设备制造企业，国有大型重点企业之一。飞天的核心业务原来是军工领域，近年来利用技术优势进入民品制造领域，并且民用产品业务比重正在迅速提高。但是，以计划生产和非市场操作为特征的军工主体业务，使其也产生了大型国有企业的一些常见通病，组织臃肿、人浮于事、部门扯皮、效率低下。比如，飞天集团平均每年内部发文达数千份，公司的中高层管理人员至少要把三分之一以上的时间用在开会和协调沟通上。为了满足占比日益提高的市场化民品业务的需要，飞天集团决定实行全面的市场化转型，这就需要解决其军品与民品业务如何平衡、协调发展的问题，因此他们希望咨询公司能为此设计出相应的解决方案。

事关与强大的头号竞争对手同台竞技，并且结果对中西咨询的未来发展也至关重要，我不得不打破惯例，特意安排几个月前刚提升为人力资源咨询中心副总经理、已经不再具体做单一项目的范晓强来担任此次飞天集团项目的经理。范经理是名校MBA，能力、工作表现与悟性一直非常出色，进入商学院之前还曾在主管大型国有企业的国家部委工作多年，一直是出色的组织与人事咨询项目经理，前不久才刚刚提拔为副总经理，同时负责管理多个项目的运作。另外，在项目开始前，我对项目提出了明确的要求——项目成果必须对飞天集团具有极强的针对性，诊断出的管理问题必须分清轻重缓急，抓关键重点而不是泛泛而谈，提出的初步解决思路也必须结合飞天集团实际的组织、人事状况分步进行。尽管我对范经理的能力充满信心，项目运作过程中，我还是经常与他保持热线联系，并在项目汇报前对他的演示材料一张张地做了检查和细究。即使如此，汇报的结果如何以及项目下一阶段的运作最终花落谁家，仍难以确定。

汇报演示中，范经理站在投影大屏幕前侃侃而谈，张弛有度并恰到好处。他的汇报不仅逻辑清晰、层次分明，而且重点突出，每个重要结论都有详细的数据与图表支持。在总结飞天集团面临的一些关键问题时，范经理以具体的数据展现了飞天集团与其几家主要竞争对手在成本和效率上的差距，并明确指出组织臃肿、人员冗余和流程繁复是该集团组织效率低下的关键原因。

然后，他通过内部员工统计数据分析，以时间曲线展现了飞天集团35岁以下中青年员工的比例在逐年下降，按此趋势发展会在两年后低于38%，而35～50岁的员工比例却在逐年上升，两年后比例将超过51%。由此，得出飞天集团如果不扭转趋势，很快将面临中青年人才筹备危机。范经理进一步指出，国企只进不出、只上不下和论资排辈的用人体制，必然会导致中老年员工越来越多，只有采取能上能下、用人唯贤的市场化人才机制，淘汰平庸者，释放出更多空缺位置并聘用更多能干的年轻人，飞天集团才可能扭转潜在的中青年人才危机。此时，聚精会神的听众露出了惊讶和敬佩的表情。毕竟他们平时所看到、感受到的只是表面的简单问题，而不是深层的严重问题。

最后，范经理提出了飞天集团市场转型变革下一步的初步方案思路。他明确指出，由于军工业务的特点、长久国企文化与历史包袱的积淀，飞天集团改革成功的关键是分步进行和步步推进，而不应该也不可能是一步到位。因为过分激烈的改革必定会像长久平静的水面突然扔进了一块巨石那样，不仅一石激起千层浪，还可能造成负面的蝴蝶效应，给改革带来难以逾越的障碍。随后，范经理展现了飞天集团市场化转型改革的分步解决方案以及每一步的目标，其中也包括了国企市场化转型中必然会碰到的诸如冗余人员分流安置这样不可避免的重大问题的思考。

汇报演讲结束，会场上响起了热烈的掌声。汇报后的第二天，客户项目经理向我们宣布，中西咨询第一轮的高管汇报得票高于对手三票，第二轮的中层汇报投票结果取得了压倒性优势，因此，中西咨询成功进入飞天集团咨询项目第二阶段的合作，众航咨询则被淘汰。

在飞天集团管理诊断项目上，中西咨询以实际行动战胜了规模数倍于自己的头号竞争对手，我和项目组所有成员都感到无比骄傲与自豪。在项目庆功会上，大家兴奋、激动，热烈回顾和讨论着项目运作中的激战过程，最后举杯庆祝项目成功。胜利往往是企业建立凝聚力最有效的手段之一！

当然，中西咨询在飞天集团项目上之所以能战胜强大得多的对手，是因为我们的咨询服务对客户更有价值——不仅项目执行力和专业性强，能找出客户未曾发现的重大实际问题，而且解决思路与方案针对的是客户的实际情况，能够实施和落实下去，并广受中高层执行领导团队的认同与支持。

第四章 创造优势产品价值

二

无论从内部还是外部来看，中西咨询的全面调整与改革都产生了明显的效果。

从公司内部来看，顾问们对公司的认同感显著上升，员工流失率明显降低，并且还吸引了一些优秀顾问加入公司，为咨询项目的执行与运作打下了良好基础。

业务上，咨询项目来源明显增多，项目销售成功率大大提高，公司业绩也取得了喜人的增长，并且客户口碑也好评如潮。这是因为项目运作的结果让客户非常满意，飞天集团项目同台竞技打败远比自己强大的竞争对手，只是其中一个突出性的标志事件。

从公司外部客户角度看，中西咨询之所以能得到客户的高度认同，关键是公司提供的专业咨询服务对客户具有巨大的产品价值。一方面，我们的咨询方案是根据客户企业的实际情况个性化定制的，是基于先进的管理实践、企业内部组织状况、企业外部特殊环境三者之间有效平衡的最佳解决方案；另一方面，我们的方案具有很强的可实施性和可操作性。在咨询方式上，我们还创造了独特的"过程咨询"，即与客户充分交流并互动讨论，让客户深度参与我们的咨询方案的制订过程，使客户成为方案的贡献者、参与者、拥有者，在咨询服务过程中获得客户的深入理解和认同。另外，我们还特意根据客户需要，提供灵活多变的方案实施指导和培训。从市场结果来看，公司在行业里的名气越来越大，主动找公司做咨询的客户越来越多，媒体和客户口碑传播的关注度也越来越高。

尽管中西咨询在市场上的节节胜利让我颇感欣慰，但公司业绩并没有出现预期中的井喷式增长。为什么公司的经营没有像我所期望的那样跳跃发展呢？这让我百思不得其解。

复盘公司的战略落地，应该说该调整的都调整到位了，产品或咨询服务正是客户所需要的，我们的咨询方法和咨询结果也让客户很满意，并且市场上还没有出现类似定位和经营的竞争者。系统销售渠道也打开了，源源不断的客户打电话进来，销售模式与人员组织的改变，也使我们拿单的能力大大提高了。

似乎什么都不缺啊，到底是什么阻碍了公司的起飞呢？

仔细分析了目前正在销售和已经签单的项目，我注意到，尽管签单成功率比以前明显提高，签单周期却似乎在延长。有好几个看好的项目迟迟没有签下来，客户似乎在犹豫着什么，不愿意马上做决定。

这到底是为什么呢？我有点丈二和尚摸不着头脑，困惑使我寝食难安。

第四章　创造优势产品价值

三

2002年夏天，我再次来到这座以民营经济发展"温州模式"而扬名全国的城市。它坐落在蜿蜒数百里的瓯江边，位临东海口岸，盘山绕水的迂回曲折给我留下了深刻的印象，让人浮想起艰难、勤奋、坚韧和复杂。我特意飞到这座城市，是为了和健康鞋业的朱总深入面谈前面已提交方案的咨询项目的商务环节。

健康鞋业以几万元起家，经过十几年发展，已经从家庭作坊发展成为年营收近十亿的知名制鞋企业。十几年来，企业的发展一直依靠创始人的直觉、精明、胆识和魄力，但规模的迅速扩大不仅使企业的组织、激励和考核等跟不上形势，企业下一步到底该如何发展也让创始人朱总充满疑问。他想借助外部的专业力量来系统制定企业的未来发展战略，以及配套的组织、人员与管理全面提升方案。

坐在美丽瓯江边星级酒店充满江南气息的茶室里，朱总和我享受着生活里少有的悠闲与平静。我们一边品尝以紫黑发亮、果大核小、脆嫩汁流和甜酸爽口而闻名遐迩的丁岙杨梅，一边慢慢悠悠地开始谈论项目，偶尔小啜一口清香入鼻的雁荡毛峰。

"你们的项目方案写得很好，看来你们对中国鞋业还蛮有研究，也比较了解。目前，我们选了两家咨询公司进行最后的深入交流，另一家也是北京的，这次交流后会决定和哪家公司合作。我个人觉得你们的方案更专业，也相信你们的水平更高，但你们的价格太高了，高出对手百分之四五十。高总，你们的报价还有商量余地吗？"朱总很快进入正题。

我知道，他说的另一家又是众航咨询。现在，我们两家在项目竞标时会经常碰面PK。但是，我并不想对项目价格做重大调整，陷入和对手价格竞争的局面，更不想因客户要求而答应调价。所以，我以解释的口气回答说："朱总，中西咨询做项目咨询，强调通过有效和针对性的可实施解决方案，为客户带来价值和效果。我们接下一个项目，一定会实现自己的承诺，让客户满意咨询的结果，而国内目前只有极少数咨询公司能做到这一点。其实我理解您对价格的顾虑，但我觉得，咨询服务的关键不是价格问题。如果咨询方案能产生预期效果，200万也是值得的；但如果咨询方案执行不下去或没有价值，即使20万也是贵的。您说呢，朱总？"

"我同意你的观点，高总。不过，尽管我相信你们更好，但问题是我们怎样度量你们比对手公司好出百分之四五十呢？"朱总直接说出了他的心理感受。

"朱总，您也知道我们公司做事非常规范，从不给客户乱报价、乱砍价。此次项目报价，是基于我们咨询服务的成本、能力、质量，以及服务对客户的价值。不瞒您说，我们的服务成本确实高于其他本土咨询公司，这是因为我们只录用优秀且经验丰富的高质量顾问，从不用在读的大学生或研究生，以保证我们咨询服务的质量与效果。尽管我可以对价格做一些调整，但公司的价格政策不允许大的价格变化。"我向朱总解释了中西咨询商务报价的一些基本原则。

我们反复讨论和协商，还是未能就价格达成共识。最后，朱总摊了底牌："高总，如果你们的价格能降到另一家咨询公司现在的报价，我们就选择你们。"

"朱总，这样吧，我考虑一下，回北京后给您答复。"我爽快地答应可以考虑。我知道，再进一步地纠缠价格问题，可能会给客户产生负面印象。

回京第二天，我给朱总打电话说，为了表示我们的合作诚意，同意价格下调20%。但是几天过后，并没有如期等到客户的回复。一个星期后，朱总突然来电话告诉我，他们内部经历了来回几次讨论，还是觉得我们的价格太高，并且众航咨询进一步下调了他们的价格，所以他们最后决定和众航合作。朱总还特意向我表示了歉意，说他个人特别相信中西咨询的实力，所以对不能与我们合作深表遗憾。

我感到有些无奈和失望。但朱总此前的疑问"问题是我们怎么度量你们比对手公司好出百分之四五十呢？"也让我陷入了沉思。

四

时间悄悄地滑入本该收获的秋季,我却在为全面改革调整没能让公司起飞而一筹莫展。

9月是中西咨询一年一次的股东会议召开时间,中西公司的三位创始人和我来到三元桥旁某大厦顶层的高端会所。钟名照例给大家汇报了公司的经营状况,我也给大家总结了这一年来对中西咨询的重大改革和调整,以及取得的初步效果。

股东会议很快就结束了,大家对公司经营的进展和结果都非常满意。但难得一年聚一次,我们都没有离开的意思,一边享受着美味和少有的清闲,一边漫不经心地继续聊天。

主管中西企业信息服务的创始人之一突然问我:"我一直不明白,你们做管理咨询的价格怎么那么高,咨询费动辄一二百万?为什么你们不可以开辟一些二三十万,甚至一二十万的小项目呢?那样肯定会有许多企业能够接受,愿意做管理咨询。"

我不假思索地回答:"那怎么可能。我们一个正常的咨询项目最快的也要一个半月,至少要两三位顾问参与,绝大部分项目通常需要两三个月,四位顾问。按我们目前的顾问成本,你说的二三十万都无法盈利,更不用说一二十万了。"但我清楚他为什么这样问,中西信息服务公司给客户厚厚一沓的企业信息报告,两年前他们还可以收一万多,现在也就值几千元一份。这两年竞争的加剧,已经使他们的调查报告价格直接腰斩。

虽然他的提议并不现实,但他说的"价格"两个字却像闪电一样击中了我的大脑。我突然惊叫起来:"对了,是价格问题!"

他们三位面面相觑,然后疑惑、愕然地看着我,显得有点莫名其妙。

我迅速解释说:"我们现在的定价策略有问题。尽管现在咨询项目竞标时,我们在能力与专业上可以展现出比其他本土咨询公司更多的优势,但我们的基本报价也比他们高出百分之四五十,这样会让许多客户很难迅速做出决定,犹犹豫豫。因为,他们脑子里会想,中西咨询真的比其他公司好这么多吗?怪不得我最近发现,我们现在的项目销售周期在渐渐拉长。所以,我们必须把基本报价调整到与头部本土咨询公司同一水平线,这样客户才容易迅速决定选择我们。他们会觉得,花了差不多的价格却请到了更好的咨询公司。"

我继续讲:"另外,我们目前的公司规模比众航与君创小很多,现在最重要的是迅速积累大量成功案例和良好的客户口碑,扩大市场占有率,把公司规模迅速做上去,并且通过更多的项目实践迅速培养一支能干的顾问队伍。即使从这些方面考虑,我们也应该降价。你们觉得怎样?"

尽管我建议的基础报价调整幅度高达30%,项目毛利润

成为一流企业

率仍然很不错，并且我调整价格的理由和论据十分充分，因此大家并没有不同意见，更何况除钟名外的其他两位股东一直就觉得管理咨询的价格太高了。

回到公司后，我立即向公司所有参与销售的人员和负责起草商业合同与报价的客户服务部下达了价格重大调整的书面通知，并传达了公司新的报价策略。

报价策略调整后，仅一个月就开始产生了爆炸性的效果，公司的业务终于起飞了！项目签单就像接力赛一样，一个接一个，并且项目线索也像雨后春笋一般大量涌现，几乎天天有企业给我们打电话，邀请我们参与他们的管理咨询项目竞标。人力资源部整天忙着招聘顾问，依然无法满足新签单项目的顾问需求，有时候我不得不故意控制销售节奏，并有选择性地放弃一些项目竞标。因为，我要求人力资源向经理严格执行之前设定的顾问招聘的高标准和严要求，不能有丝毫松懈。

五

2003年初，管理委员会月度会议在公司"故宫"会议室召开。和以往讨论日常经营问题与琐事的月例会不同，这次会议的主题是过去一年的经营总结和新一年的预算与工作重点。

这时我加入中西咨询正好一年半，对公司的全面调整改革也结束快四个月了。尽管中西咨询战略调整使它在市场上实力大增，我还是迫不及待地想知道更具体的经营数据和结果。

会议开始，钟名通过PPT总结了2002年的经营情况，包括公司收入与财务结果，项目线索、项目签单和成功率，以及顾问人才情况等。具体的数字令人鼓舞：销售收入增长50%以上，项目销售成功率超过三分之一，顾问的流失率剔除试用期不合格遭淘汰的，还不到5%。

大家都为超过50%的收入增长而兴高采烈，我心中也兴奋不已，有说不出的喜悦和自豪。全面调整与变革这么快就显现了巨大效果，毕竟2002年之前绝大部分时间都是在一边调整一边经营，而超过三分之一的项目销售成功率，意味着我们每参加三个项目竞标，就至少能中标一个。这可是前所未有的，尤其我们从不依赖价格竞争。

让我惊讶的，还有不到5%的顾问流失率。这几乎可以和最好的公司相媲美了。咨询行业由于高强度、严要求、长时间的工作特征，员工流失率通常会很高，中西咨询以前的顾问流失率就在20%以上。当然，现在如此低的顾问流失率应该不只归功于企业文化和激励的全面改善，当企业快速、强有力发展时，员工本能地就喜欢成为未来充满希望的组织的一员，并乐意同公司一起发展，没有特殊情况通常不会选择离开。

成为一流企业

经营回顾之后，钟名演示了新一年的预算，并征询大家意见。我补充道："从预算来看，50%的增长是可行的，但从经营目标的任务布置来看，我觉得我们还可以再提高一些。从目前的态势看，如果没有意外，更高的目标我们也应该可以实现。经营目标定在需要跳一跳才可以够得到的水平，才能起到驱动作用，尽管预算可以保守一些。"对我的提议，大家一致通过。

接着，我上台讲述了公司下一步的工作重点和合伙人的具体分工安排。首先，我强调公司下一步的工作重点主要有两个方向：第一是为公司即将面临的快速、规模发展建立人才队伍和完善运营体系，同时加强质量监督与控制，避免公司迅速发展时通常会出现的质量打折而最终妨碍公司长远发展的问题；第二是从人才、企业文化、品牌建设、运营专业化与深入化等方面，巩固公司的市场位置和竞争优势，而运营体系专业化、深入化的主要工作，包括咨询公司特有的项目运作体系和知识管理体系的建设。随后，我演示了关于重点工作的合伙人分工与具体安排计划。

会议的效率很高，大家很快对所有提议达成了共识。这也印证了我一贯的看法：当公司处于迅速发展期而又没有过分庞大的时候，企业内部的凝聚力和一致性是最高的。

会议结束进入闲聊时，前不久提拔的新合伙人江岩问大家对最大竞争对手众航咨询的总裁最近出版新书的看法。我半开玩笑半认真地回答："书的出版对他们公司应该会有一定的宣传作用，但不确定披露的客户案例中的企业老总会怎么看。这要是在美国，客户肯定会强烈反对。另外，书里的案例解决方案也太过笼统、枯燥无味和缺乏特色了，有水平的客户应该能看出来。更有意思的是，作者给自己的名字后面冠以'教授'头衔。在中国咨询市场渐渐进入为客户提供针对性实战解决方案的时代，这样做令人不解。况且，自己并非教授，这样做还有弄虚作假之嫌。看来，我们最大竞争对手的老总并不完全明白自己或公司应该做什么。中西咨询出头的机会来啦，大家加油！"

经过一年零一个月的时间，我对中西咨询天翻地覆的变革与调整终于以成功突围落下帷幕！经过这一年多的发展，中西咨询在管理咨询行业的实力与名气大大加强，公司员工人数也从我加盟时的二十多人，增加到现在的八十多人。

商业点评

》"价值优势凸显"产品定位策略

到底是什么使客户在众多的产品选择中青睐某一家公司,而放弃其他公司呢?

要全面回答这个问题可能非常复杂,这涉及了客户需求爱好、购买心理、购买决策、购买渠道与场景等众多内在和外在因素。但问题的关键、核心是,客户对产品价值的认知与心里总体价值感受一致。简单说就是,客户认为产品的价值有哪些、价值的大小,以及与产品价值相比,购买该产品需要付出的代价值或不值。我把客户对产品价值的总体心理感受简单叫作"价值优势"。

产品对客户的价值包括两个方面——物质的和精神的。前者关乎产品的功能、性能和材质等,衡量的是满足客户需求程度的实用价值,基本是理性和可以度量的,并且通常和产品设计、功能、性能和质量等一些实实在在的产品物理属性相关。后者则衡量的是客户因购买产品带来的、纯粹精神上的满足程度的心理价值,通常是非理性且难以度量的。比如,能彰显面子、身份或地位，可以炫耀、显摆或满足其他特殊心理，以及产品带来的美与艺术上的喜悦感受等。这通常和品牌、产品美学特质（如特殊外形与色彩）、时尚潮流与社会认同等相关。

不同产品的实用价值和心理价值，其组成比例可能很不一样。有的产品实用价值远大于心理价值，或者心理价值可以忽略不计，如绝大多数非品牌的一般消费品。彰显心理价值最突出的例子是奢侈品，尽管奢侈品的实用价值通常也不低。当然，理论上产品的心理价值和客户的主观个性有很大关系，会随客户的不同而变化。我们关注的，是大部分人的普遍心理价值。

值得一提的是，在实用价值和心理价值的倾斜或偏爱上，中国消费者和西方消费者存在明显的差异。一般来说，西方消费者更多注重实用价值，中国消费者在外人可见的产品方面，却非常重视心理价值。这点和中国社会的面子与身份文化有直接关系。另外，即使同样注重产品的心理价值，中西消费者在原因和普遍性上也存在明显的差别。西方消费者更注重产品的品牌和产品特质方面的心理价值，中国消费者则更重视外部时尚和社会认同带来的心理价值。

影响客户的总体价值感受或价值优势的关键因素，是产品价值和产品价格之间的对比关系。高的产品价值和低的产品价格会形成很大的价值优势，低的产品价值和高的产品价格则会使产品丧失价值优势。所以，降低价格通常会提升价值优势，而提高价格则会缩小价值优势。

但价格对客户的实用价值感受与心理价值感受的影响是不一样的，有时甚至是相反的——实用价值感受会随着价格的降低而改善，心理价值感受却未必一定如此。高价格有时会加深品牌与产品（例如奢侈品）的关联性与属性，从而改善客户的心理价值感受，低价格反而会导致这种关联的减弱或丧失，从而导致客户因怀疑其属性而影响到其心理价值感受。毕竟在国内市场，价格一定程度上是产品质量的象征。

深刻认识产品对客户的价值以及价值优势，能帮助产品经理或公司老总明确自己产品的定位。在充满竞争的市场里，盛行货比三家的消费文化熏陶下，国内市场的客户通常只会选择购买价值优势大的产品。所以，产品成功的秘诀是以明显的价值优势定位产品，我把它称为"价值优势凸显"产品定位策略。

产品的价值优势凸显可以是绝对的，也可以是相对的。前者指产品价值巨大但价格相对很低，让客户感觉像捡到便宜一样。后者是客户有多种选择，但其中一种选择的价值优势明显高于其他。此时，价值优势凸显可以简单地描述为差不多的价格但好得多的产品，或者差不多的产品但低得多的价格。

价值优势凸显产品定位策略，对处于行业弱势又想突围或逆袭的公司尤其重要。事实上，主题故事中的中西咨询正是利用价值优势凸显业务定位成功突围，并完成逆袭，成为当时本土咨询公司的行业龙头的。虽然变革后的中西咨询通过提供最优的、针对性的解决方案，为客户提供巨大产品（服务）价值，从而建立了自己的市场位置，但最终使公司起飞的是后面的价格调整，完美体现了以差不多的价格提供好得多的咨询服务的价值优势凸显策略。

必须指出的是，价值优势凸显策略的定价，不同于教科书上经典的竞争定价。前者注重产品价值和价格之间的关系，可以充分发挥创造性，有力地扩展产品竞争空间；后者只关注价格本身，容易陷入单纯拼价格的价格战。

第二部分
争　雄

产品和经营管理各个环节做到位只是企业成功的基础,只有在某些关键环节建立并持续保持竞争优势与特色,企业才能长久地处于领先地位。

第五章　规模——建立优势的基础

　　规模不是优势，但能为建立竞争优势提供必要的基础，尤其在以大为王的中国市场。企业规模化发展的关键，是运营和管理的标准化与体系化，以及管理团队的梯队化和队伍化。

一

　　某天早晨，我正在对客户服务部新来的两名员工进行培训。公司的客户服务部刚成立不久，这是她们工作的第一个星期，我必须亲自培训，以确保她们能胜任新增设部门的岗位。

　　"丁零零"，客户服务部刚安装的专线电话突然响了起来，既打断了进行中的培训，也打破了办公区往常的宁静，显得格外清脆和突兀。

　　客户来电说，他们公司计划开展管理咨询项目，询问我们是否有兴趣去他们公司面谈。客户是通过互联网搜索找到中西咨询的，这让我无比兴奋。这不仅让我看到了刚建立的互联网渠道的初步效果，还因为这是陌生客户第一次主动打电话找上门来，以前都是公司自己大海捞针似的寻找项目线索。

　　我不禁立即打电话告诉钟名这个喜讯，他更是大喜过望。

他没想到，我们新建的互联网渠道能这么快就产生效果。他特意告诉我，这是公司成立这么多年来从未有过的事情。

钟名擅长利用中国的传统文化典故撰写解释、理解或总结西方管理观念的文章，这些文章非常适合许多对现代企业管理所知不多或一知半解的国内企业领导的口味。经过多年的努力和频繁投稿，钟名个人在中国企业管理知识界积攒了一定的名气。他参加企业管理相关会议，不时会召集一众企业老总、董事长开个小型会议，以及朋友或中西公司的偶尔介绍，这些是中西咨询之前获取销售线索的主要手段。另外，受中西公司企业信息服务业务的启发，中西咨询还有一个很小的电话直销小组，通过给企业打电话获取销售线索，但这种电话直销犹如大海捞针。中西咨询现有的这些销售渠道不仅效率低下，而且效果非常有限。很显然，这些零星、缺乏连续性的销售线索，不足以支撑中西咨询的规模发展。

事实上，全球顶级的跨国咨询公司一贯坚持不做主动或推动（Push）销售，而是选择打造自己的品牌，利用品牌效应实现拉动（Pull）营销策略。什么是拉动营销？在市场上激发客户需求，客户会被你的产品或服务吸引，从而主动找上门来。中西咨询既没有足够高的知名度，也没有足够强大的品牌——打造品牌既需要时间，又需要成功案例积累和专业实力——这两者公司目前都还不具备。那么，中西咨询依靠什么做拉动营销？

主动突击和培训机构合作？但市场上真正提供面对企业领导的管理培训且具有足够影响力的培训公司并不存在。刚刚兴起的企业高管培训，如总裁班、高级管理人员工商管理硕士（EMBA），也只是少数中国知名商学院或管理学院举办，一家寂寂无名的小公司与这些著名学府谈商业合作，自然是异想天开。不得不承认，依附著名大学的众航咨询、君创咨询的确具有先天的渠道与营销优势。

抑或在管理杂志，以及高级管理人员经常出行的场所宣传媒介（如飞机杂志）上进行推广宣传？这也许是值得尝试的方式。但这种大规模、持续的宣传与推广费用不菲，再加上有影响力且聚焦高管读者的刊物稀缺，最终的推广效果如何不得而知。

和传统产品企业不同，咨询公司并没有可以利用的第三方代理渠道，必须自建销售渠道。因此，中西咨询的系统销售渠道问题一直困扰着我。

其实，在与客户交流中我发现，企业寻找适合自己的管理咨询公司同样非常困难。管理咨询行业方兴未艾，关于咨询行业与咨询公司的信息不多，客户对咨询业务以及咨询公司的了解很有限。但是，企业在初步筛选咨询公司时又必须搜集大量的背景信息，同时进行深入、审慎的分析研究。我突然想，客户会不会利用新兴的互联网搜索、收集这些信息

第五章 规模——建立优势的基础

并进行分析筛选呢？那么，中西咨询提早在互联网上宣传推广自己，会不会先人一步受到瞩目呢？

我为自己突如其来的想法兴奋不已！尽管互联网的潮流在中国刚兴起不久，大部分民众还未接触网络，但知道新兴的管理咨询服务且有需要的企业，至少在观念、理念上是先进的，他们应该会更快、更普遍地接受并使用互联网。也许值得一试！再说，面对收集咨询行业信息、筛选咨询公司的困难，以及有效信息渠道与收集手段的缺失，企业更有理由尝试新的互联网工具，更何况上网、联网已成为风尚。记得前不久，在面试一位来自其他知名咨询公司的高级经理时，他也无意中提到他们已经在使用互联网。这更加强了我开辟全新渠道想法的决心。

我决定大力尝试开创互联网营销渠道。于是，立即交代市场部联系两家龙头互联网门户网站的搜索部门，果断决定支付不菲的费用购买关键词"管理咨询"和"管理顾问"的搜索排名服务。这样可以保障用户在搜索这些关键词时，中西咨询的网站始终位列第一。当然，对于当时员工不到三十人、收入只有区区几百万的中西咨询来说，每月近万元的渠道费用是一笔不小的开支。事实上，这也是中西咨询在营销方面的最大单笔投入。但是，为了建立公司系统销售渠道，我必须进行尝试。

现在看来，互联网销售渠道的开发不仅是公司营销方面最重要的创新，也使得公司的规模发展有了关键的保证，是回报最大的营销投入。事实上，在公司业绩起飞之前，互联网渠道占公司业务的比例已经达到了50%，成为公司最大的单一销售渠道；在价格策略调整一个月后的公司起飞之时，已升至三分之二；现在更是高达80%以上，天天有源源不断的客户打电话进来。

互联网销售渠道的成功建立，是中西咨询规模发展的关键。再加上前面对公司的销售模式、组织与工具（项目建议书）的调整、公司网站和营销材料的全面改版、销售过程的规范化，以及客户服务部的成立，公司营销体系的标准化、系统化工作基本结束。在销售人员方面，几个月前新提拔的合伙人徐辉、江岩已被授予销售资格，使得销售人员的队伍成倍扩大。当然，新合伙人参与销售仍需要步步渐进，要成为高效的销售人员，他们还需要不断地学习和市场一线的历练。

销售体系的标准化和系统化只是中西咨询规模化的关键准备工作之一，另一关键工作是管理顾问和中层执行领导团队的队伍化，包括顾问招聘渠道的系统化和人才培养的体系化。当然，除了前面战略实施时对员工的考核、激励等管理体系的建设，我们还对业务中心组织、项目运作、考核与质量监控，以及关键管理流程等运营或管理的其余重要部分，进行了全面的标准化、流程化和系统化，以完成公司规模化发展所要求的从人治到依赖体系、流程和制度的转换。

二

秋冬交替之际，中国某顶级管理学院不仅大会议厅里座无虚席，挤满了数百名学生，就连过道和走廊也水泄不通。其中，大部分是半年后即将毕业的管理学院 MBA 学生，一部分是经济、管理相关专业的硕士、博士研究生，剩下的小部分是应届本科毕业生。这是管理咨询类公司每年第四季度到著名商学院进行 MBA 招聘的现场，我作为中西咨询的领导亲临现场，并发表了公司招聘演讲。

与其他演讲者不同，我没有以枯燥的公司介绍开场，而是首先切入听众最关心的职业选择、规划与发展。我在屏幕上展现了自创的基于爱好、特长和职业前景的职业规划三维矩阵，然后语重心长地强调说："也许你们现在还不能完全理解，但请记住，如果你想快乐、出色地工作并有所成就的话，最终一定要选择做自己真正喜欢的事情，而不是盲目跟风、迎合潮流，什么工作时髦或挣钱多就选什么。因为，人只有做自己真正喜欢做的事情，才能全身心地投入并取得更大成就，才能真正感到充实、快乐。当然，如果你对自己很喜欢做的事情或挣钱很多的工作并不十分在行，却又强迫自己去做的话，在职场上就会让自己处于劣势，自然不利于职业的长远发展。如果选择了自己非常喜欢的工作，经济上却养活不了自己和家庭的话，在商业社会显然也是不现实、不可能长久的。但是，并非每个人都能很幸运，马上找到自己非常喜欢、在行，同时又有很好发展前景的理想工作。此时，请切记不要眼高手低，这也是你们这些著名学府的毕业生通常最容易犯的态度错误。在没有更好的选择时，有一份工作就应该接受并努力去做，有基础才能有发展。况且，任何工作只要你踏踏实实去干，一定会让你学到很多东西，也一定会对你的未来发展有益。因为，职业发展通常不会一步到位，更何况兴趣在深入去做之后，还有可能变化。"

随后，我将话题转到管理咨询，以及它对个人职业发展的影响：

"管理咨询顾问是使人迅速成长和职业快速发展的工作，一方面，做管理咨询使你有机会面对企业的实际经营或管理挑战，需要在紧迫的时间内迅速抓住问题核心，并快速地提出合理、有效并让客户满意的解决方案，所以作为咨询项目组的一员，你需要具备很强的管理专业能力与经验；另一方面，咨询过程中顾问需要经常和客户企业的中高层领导打交道，这需要很强的人际沟通、交流能力，以及一定的企业经营管理经验或悟性。要很好地做到这两个方面，管理咨询顾问不仅需要具备超常的智力、快速学习的能力与悟性、出色的逻辑思维和分析能力，还需要很强的沟通交流、影响他人以及面对并承受巨大压力的心理能力。如果你能进入一流咨询公司工作，并能生存下来的话，一年的工作经历通常相当于其他非咨询类公司两年甚至更长时间的工作历练。所以，如果你喜欢挑战，并且聪明能干，又善于学习和领悟，擅长沟通、交流并能应对巨大压力，那么做管理咨询顾问将会是你职业发展的一个快速通道，即使你不想把管理咨询顾问当作自己长远的职业目标，也是如此。"

接着，我又客观地评判了硬币的另一面："正因为咨询业如此具有挑战性，所以管理咨询顾问并不适合每一个人，甚至不适合大多数人。除了工作紧张和压力巨大，管理咨询顾问一天绝大部分时间都是在工作。除了不做项目的短暂时间，管理咨询顾问每周工作时间高达八九十小时，就工作时长而言，其实和南方工厂里那些汗流浃背的工人没什么两样，只是使用不同的身体部分而已。并且，管理咨询顾问需要长期出差，几个星期才能回家与家人和朋友团聚，生活方式远不如其炫目的头衔那样吸引人，甚至令一般人讨厌。所以，在选择成为管理咨询顾问之前你必须想清楚，这是不是自己真正喜欢的工作，可不可以接受这样的生活方式。"

当学生们正听得聚精会神、兴致勃勃的时候，我顺势给他们介绍了中西咨询，强调我们为何与众不同和特色在哪儿，并和他们分享了中西咨询立志成为本土第一的咨询公司，最终同顶级跨国咨询公司在中国市场分庭抗礼的宏伟战略目标。

最后，我话锋一转："如果你认为自己的确优秀且真正喜欢管理咨询的话，我郑重邀请你加入中西咨询，快速实现你的职业梦想！"

演讲刚一结束，热烈的听众就从四面八方向我涌来，踊跃向我提问。主持人不得不尽快说了最后一个问题，会议就匆匆结束。我刚走下讲台，就被学生们层层围住，纷纷问及各式各样关于职业、工作和中西咨询的问题。学生们迟迟不肯离去，在围堵了两个多小时后才最终作罢。

也许是我的演讲内容打动了他们，或者是中西咨询高远的战略目标吸引了他们，抑或是被我直奔主题和轻松风趣的演讲风格所感染，这次招聘演讲取得了巨大成功，不仅集聚了很高的人气、宣传了公司，提高了公司在顶级商学院的知名度，而且有数十名学生当场向向经理及其助理递交了简历。

咨询公司不像制造企业或高科技企业那样，主要通过机器设备或科技手段实现规模发展，而是只能依靠大量专业、优秀的管理顾问人才。在管理变革之后，随着公司在市场上名气的提升，向经理代表公司与全国各大商学院或顶级院校建立了紧密、合作的校园招聘体系，为中西咨询管理顾问的规模化招聘打下了广泛的基础。

不过，优秀顾问的产生并非一蹴而就。即使是顶级商学院的优秀MBA，也需要经历严格的专业培训和足够长的一线

第五章　规模——建立优势的基础

项目锻炼，才有可能成为一名出色的顾问。校园招聘体系的建立，只解决了顾问招聘来源的数量问题，要培养公司规模发展所需要的大量管理顾问人才，中西咨询就必须建立专门的顾问培养体系。但我们碰到的挑战是，一方面，公司起飞后的飞速发展需要的顾问数量巨大，同时还得对顾问是否合格与优秀进行严格的质量把关；另一方面，合格顾问的培养还必须遵循一整套的专业化方法与过程，需要花费较长时间，不像一般服务人员那样，通过简单、程式化的短暂培训即可。

对此，我们在公司内部建立了严格的人才培养传帮带体系。新顾问进入公司，首先经过标准的入职培训，然后必须迅速进入一线项目训练。任何咨询项目小组必须包括和接纳一名新顾问，而项目经理除了成功完成项目，还必须把有能力、学习快和悟性高的新顾问带出来，或者负责通过评估把没有潜力的新顾问淘汰掉。同样，高级项目经理或经验丰富的老项目经理需要通过传帮带，在项目中把高潜力的资深顾问培养成项目经理。而我的主要任务，就是通过传帮带培训新提拔的合伙人，或者把有晋升潜力的高级项目经理培养成合伙人。

除了极少数咨询过程中出现重大问题的情况，其他时间我只会偶尔参与项目的具体运作，更多时候是对新合伙人、高级项目经理或资深顾问的传帮带。我传帮带的主要方式，是通过咨询项目的销售让他们撰写项目建议书，或参与建议书的演讲与问答。与客户老总进行需求面谈后，我通常会特意挑选一位合适的资深经理或顾问，让他来撰写项目建议书，经过严格要求和来回几轮的修改，培养他如何抓住客户咨询需求的核心，如何搭建清晰的初步解决方案的思路与逻辑框架，以及如何对客户关键问题进行针对性的专业思考。

正是公司建立的这种一级带一级的层层传帮带体系，迅速培养了中西咨询规模发展所需要的、批量的各级人才，建立了成规模的人才队伍，并在各层级实现了梯队化，使公司规模发展的人才需求有了保障。

其实，在公司战略调整与实施落地之后，我的工作重点也发生了重大变化。我会花至少一半的时间来建团队、带队伍，包括直接参与公司顾问的校园招聘和最后拍板，以及通过传帮带培养潜力员工。我知道，公司步入不同发展阶段，企业领导就需要承担不同的责任。但是，一般擅长技术或业务的创始人往往意识不到或做不好这点，从而影响公司的进一步发展。

三

2003年夏华东某城市机场，腾达集团的裘总驾驶最新款宝马760亲自来接我。尽管裘总说话时像精明而成功的江浙商人那样干净利落、快速沉着，还带着朋友般的爽朗热情，但从他略显黑色的眼圈不难看出，他看似精力充沛的背后所隐藏的疲惫。

腾达集团是一家文具礼品制造外贸企业，前身是一家乡镇集体所有制的外贸公司，在20世纪90年代后期江浙集体企业改制浪潮下，转变为民营私有企业，由裘总本人及家族拥有。尽管只有初中文化水平，裘总却凭借他天生的商业精明和做外贸时练就出来的超级敏感的市场嗅觉，带领企业取得了迅速发展，并在短短几年内建立了行业遥遥领先的地位。企业拥有庞大的生产基地，在请中西咨询做组织与人力资源管理咨询项目时，已经拥有以工人为主的近四千员工的规模，销售收入以每年超过30%的速度增长。尽管裘总市场嗅觉灵敏，并擅长通过制造物美价廉的产品吸引大量海外客户，驱动企业快速发展，但在企业管理上，他仍然依靠的是自己从实践中培养出来的直觉和经验，以及因循国企和机关基于人际关系的传统方式。

腾达的人力资源管理咨询项目已经进行了几个月，目前接近尾声，这一次我是特意赶来参加项目总结汇报的。裘总对我们项目组的工作非常满意，并且很乐意同我交流，经常趁我在现场的机会咨询一些项目范围之外的企业管理问题。之前应他的要求，我已经到过他企业好几次，渐渐和他形成了一种近乎朋友式的商业关系。当然，精明的裘总还充分利用项目进行的机会，请我公司的咨询项目小组为他提供项目范围外的管理问题解决方案，以至于项目组的成员工作得十分辛苦，为此向我特别申请了额外的调休时间。

就像中国绝大多数处于快速发展阶段的企业一样，腾达集团面临的发展问题也是管理上的瓶颈。尽管企业收入和利润规模仍在迅速增长，但企业成本占收入的比例也在不断增加，生产效率也越来越低，最终导致企业的股东权益回报率不升反降。事实上，作为私营家族企业，腾达内部的经营管理几乎所有方面都是粗放式的，无论是研发、生产、采购、库存、物流和销售等核心价值链环节，还是组织、人力资源管理、财务和运营流程制度等管理支持环节，都需要进行大量的规范化、标准化、系统化和专业化工作。

另外，裘总本人仍像企业初创期间那样，大到企业战略、组织、关键人事和产品，小到鸡毛蒜皮的日常杂务，他都事必躬亲，经常花大量时间去协调部门或小组之间的无谓纠纷，所以几乎每天都煎熬至深夜，深感疲惫。

下午的项目总结汇报进行得很顺利，裘总邀请项目组成员在企业自家的小餐厅吃晚饭。尽管没有大饭店的气派和山珍海味，但平常的海鲜和家常菜也非常可口。为了庆祝项目的顺利结束，在裘总的盛情邀请下，大家还高高兴兴地小酌了几杯。

饭后，裘总和我回到他的办公室。我随意问起，他这次看起来怎么比以往显得更疲惫，他抱怨说最近很忙，天天为企业的一些管理琐事忙到深夜两点。

借着酒兴，我直接以朋友式的诚恳口气对他说："裘总，现在咨询项目已经基本完成，项目小组也为腾达的人力资源管理及基础管理的规范化和系统化提供了专业、详细的可操作方案，但坦率地说，项目成果只是就事论事的解决办法，并不能完全解决你公司目前面临的根本管理问题。腾达现在面临的最大挑战，是中高层管理队伍的建设。正是因为缺乏这样一批得力的助手，你才不得不大事小事亲力亲为。现在你的企业规模已经不小了，如果事事都靠你管的话，不仅你管不过来，也管不好。因为，有些关键经营环节是需要得力、专业的助手帮助的，而不能像你当初创业时那样，拍拍脑袋就行。"

看到裘总似乎并没完全明白我的意思，我决定一捅到底。"我觉得，目前你的工作重心应该是中高层干部队伍的建设与培养，你的时间应该主要花在企业战略、组织、人才队伍和企业文化方面，而不是现在这样每天大部分时间都在疲于应付日常杂务。换句话说，你应该完成从'游击队长'到'元帅'的角色转换，即从亲自管理一切事务转变为管理一支优秀的将军队伍，让他们去处理所有的日常经营事务。这样的话，你也不会像现在这样劳累，并且效果应该会更好。"

"高总，三年前我就认识到企业发展需要优秀人才，从中国或全球500强的著名大企业里也挖过不少优秀的高管，并且我挖他们给的薪水也很高，但不知什么原因，就是没有人愿意留下来。"裘总插话道。

我委婉地问道："我知道你这几年一直在努力引进中高层优秀人才，但为什么没有一位愿意留下来呢？我觉得你应该去挖掘事情背后的深层原因。"

我欲言又止，最后转移话题告诉他："裘总，如果你对我的建议随后会仔细思考并采取相应行动的话，我相信，今晚我们的谈话对你企业的价值，将远大于我的项目组给你提供的具体管理问题的咨询解决方案。"

裘总似乎认真地听着，没再表示任何意见。我不知道我的话对他是否会真正发挥作用，因为人要超越自身的认知局限是件非常困难的事情。

商业点评

» 创始人在企业不同发展阶段的角色转换

企业规模发展的程度,既取决于行业规模、竞争者这样一些外在因素,又取决于产品与业务策略、企业战略(尤其涉及多元化时)、管理准备与支撑这样一些内在因素。本点评聚焦于企业单一业务规模化发展时,对管理支撑的配合要求,尤其是业务成功突围后的第一个规模发展阶段,本质上其实是个管理问题。在企业规模化发展的不同阶段,许多企业会面临严重的管理问题,以至于企业发展出现停滞或规模发展受限,不能完全发挥企业产品或业务的商业潜力。

通过深入观察不难发现,中国市场有一个令人深思的现象,即许多企业发展到一定阶段时,开始出现停滞、徘徊不前甚至衰退,不能迈上下一个发展台阶,这就是我所说的"上不去"管理瓶颈。

出现管理瓶颈的原因可能有很多,除了企业内部组织复杂而引起的内耗与低效,处于突围后的规模发展阶段的企业最普遍、常见的管理瓶颈,是企业运营与管理没有按照规模化发展的要求标准化、流程化与体系化，管理团队没有队伍化与梯队化。这就像许多连锁经营企业那样，在少数店面经营成功后，面向全国迅速扩张、急速开店时所面临的情形。问题的根本原因，其实是企业创始人或领导没有在这关键发展阶段进行必要的角色转换。

几年前经朋友推荐，我接触过中原一家稀有金属设备制造企业的创始人甘总。他依靠自己过硬的专业技术和在行业里积攒的良好人脉关系，创业短短五年，就把企业的年收入做到了近两个亿。但是之后十来年里，企业的发展就一直没有迈上下一个发展台阶，收入规模不但没有增加，反而出现明显的下降，一直停滞在一亿多点。与此同时，行业里其他曾经差别不大的主要竞争者却发展迅速。进一步了解发现，尽管企业员工有几百人，但竟然没有建立一支完整、像样的中层管理队伍，更不用说高层得力的左膀右臂了。企业任何事务都需要甘总来拍板，只有他说了才算。

直观的表现是，我和甘总在办公室交流的一个小时里，敲门请示的人让他应接不暇，但绝大部分都是鸡毛蒜皮的小事。自然，没有意识到自己该转换角色的甘总，只能精疲力竭地独自应对着一切，据说每天都要忙到深夜，就像腾达集团的裘总一样。不同的是，甘总还没有认识到他的企业管理队伍建设的迫切性。

我给他深入分析了企业面临的发展与管理问题的深层原

因，以及他需要做的角色转换。甘总听后大受震动，他以丰厚的企业股份邀请我，让我以总裁的身份加盟他的企业，被我婉言谢绝。中西咨询的经历告诉我，改变人本性的工作，即使是可能完成的任务，也充满着巨大的不确定性和未知风险。

正如本章主题故事所描述的那样，当年中西咨询起飞之后，之所以能迅速且顺利实现规模化发展，关键之一是我在起飞之后及时调整了自己的角色，把工作重心转移到了公司运营与管理的标准化和体系化，以及建团队、带队伍和人才队伍化、梯队化上。

事实上，在企业的不同发展阶段，企业领导的工作重点和任务是不同的，因此对企业领导的能力与经验要求也不相同。

在创业初期，企业主要的任务是根据客户需求打造产品，并把产品卖出去，关键的是商业问题，管理问题则不多，也不复杂。因为企业人员少，创始人可以直接面对每一个人，所以企业发展初期对领导而言，最重要的是业务能力和战略能力，对管理能力与经验要求不高。只要企业的创业团队搭建和股权架构设置合理，适合企业未来的发展就足够了。

当企业进入快速、规模发展阶段，尽管业务和战略能力依然重要，但此时企业的管理问题最为突出。并且，随着企业规模和管理幅度日益扩大，企业的经营管理主要依靠体系、团队与队伍的力量，企业领导的主要工作就是建体系、搭团队和带队伍。此时，企业领导就需要具备很强的管理能力。如果创始

成为一流企业

人在企业规模化发展时,仍然依赖直觉和简单的学习来管理企业,那么企业的发展就必然会出现"上不去"的管理瓶颈。

自然,在企业规模发展成功之后,进入行业争雄或多元化集团发展阶段,企业领导的主要工作任务与角色又会随之变化。这时候,领导人就需要具备战略与决策、组织与管理、不同业务领头人的选择与培养、协调发展和风险控制,以及领导力等各种能力。

所以,企业不同的发展阶段,对企业领导的角色要求是不一样的。当企业进入不同发展阶段时,创始人需要做相应的角色转换。转换不成功的话,就很可能会阻碍企业的发展。

成功的角色转换必须解决好以下三个关键问题。第一,胜任资格问题,需要客观评估创始人或企业领导是否或能否具备企业新发展阶段所需要的经验与能力;第二,角色转换问题,在合格、胜任的前提下,需要明确和理解新发展阶段企业领导的主要工作与任务,以及创始人或企业领导该如何做相应的角色转换;第三,代理人问题,如果创始人完全不适合领导企业进入新的发展阶段,那么需要确定谁将接替创始人领导企业,以及创始人的新角色是什么。

但是,企业创始人或领导能主动意识到并解决好这三个问题,是非常困难的。一方面,企业创始人会自然而然地认为,自己应该也最具有资格领导自己企业的新发展阶段。另一方面,即使创始人或领导主动意识到要解决好这些问题,意味着

第五章 规模——建立优势的基础

自己需要做出巨大的角色调整与行为改变，甚至牵涉职业经理人聘用，关乎信任与风险等实际问题，他也很难做到这些。更何况，这些调整与改变还可能会限制甚至罢免创始人管理自己企业的某些权力，因此尤其困难。正因为这些困难与原因，许多企业发展到一定阶段后，常常陷入管理瓶颈。但大家不难发现，国内市场中那些真正优秀且健康发展的私营企业，一定是创始人自己在企业不同发展阶段成功实现了角色转换，或者是善于调整自己的角色，成功培养或引进了合格的各级关键管理人员或职业经理人。

需要指出的是，创业者角色的成功转换不仅取决于创业者的经验、能力、学习和悟性，还取决于创业者的自我意识、自我认识、性格与心态。所以，不同类型的创业者，实现角色转换的成功概率往往也是不一样的。

成功的创业者大体可以分为四种类型：技术型、市场型、资源型和综合型。技术型的创业者是利用自己特有的技术优势，开发出市场需要的产品而获得成功的；市场型的创业者是对市场需求非常敏感，通过购买引进或自己开发出合适的产品，并通过强营销技能而发展成功的；资源型，则是依靠特殊资源（如执照、许可证或矿藏资源）或特殊关系（如政府关系或特殊个人关系）获得特有商机而发展起家的；综合型，是通过组织与领导，依靠整合他人的能力与资源而取得成功的。通常来说，技术型人才更喜欢单打独斗，也更容易自我感觉良好,在角色转换方面可能会面临更大的挑战。所以,国内市场许多技术不错的企业发展不好也就不足为奇了。而综合型创业者,则因为其整合他人能力与资源创业的特征,反而最容易实现角色的调整。

最后,当创始人创业成功,企业进入快速规模发展阶段时,创始人应该怎样做或做好哪些关键事情,才能成功实现角色转换呢?我认为有以下几点:

◆ 从对具体事务的管理到对人的管理。即从"游击队长"到"元帅"的角色转换。游击队长需要亲自带领队伍,执行每一个细节来完成具体的战斗任务;元帅则主要通过指挥将军团队来完成整体的作战任务。

◆ 从什么事都管到只管大事。所谓大事,通常指企业战略、战略实施与动员、重大投资融资、组织、文化、关键人才培养和队伍建设等。当然,企业经营的关键活动出现重大问题、风险甚至危机时,创始人也需要以支持、协调与决策的角色介入,但不能越俎代庖。

◆ 从事必躬亲到授权委托。即从什么事都亲自参与到绝大部分事情都委托给自己信任的管理团队去负责。当创始人看到自己授权给他人负责的任务过程或结果不满意时,通常会亲自披挂上阵,并直捅到底,容易犯越俎代庖的错误。越俎代庖不仅剥夺了负责人的职责和权威,也使其丧失了锻炼成长的机

第五章 规模——建立优势的基础

会，不利于队伍建设，最终会导致管理团队一切听命上级而自身无所作为、形同虚设。不愿意授权，正是许多企业老板每天疲于应付鸡毛蒜皮小事的根本原因。

◆ 从关注单个优秀人才到建团队、带队伍。企业规模化发展需要一支强大并梯队化的中高层干部队伍，经营的某些关键环节也需要专门的优秀人才，所以建立、培养、管理梯队化的人才队伍，是规模化发展阶段企业领导者最重要的工作之一。

◆ 从依靠人治到依赖体系与系统。企业小的时候，大事小事可以依靠人治，由创始人拍板决定，但企业大了，就需要建立起标准化的运营与管理体系、适宜的企业文化、合适的政策制度、梯队化的完整人才队伍，从而依赖系统更有效地管理和经营企业。

第六章　人才——建立优势的关键

企业只有在中高层执行领导层面和关键岗位上拥有众多优秀人才,才能真正建立竞争优势。

一

中西咨询即将起飞之际，我就意识到公司的中层项目经理与执行领导队伍严重缺人。公司原有的顾问数量不多，已经担任或可提拔为中层干部者寥寥无几，校园招聘则绝大多数都是工作经验有限的 MBA 或硕士博士，只能解决公司一般管理顾问的来源问题，其中经验丰富且能快速成长为项目经理的优秀者也是凤毛麟角。为了应对公司起飞后的快速规模发展，我不得不启动人才空降计划，并同时建立公司中层领导干部人才储备池。

我和人力资源部的向雯经理详细讨论了项目经理和中层执行领导队伍建设的空降计划和人才储备池，并提示她几个关键要点与要求。

1. 公司目前的中层人才队伍薄弱，不足以支撑下一步规模发展。这次快速搭建中层执行领导团队的空降计划和人才储备池，是为了给公司的规模发展奠定中高层人才基础。

2. 空降计划的具体目标是，在半年左右时间里建立一支初具规模的中层执行领导队伍，并且公司未来各业务部门的领头人也将主要从其中提拔。

3. 人才储备池是优秀人才选拔、培养的候选池，考虑到其中有些人会在过程中被淘汰，池子的规模必须足够大。候选池里的人才公司会重点培养，并会对他们负责的项目和工作严格审评，合格且有潜力者迅速提拔，不合格者立即淘汰。

4. 储备人才的来源主体是空降，采取公开招聘和朋友推荐等办法，必要的话可以使用猎头服务。公司目前现有的顾问，除个别资深且表现出色者，不做入池考虑。

5. 为了实现公司中西合璧的战略定位，空降人员最好有海外教育或工作背景。最理想的空降候选人，是在国内工作多年并在企业里曾经担任过中高层管理职务，然后去国外接受商业管理教育、具有国际知名学校MBA或管理相关研究生学位的回国留学生。

6. 空降候选人的薪酬水平，原则上不受公司现有薪酬体系的约束，以和候选人经验背景相匹配的市场价值为准则。

7. 空降候选人的录用，除了人力资源部的基本考试与面试，还应该经过至少两位以上经验丰富的高级经理或合伙人的面试，合格通过者最后由我面试，再拍板决定是否录用。

8. 所有录用的空降候选人，进入公司的第一项工作就是以普通顾问身份参加咨询项目，并严格实行三个月试用期，不合格者立即淘汰。

顶级的国际咨询公司通常会基于两年的工作评价，对顾问实行升迁或走人（up or out）的淘汰制度。中西咨询则与其不同，实行三个月试用期不合格者严格淘汰的制度。新顾问入职培训后，必须立即参与咨询项目，一个项目做下来，再进行评估其是否合格，项目的时长通常为三个月。和严格淘汰相对应，新顾问在项目一线的工作表现优秀，就会得到提拔。这也是优秀顾问人才的主要选拔手段。最具潜力的新顾问，通常能在一两个项目之后脱颖而出，公司会重点提拔和培养。三个月试用期淘汰选拔制，是中西咨询快速培养合格管理顾问和选拔优秀顾问的人才机制，空降计划人员也同样必须遵守试用期制度。

由于中西咨询在行业里的知名度越来越高，中层空降计划的实施工作进展顺利，一个月之后就产生了明显效果。人力资源部通过公开招聘、与互联网人力资源公司合作以及朋友介绍等多种渠道，很快就吸纳了一批背景非常不错的应聘者。其中，不乏在中国工作多年、担任过部门或区域经理，然后去美国、英国和澳大利亚等国的知名商学院深造，获得MBA学位后回国不久的海归，已经有十多位顺利通过了前面

第六章 人才——建立优势的关键

的笔试与多轮面试筛选，正等待着我最后的面试和拍板。

然后，这批优秀人才一旦录用，仍必须经历一线的专门培训与历练。

二

早上八点二十分，现代农业公司的会议室里，我、新合伙人江岩、项目经理吴鸣和他的项目小组人员，已经齐刷刷地在会议桌对门一边正襟落座。客户的项目组人员也一个个陆续到来，坐在会议桌的另一边。最后，客户公司的洪总和闫总走了进来。

洪总是现代农业公司的创始人和董事长，坐在桌子一端的主席位置。总经理闫总坐在我对面，我留意到他手里还拿着两张纸，上面写着密密麻麻的文字。我同两位老总客气地打招呼，但他们只是礼貌地回复，脸上毫无表情。

现代农业公司的咨询项目已经进入中期，调研和信息数据收集刚刚结束，即将开始项目方案的设计。但这次会议并非项目计划中的中期进展汇报，而是以两天前项目顾问王毅在客户分公司调研草草了事为导火索，客户临时要求安排的项目特别会议。

会议室里气氛肃穆凝重，看来，今天的会议更像是发难或者兴师问罪。但王毅事件发生之后的两天里，我和项目组已经提前做好了准备。

首先，在接到童经理的抱怨电话并同项目组初步交流之后，我又打电话给童经理，深入询问她对目前的项目工作不满意的具体意见。除了一再强调我们的顾问只有理论知识、缺乏实践经验，以及在分公司的调研访谈不到位会影响下一步的方案设计，她还用激烈的口气表达了对王毅没有预先征得她的同意，就擅自提前返京的强烈不满。

然后，我立即召集项目组开会，和他们分析问题的核心："客户的不满意有两点，一方面是对我们专业能力的质疑，认为我们前面对分公司的调研没有做到位，没能获得全面、深入的数据，以及顾问工作经验不足、不能设计出专业的解决方案；另一方面，项目沟通交流存在明显问题，吴鸣在前面的项目交流里集中在闫总身上，与童经理交流不够，尤其是王毅提前回京的事情都没有及时发现并和她交流，让客户产生了误解，同时也轻视了她的权威。请注意，童经理是洪总从加拿大亲自招聘回国的，地位与董秘等同，并且洪总自己也是留美博士，两位海归对做事都很严格和挑剔。"

我进一步指出解决目前项目困境的出路："在明天的会议上，我们必须直面这两个问题，并解决客户的担心。沟通交流问题相对简单，只要列出我们前期与客户的沟通交流问题所在，承认错误，指出因此产生的误解，并提出具体措施避免以后再次发生即可。真正的挑战，是客户对我们项目组专业性的质疑与担心。因为是具体针对吴鸣和王毅的，我说太多反而会适得其反，所以明天的会议你们俩将是主角，必须向客户说明我们前期的调研访谈获得了什么数据与信息，以及下一步会如何利用这些调研数据信息做好方案设计。"

最后，我补充道："尽管明天的会议我只是辅助你们，但我也会随机应变，紧急、必要时会站出来，尽一切力量影响会议的走向，并在关键时刻、有必要时插手引导你们，再在适当时候让你们俩切入回来继续深入展开。到时候你们要特别注意我说的话以及背后的真正含意。换句话说，明天我是导演，你们俩是演员，效果怎样取决于你们俩的临场发挥，所以一会儿开完会你们回去好好准备一下。"

尽管昨天在项目组面前我表现得信心满满，但更多是向他们展示信心。随后，我还和江岩对会议细节和下一步项目工作做了详细的安排与布置。但现在进入会场，我心中仍有些忐忑不安。毕竟，不知道吴鸣和王毅今天在会议上的临场表现会怎样，以及关键时刻他们能否顶上去。

会议开始时间八点半已到，我故意用轻松的语气打破现场这异常的沉默："洪总、闫总，我们今天的会怎样开始？"

"你们先说吧。"洪总冷淡地回复。

我让项目经理吴鸣先开始。吴经理按照公司项目运作规定的步骤，向客户详细总结了项目组前一阶段的工作，并讲述了下一步工作的具体安排，讲完后随即结束坐下。不过，吴经理的讲话只是标准程序的项目阶段汇报，没有涉及任何客户目前最关心的两个问题的针对性内容，这让我感到不快、不安。昨天项目组内部开会时不是安排得好好的吗？难道是今天会议的氛围影响了他？

看到客户方的洪总、闫总脸上毫无表情，我坐不住了，立即站起来说："洪总、闫总、童经理，我补充一下。首先，我为项目组个别成员在没有预先和你们交流，且没有遵守项目计划而提前返京的行为，向你们三位以及其他项目组成员表示诚挚的歉意。在前期工作中，我们项目组在沟通交流方面没有做到位，因此让童经理和她的项目组成员产生了一定的误解和担心。昨天我们项目组开会，对项目沟通交流存在的不足、产生的原因和下一步我们将采取怎样的措施避免再次出现类似问题等进行了深入的讨论。吴鸣，你向三位老总和大家汇报一下。"

吴鸣站起来接过我的话头，就以前沟通存在的哪些问题、怎样导致客户误解，以及下一步我们将采取什么措施一一做了详细、扼要的阐述。我一边听着，一边观察洪总的表情，终于发现他紧锁的眉头慢慢舒展了。这让我看到了问题解决的一线转机。

对吴鸣这次的补充应对表现我还算满意，但琢磨着王毅的问题还未真正触及，如何让他也上场表现一下。于是，吴鸣说话结束后，我趁机点名王毅，让他讲讲他负责的省分公

第六章 人才——建立优势的关键

司调研访谈情况,获取了哪些数据与信息,以及下一步他负责的方案设计部分会怎样展开。这些正是客户质疑王毅和项目组专业能力的主要内容。

也许是被我突然点名,王毅有些仓促地站起来,开始讲他收集到的数据、信息以及调研结果。我感觉他说话的底气有些不足,尽管不易察觉。看来他还没有完全准备好,如果再让他继续讲下去,吴鸣刚刚出色的发挥带来的一线转机很可能会被迅速扼杀。

当王毅讲到分公司管理的某一特殊情况时,我突然故意问吴鸣:"吴经理,你在别的省分公司发现的情况是怎样的,收集了哪些数据,以及怎样利用这些信息进行下一步的方案设计?"一方面,我是想把大家的焦点从表现较差的王毅身上引开;另一方面,也是想让项目实战经验相对更丰富的吴经理穿插进来讲述,给王毅一些专业细节的提示,并给王毅足够的时间反应过来,做好后面的应对准备。

吴鸣立即领会了我的意思。他除了直接回答我的问题,介绍了他负责的省分公司的调研访谈情况,还特意分析了分公司的一些特殊问题,分享了一些意外收获,并就下一步的方案设计会怎样处理这些特殊的管理问题,讲述了初步思路。

吴鸣这两次的临阵发挥和表现非常到位,让我感到些许惊喜。同时,我观察到洪总脸上的乌云已全部消散,甚至还有一丝隐约可见的淡淡笑意。我知道,该是再点王毅上场的时候了,希望他也准备好了。"王毅,你继续说说你那边分公司的情况。"

王毅毕竟聪明且悟性高,吴鸣的发言不仅为他争取了应对准备的时间,也给了他启发。等他再次发言时就表现得很好,不仅很好地把具体的专业细节说清楚了,最后还歉意地指出他的调研访谈由于一时疏忽,还差一小部分数据资料需要补充,但已经和分公司联系了,他们很快会传送过来。

听着我方顾问的讲述,客户方洪总的脸色慢慢变得舒展、轻松,最后满意之情溢于言表,会议室的气氛也顿时轻松起来。客户诘难的危机应该已经过去,但我还想趁热打铁,给项目汇报画上一个圆满的句号。

我最后站起来,把为避免之前的问题再次出现,项目组应如何进行有效及时的沟通,以及下一步的工作安排与保障措施简明扼要地理顺,做了总结。在总结的时候,我特别留意到闫总把他进会场时紧握的那两张纸,故作漫不经心地藏到了桌子底下。原来客户今天真的是打算兴师问罪的,我不禁一身的事后惊悚。

从洪总脸上的表情转换和闫总的小动作,我知道客户关心的问题已经圆满解决了,于是迅速把话题丢给洪总:"洪总,我们的汇报结束了。您看项目下一步的工作如何安排?"

洪总因我的突然问话迟疑了一瞬间,但立即愉快地回答说:"就按高总您说的做吧。"

第六章 人才——建立优势的关键

经过三四个小时的即时应对、主动突击和紧张战斗，现代农业的项目终于化险为夷，我不禁如释重负。记得项目刚开始时，因为项目组个别成员背后偶然的不当言论，严厉的洪总曾以顾问职业性缺失为由要求终止项目合作，我和刚担任合伙人不久的江岩花了整整一天时间进行危机处理，最后不得不撤换了原本的项目经理林杰和一名顾问，才把项目从悬崖边缘拉回来。

当然，像现代农业公司项目这样在咨询过程中一波三折并碰到如此巨大挑战的情况实属罕见，更不是我们所期望的。但是，工作中扣人心弦的艰难战斗经历，也给公司人才培养提供了一线培训和历练的绝佳机会，不仅能迅速筛选出优秀人才，使他们快速茁壮成长，也能淘汰掉不合格或不合适的人才。新合伙人江岩、项目经理吴鸣以及项目组的其他顾问，从现代农业公司项目的罕见经历中受益匪浅。吴鸣在现代农业公司项目之后脱颖而出，王毅则很快就被淘汰。

王毅的个人背景毫无疑问是优秀的，并且某些项目工作做得也非常出色，比如他对现代农业公司高管做头脑风暴战略培训时，就让客户赞不绝口。但是，他缺乏中西咨询的企业文化所要求的，面对客户的任何情况必须具备的直接面对、不退缩并全力以赴解决的勇敢精神。就像大多数跨国咨询公司的顾问一样，王毅的战略思维能力和基本素养是出色的，脚踏实地的工作精神却颇有不足。在我眼里，优秀人才不仅要工作表现出色，能持续产生超常的工作成果，还必须与公司的业务、文化、定位相契合。就后者而言，王毅是不合格的。

从人力资源系统来看，中西咨询考试、多轮面试的筛选招聘流程和三个月试用期严格淘汰制度，就是一个人才筛选的巨型漏斗。从漏斗终端流出的少数优秀人才，通过公司的传帮带机制培训，以及破格提拔并委以重任的独立挑头一线具体工作和锻炼，可以迅速成为公司的优秀顾问和中层管理队伍的基石。中西咨询正是利用这一整套严格、系统的人才机制，培养出大批优秀人才，并快速搭建起中层执行领导队伍。

需要指出的是，对选拔出的人才通过传帮带、委以独立挑头一线项目重任的历练，是优秀人才成长和自立的必要手段，也是公司内部迅速培养优秀人才最有效的途径，即所谓扶上马和送一程。所以，公司对首次单独挑头一线工作的员工，需要有相应的支持与护航机制。毕竟第一次独立作战，他们很可能会因为经验不足而出现失误，需要过来人的帮助与支持。

当然，优秀人才的成长与培养还需要合适的土壤与文化环境，有时候甚至需要特别的呵护。

三

2003年"非典"时期，为了应对从天而降的"非典"疫情危机，北京实施隔离措施。为不影响公司的运营，我不得

第六章　人才——建立优势的关键

不迅速离京来到上海，在上海某酒店里办公。庆幸的是，另一合伙人江岩一直在广州负责项目，有我和江岩两个合伙人在封闭的北京之外，公司应对"非典"的冲击就更有回旋的余地。

寂静的酒店里，整整一层几乎只有我一个住客，一群服务员环绕身边，让我感受到以前住酒店从未体验过的重视。几个星期以来，我一边全力开发华东及疫区外的客户，一边思索公司该如何应对这一危机。

突然，我接到向经理的电话，诉说了钟名对项目经理宗桓的强烈不满。钟名找待在大连老家的宗桓，想安排他写一份项目建议书，但因为对方手机不通，几天都没联系上。后来终于找到了宗桓，布置的任务他却几天过去都没完成。据说他在忙着与当地公司接触，这让钟名非常不高兴。疫情期间，公司为了保证重点疫区北京之外有足够的顾问接洽项目，让所有不在北京的、从已完成项目中退下来的顾问一律回老家待命。钟名认为，宗桓不应该拿着公司的工资而做自己的私事，尤其是可能在找新的工作，而应该全职为公司工作。

宗桓是通过公司的空降计划，在一年多前由我亲自招聘进入公司的。他毕业于加拿大知名商学院，留学前曾是中国某集团公司的总裁助理，来公司后的工作表现一直很优秀、出色。事实上，宗桓是公司少有的几位顶级优秀顾问之一，也是我内定的重点培养对象。所以，只要他不在负责项目，我主抓的销售项目总是让他来撰写项目建议书。正因为如此，

成为一流企业

向雯一听到钟名对他的抱怨，就立即通知了我。

为了应对"非典"疫情危机，一开始钟名提议，在疫情期间不负责项目的顾问降薪80%，并且其他合伙人都表示同意，只有我极力反对。因为我不想看到公司好不容易建立起来的优秀顾问队伍出现人员流失，也不愿意看到终于扭转过来的、已取得顾问们认同的企业文化发生逆转，这两项都是公司最重要的、核心的资产。

管理咨询项目需要人力成本昂贵的顾问人员在客户公司驻场，面对面才能够进行。"非典"疫情对中西咨询业务的影响自然很大，在公司收入骤降而高昂的人力成本却不变的压力下，我也认同公司应采取一定的降薪措施来应对危机，但降薪80%的幅度，超过了任何顾问的心理底线。并且，危机刚出现不久公司就采取如此激进的措施，无疑会给员工传递一个极其糟糕的信号——一旦面临危机，公司根本不会考虑员工的利益，并且会立即将危机转嫁给员工。这与好不容易建立起来的企业文化显然是背道而驰的。对于并不缺乏市场机会的优秀顾问人才而言，他们自然不会选择与这样的公司共存亡。

在反对降薪80%这一措施的同时，我也对钟名的提议做了两点改变：第一，人力资源部整理出公司核心的优秀顾问名单，对名单上的顾问不采取降薪措施；第二，合伙人带头降薪80%。

于是，公司大幅降薪的措施对作为核心优秀顾问的宗桓

第六章 人才——建立优势的关键

而言，没有任何直接影响。但与他一起日夜战斗的其他伙伴、同事在结束项目后，却遭到了80%的降薪。聪明优秀的他不可能不对公司的决策产生联想。

以我对钟名的了解，他对一名优秀员工的评价，往往会因为抓住对方的一点小错误而突然发生反转。而宗桓毕竟是公司难得的优秀顾问人才，我不希望钟名因此对他产生偏见，从而影响他以后在公司的发展。为此，我特意给钟名打了电话，但钟名在电话里仍然表示出对宗桓的强烈不满，并一再强调宗桓这样做是缺乏诚信的。

我最后不得不质问他："宗桓的工作表现一直很优秀、很出色，为什么这次他会这样做？你为什么不能站在他的角度，分析他的心理？你应该听说过兔死狐悲的故事吧。尽管公司大面积降薪没有直接影响到他，但许多一起日夜奋斗的同事、战友却受到了巨大影响，他会怎样看待中西咨询呢？换作你处在他的位置，你会对公司的行为没有任何想法？公司采取了严重影响员工个人生计的激进措施，你觉得员工还会首先考虑对公司忠诚吗？所以，尽管我也认为宗桓的做法不对，但他的行为我觉得可以理解，并不认同直接将其定性为缺乏诚信。另外，你也知道他在北京全职工作，但家一直在大连老家，没有搬到北京。在当前令人惊恐的"非典"特殊时期，加上公司的激进应对措施，他自己主动或家里人要求他调换工作，这再自然不过，完全是一般人在特殊情况下的正常行为。最后我问你，对于优秀人才而言，他们并不缺乏市场机会，你觉得是我们公司更需要他们，还是他们更需要公司？"

电话另一头的钟名沉默了。我不知道他是接受了我的想法，还是以缄默来表示反对。

很快，我的担心还是变成了现实。"非典"疫情过后，钟名对宗桓的评价来了个一百八十度大转弯，并且这种反转不但直接传达给宗桓本人，还明显体现在对他的信任和工作分配上。更糟糕的是，我从侧面了解到，宗桓对继续待在中西咨询的信念已经开始动摇，尽管他非常热爱管理咨询工作。

我知道，宗桓的事情我必须尽快介入并采取措施，否则不仅宗桓很可能离开公司，还会对其他优秀顾问造成多米诺骨牌效应。但如何处理却让我一筹莫展，因为此前公司对合伙人的工作职责做了调整后，我已不再主管人力资源，向经理也不再需要向我直接汇报，其新上司是刚提拔并直接向钟名汇报的行政人事总监李梅。按正常的管理原则，我不应该直接插手，但最后我还是决定采取一些特殊的非正常手段，因为我不能容忍公司辛辛苦苦培养出来的优秀人才流失。

那天宗桓和我都在公司，我把他直接叫到我的办公室，问他最近怎么回事。他向我解释了"非典"期间发生的事情，随即也表达了因最近公司对他的不信任及做法而产生的郁闷与不满。

我知道，如果我再不采取措施的话，公司可能很快就会失去他。我清晰地向他表达了我对他的评价与承诺:"在我把你招进公司的近两年时间里,你的工作表现一直非常出色。在我看来,你是公司为数不多让我非常满意的专业顾问之一,并且公司也一直把你当作重要人才进行培养。当然,之前"非典"时期发生在你身上的事,让钟总对你产生了误解,可能已经对你个人造成了一些不好的影响。但我想告诉你的是,只要你像以前一样努力工作,只要我还待在公司,我会全力支持和扶持你,并保障你在公司的发展前途不会受到影响,一定是前途光明的。所以,从现在开始,我希望你放下心理负担,像以前那样努力奋进、大刀阔斧地干工作!"

另外,我还就公司的未来发展等和他进行了长达两个小时的交谈。最后,宗桓离开时满身轻松,高兴地对我说:

"Charles(我的英文名字,我不让他们称我"高总"),谢谢您亲自找我谈话。事实上,最近我心里一直非常郁闷和犹豫。前几天还想找您谈谈我的想法,但您太忙了,我一直没有找到合适的机会。今天您直接找我,跟我说了这么多,我很感激,现在心情也舒畅多了。而且,我知道以后该怎么做了。请您放心,我一定不会让您失望的!"

和宗桓的特别谈话不仅解除了他的心理负担,使他放弃了离开公司的想法,像以前一样继续全力以赴地投入工作,也促使我将自己的承诺变成行动,在关键、必要的时候挺身而出,庇护和全力支持他。

成为一流企业

四

　　优秀人才对自己的工作成果、公司的认可（包括物质和精神两方面）、职业成长、企业文化与发展以及工作环境等，通常会有非常高的期望与要求，有的甚至可能很挑剔。当这些关键要素有不合适的或不存在的时，企业就很难吸引并留住优秀人才。前面提到的中西咨询的客户腾达集团，就是一个明显的例子。腾达集团尝试空降高管人才多年，最终没有一人留下，首要的原因是企业缺乏适宜的企业文化土壤，以及适合优秀人才发展的工作环境。

　　腾达集团裘总的管理哲学，是通过下属相互制衡来实现对员工的控制。这是中国传统的人际关系管理模式，腾达集团也因此形成了一种复杂的、本位主义突出而团队协作精神缺乏的小山头圈子文化。圈子文化的代表人物是主管生产的杨副总，他年轻时就来到腾达工作，一直负责生产，现在管理的职工多达三千多人。即使是裘总，对他权力过大后偶尔的过分行为，有时也只能睁一只眼闭一只眼。

　　早在公司快速规模发展期间，裘总就已经意识到需要从外部空降中高层的管理人才。几年来，他一直试图从中国顶级企业或全球500强公司招揽优秀的管理人员，引进的人才不计其数，但最终没有一位能留驻下来，大部分只短暂待了

第六章 人才——建立优势的关键

几个月，时间最长的也没有超过一年。一个典型、有趣的例子是，我们的咨询项目组在对腾达进行全面管理诊断时挖掘出的空降尤副总事件。

尤副总是一位来自全球500强企业的优秀高管，被招揽到腾达集团后，经过短暂了解和初步的适应期，大家反映都不错，裘总本人对他也挺满意。但是，尤副总自己却深深感受到了来自以杨副总为首的旧有势力的巨大排挤和压力。初来乍到，尤副总急于做出成绩给大家看，却因为对行业和新单位的不甚了解，犯了一个不可忽视的小错误。结果，在企业内部的管理例会上，以杨副总为代表的旧势力借此对他发难、攻击。工作出现小差错和旧势力排挤新人员，在企业里并非罕见之事，如果此时裘总能站出来对尤副总表示肯定和支持，尤副总很可能就融入这复杂的组织并扎根下来。遗憾的是，裘总不但没有给予尤副总必要的支持，反而借此故意挑起事端，激化他和旧势力之间的争斗。因为裘总相信所谓"鹬蚌相争，渔翁得利"的传统智慧，让下属相互争斗、制约，才能达到自己制衡与把控各方的目的。最后，尤副总在钩心斗角文化与旧势力排挤的双重压力下，在腾达仅仅待了短暂半年，就选择了离开。

其实，真正优秀的人才都不会把自己耗费在一个你争我斗、严重内耗，并且难以有所成就的复杂组织里。当他们意识到自己无法影响或改变这个环境时，只会拒绝同流合污，最终选择离开。

成为一流企业

五

尽管中西咨询的顾问、项目经理和中层执行领导的优秀人才队伍搭建进行得很顺利，但公司的高层合伙人团队建设并未达到我的预期设想。中西咨询要实现在中国市场和跨国咨询公司争雄并取得优势，就需要有一位既理解中国市场的特殊性，又对西方管理咨询的过程、工具和方法十分了解，具备资深经验与能力的专业合伙人。目前来看，徐辉、江岩、钟名和我这四位合伙人，均不适合承担这一角色。

我在跨国咨询公司工作的时间短暂，对管理咨询的工具、方法与体系内容涉足不深，缺乏咨询专业内容的深度。钟名则更是缺乏基本的专业基础训练，只具备中国市场一线丰富的商业管理实践经验，以及擅长用中国文化对西方管理观念加以诠释与理解。徐辉和江岩分别毕业于中国顶级商学院和国际知名商学院，毕业之前都在大型国有企业工作多年，对中国市场的深入经验是他们的强项，但管理咨询的专业能力有限，就其综合经验与能力而言，和公司要成为中国市场一流咨询公司的战略目标而对专业合伙人的要求还有差距。几个月前钟名向我建议提拔他们俩为合伙人，我之所以同意，也是因为公司规模发展对项目销售与运作的需要，而不得不拔苗助长地起用人才。

第六章 人才——建立优势的关键

公司改革调整和起飞之后，我一直想引进一位具有一流跨国咨询公司资深工作经验的专业合伙人，但搜寻工作进展得并不顺利。几个月下来，尽管我面试了四五位在全球顶级咨询公司工作多年的资深专业顾问，他们曾担任过从高级项目经理到准合伙人等职位，但没有一位适合我试图填补的专业合伙人岗位。

以他们的工作经历，问他们如何做咨询以及咨询的方法、工具与过程时，他们都很在行，说得头头是道甚至夸夸其谈。但当我问他们，在中国做咨询和在美国有什么不同，跨国咨询公司惯用的咨询方法、工具与过程是否完全适合中国企业，中国的管理实践有何特殊性，西方管理解决方案在中国市场有哪些局限性，或者你为之工作的世界顶级咨询公司，为什么在中国会有远比在欧美市场高得多的失败率时，他们要么木讷语塞，要么答非所问，所说的与我观察到的现实大相径庭。

他们对中国市场的特殊环境和管理问题认知的严重缺失，让我非常惊讶，但也并非出乎意料，毕竟他们正是管理咨询批评者所说的训练有素、聪明专业的模式化工具人（cookie cutters）。他们接受的训练和经历的实践，是如何高效地遵循所谓标准的咨询过程，使用标准的方法与工具，提出标准的问题，给出标准的答案，但却浑然不知、不问这样做是否适合，有时是否需要改变。

其实，除了咨询工作经验更丰富、技术能力更强，他们和王毅本质上是一类人，即基本逻辑、专业素养、战略思维能力和聪明才智都是一流的，但却缺乏批判性思维和独立思考的能力，以及质疑权威、挑战现实的勇气！所以，他们在面对中国市场复杂、特殊且迥然不同的企业现实时，自然而然地选择忽视，依然按部就班地重复他们在其他市场一贯的成功做法。

对于专业合伙人的选择，我曾考虑过一位在数一数二的跨国咨询公司工作过几年的芝加哥大学商学院校友。他回到中国创业已经多年，并曾在美国担任过大公司中层资深经理，似乎是位不错的候选人。因为朋友关系，我不便参与招聘过程，安排了他和钟名及其他合伙人见面，但之后却再没有下文，不禁让我有些纳闷。

正当我考虑是否暂时搁置计划并伺机等待时，钟名跟我说，他的前搭档胡久给他打电话，说想回到中西咨询，问我什么意见。我没有多想，就回复说让钟名自己做决定。尽管公司现在的情况大不相同，但毕竟胡久和钟名搭档过一年，并且也曾在全球一流战略咨询公司工作多年，公司现在使用的不少咨询工具、模板都是他当年搭建的，其资历背景与岗位要求比较一致。不过，我对胡久完全不了解，因此只能把决定权交给钟名，只要他觉得可以，并确信胡久能挑起咨询专业工具与方法体系建设的担子就行。

第六章 人才——建立优势的关键

通过这一系列人才机制的搭建与实施，以及空降等特殊计划的执行，中西咨询在顾问、项目经理和中层执行领导、高层合伙人团队以及关键支持部门，建立了一支支优秀的人才队伍。

正因为优秀顾问对工作和环境特别挑剔，中西咨询一方面通过考核激励、快速晋升与淘汰以及传帮带，对顾问进行针对性的培养和提拔，以满足优秀人才对工作成果的认可和职业发展的要求；另一方面，通过公司领导的言行表率、支持呵护、顾问文化活动以及日常事务支持机制，为优秀人才提供一个平等、友善的工作场所。由于内部工作环境、企业文化土壤的全面改善，加上公司业务迅速发展，在行业里的地位不断加强，中西咨询吸引并留住了大量优秀人才。而经营管理各关键环节的批量优秀人才，也成为中西咨询超越其他本土咨询公司，并建立市场竞争优势的关键。

尽管中西咨询的高层合伙人团队在咨询专业深度方面仍有些欠缺，但并不真正影响公司实现第一阶段的战略目标：与本土公司争雄，成为本土咨询龙头。

管理点评

» 企业如何成功空降人才

一流企业的显著特征之一，是优秀人才群集现象。企业要聚集优秀人才，空降则是绕不开的必需工作。

诚然，内部培养是企业选拔优秀人才的有效手段，但内部培养人才的速度往往跟不上企业发展，尤其是当企业处于快速规模发展的阶段。中西咨询起飞后所面临的情形就是如此。另一方面，一些技术或管理方面的关键、专业人才，企业可能无法自己培养，只能从外部空降引进。

但空降不只是补充企业经营管理所需的人才那么简单。外来空降人才对企业来说就像新鲜的血液，适当或持续的引进，会给企业带来活力甚至革新，避免内部培养可能带来的僵化与官僚。事实上，当企业发展陷入停滞、上不去的时候，从外部空降优秀企业领导人，可能是企业突破发展瓶颈最有效甚至是唯一的出路。比如，受钟名邀请，当年我空降并带领中西咨询大刀阔斧改革，实现了跨越式发展，就是一个例子。

然而，许多企业对空降人才策略充满怀疑、犹豫甚至恐

第六章 人才——建立优势的关键

惧，认为空降人才不仅昂贵，而且充满风险和不确定性，很可能达不到预期的目标。就像当年的咨询客户腾达集团所经历的那样。

从统计数据来看，空降人才的成功率的确不高。但是，是什么原因导致的呢？到底是空降人才策略本身有问题，还是和企业的空降人才实施措施没有做到位关系更大呢？

其实，企业只要做好空降人才的安全着陆措施，就可以大大提高空降策略的成功率。中西咨询正是因为做好了着陆的各个关键点，才成功空降了大批优秀人才，不仅保证了公司起飞后的快速规模发展，也为后来成为本土咨询第一龙头公司奠定了坚实的人才基础。

为了成功空降人才，企业需要做好以下几方面工作。

1.明确企业优秀人才需求，有的放矢。不同的企业，对优秀人才的评判标准很可能不一样。有的企业可能会认为，鲜亮的个人背景和出色的过往工作经历就是优秀人才的标志。但这很可能是个误区，就像当年我从著名跨国咨询公司挖来王毅，而其之后的经历所显示的那样。评判优秀人才的关键指标，是专业能力和适应性。前者关乎知识、经验和能力，后者则是和公司战略、文化的匹配性，取决于性格、态度，也包括心态。

2.明确磨合期或试用期。通常六个月比较合适，但三个月就可以做出初步判断，特别不适合的往往三个月就体现得很明显了。无论企业的招聘过程如何严格、完整、缜密，都不能保证优秀人才的筛选结果就一定正确，试用、磨合才是最佳、最后的评判。

3.磨合试用期内及时评估、反馈。企业领导需要多关注试用期内的空降新人，及时从能力、经验、潜力、性格与心态等方面，对其进行专业资格和适应性评估，并反馈给当事人。同时，对新人的胜任资格做出初步判断，认为完全不胜任或不适合者要及早告知，并果断采取辞退或相关处理措施。

4.对初步判断合格者，必须采取必要的支持与保护措施。空降人才与企业现有员工存在天然、潜在的对立，通常会遭到现有势力的反对与排挤，尤其是有望生存下来或脱颖而出的优秀人才。企业领导必须立场明确，对其采取一定的支持、肯定与呵护措施。当新人遭排挤时，企业领导还应该站出来直接介入，为空降新人提供庇护，必要时特意提供一些能让空降新人产生作用、增强信心、使他人信服的机会，以免新人被旧势力淹没或遭排挤而自动退缩。

5.对空降新人无意的错误或小的失误持宽容态度，不要因个别小事而影响大局判断。新人初来乍到，对企业的方方面面不甚了解，因此犯一些小错误或出现小失误也很正常，尤其是在想急于立功表现的时候。比如，我为中西咨询招揽的、从国际公司空降过来的HR经理向雯，刚进入公司时因为对公司与行业不熟悉，工作环境也和以前完全不同，会偶然犯一些小错误或出现小失误。我在确认她能胜任工作，并且特别认同公司后，选择宽容她的失误，并全力支持和栽培她。也正是她，为后来公司起飞过程中的人力资源管理体系搭建、规模化发展阶段的人才队伍建设立下了汗马功劳。还有宗桓，如果不是我宽容他的错误，并特意站出来为他提供保护和支持的话，他早已离开中西咨询。

6.给空降新人委以单独挑头的工作任务，提供一线历练的机会，尤其是磨合试用期间。一线磨炼是企业培养适合自己企业的优秀人才、淘汰不合格人才的最有效手段，但尽量采用扶上马和送一程的方式。

7.为优秀人才提供适宜的工作与文化环境。优秀人才对自己的工作、发展、组织与文化环境等都有极高的要求，企业应努力打造一个适合优秀人才的工作环境，不然他们最终都会选择离开。企业更需要优秀人才，而优秀人才无须依靠一家特定企业，毕竟可供他们选择的市场机会很多，真正优秀的人才在大部分企业都能发光。

8.调整对成功空降人才的期望。一方面，不要指望新人能马上产生明显的效果，有的人可能需要更长时间熟悉、适应新环境，然后才能爆发；另一方面，企业空降人才的过程即使每步都做到位，通常也可能是三分之一不合格，三分之一不适应，三分之一留下来。所以，不要指望任何一名空降人才一定会成功。

第七章　文化——建立优势的堡垒

技术可以升级或颠覆，廉价劳动力或资源可以被替代，人才也极具流动性，但企业文化的优势却能长久传承，并难以竞争、拷贝。

一

我刚加盟中西咨询时，脑子里萦绕的一个核心问题是：带领两位原经贸部的同事成功创办了中国企业信息服务行业标杆的中西公司的钟名，既经历过几轮合伙搭档，也尝试了与某国际咨询公司的合作，但早期的中西咨询为何就一直起不来呢？除了商业经验和专业能力因素，是不是还存在什么特殊的原因或障碍呢？正是带着这些问题，我开始了对员工的访谈和对中西咨询的全面管理诊断。

最初访谈的几位员工显得异常谨慎，故意回避了这一问题而谈其他。即使我绞尽脑汁让他们放下心理负担，他们最后也只是蜻蜓点水，点到为止。但我对公司老员工、项目经理林杰的访谈，却取得了意想不到的进展。

林经理是中国知名商学院毕业的MBA，性格开朗、口才出众，且个性明显、敢想敢说，与其本科工科背景的严谨形

第七章 文化——建立优势的堡垒

成了鲜明对照。

"你觉得公司目前最大的问题与挑战是什么？"我按部就班地向他发问。

"文化问题！"他毫不犹豫地回答。

"能说具体点吗？"我追问道。

"钟总做事一贯要求严格是对的，但对有些问题的处理过分苛刻，不符合人情常理。他一手培养起来的王经理更是如此，对待顾问就像工厂对待工人一样。所以，许多顾问感觉公司只是把他们当工具使唤。"林杰犹豫了一下，最后还是说出了他的心里话。

"能举具体的例子吗？"我需要更具体的事实，而不是主观评价。

林杰的话匣子终于打开，他滔滔不绝地讲了起来。

"第一个例子，是一位新入职顾问的经历。他入职的第一个星期，在办公室走廊里迎面碰上了钟总，却故意低头躲开，没有打招呼。钟总很不高兴，写邮件给公司所有员工，对他进行了公开批评，说他见到自己公司的领导都不想打招呼，作为咨询顾问，又怎么和客户老总做必要的沟通交流呢？其实，大家都知道钟总严厉。新顾问没同钟总打招呼的原因，实际上是刚来公司不久，有点怕他。再说了，这样的事情也不至于给全体员工写邮件公开批评啊！

"第二个例子，是我自己的亲身经历。以前，有一家西北的大公司邀请我们派人帮他们把脉管理问题。但考虑到该公司并没有明确的咨询需求，并且路途遥远，我们就婉言拒绝了客户的请求。客户当即表示提供来回机票与住宿费用，希望公司派顾问去面谈。后来公司派我去了，回来后我把机票寄给他们，他们却总有很多托词，一直不给报销。几经协商无果，钟总勒令我在规定时间里把钱要回来，不然要我自己支付机票和费用。你说我冤不冤？"

由于和专业严谨的跨国公司长期打交道（除与跨国咨询公司合作外，钟名的中西公司一开始的主要客户也是进入中国市场的国际公司），以及对国际顶级咨询公司的崇拜，钟名渐渐养成了对一切事情一丝不苟、严格要求的习惯。另外，因为个人性格关系，钟名喜欢斤斤计较，就像那些有生意头脑、特别精明的商人一样。林杰举的两个例子也充分说明了这两点。作为中西咨询的创始人，钟名的价值观念、性格以及对应的言行，时时体现在他对公司日常经营事务的处理、对员工及其工作的要求上，起到了无声的示范和潜移默化的引导作用。再加上王经理的严格执行、相应奖惩制度的贯彻，久而久之，在中西咨询形成了一种严苛的企业文化。

一丝不苟和严格要求，对管理咨询工作而言其实是好事，也是追求精益求精的优秀企业文化的一部分。但是，当这种理念延伸至对人，又斤斤计较的话，就会异化公司员工，对于依靠智识人才提供专业服务的咨询公司来说，是致命的。

第七章 文化——建立优势的堡垒

企业文化一方面规范员工的工作价值观与行为，使他们能更有目标和准则，更高效地服务好客户、完成自己的本职工作；另一方面也对员工自身及工作环境产生影响，进而直接影响公司对优秀员工的吸引与去留。正因为公司的文化有问题，中西咨询不仅早期的顾问流失率高达20%，而且严重缺乏优秀顾问。

尽管早期的中西咨询起不来的原因众多，且主要原因与产品业务等商业方面有关，但我意识到，严苛的企业文化也是中西咨询发展起不来的重大障碍。毕竟，没有哪位真正优秀的顾问愿意在这种严苛的工作环境下长期待下去。所以，我对中西咨询进行全面管理变革的第一项工作，就是清除发展障碍，重塑企业文化。

企业文化的建设并非易事，而改变和重塑企业文化更难。这远不只是拿下王经理的管理职责、创办内刊《文化信使》和举办相应的文化活动那么简单。正如林杰反映的问题根源直指钟名那样，重塑企业文化的关键，是改变钟名工作和管理员工的观念与行为。因为，企业文化本质上就是公司领导的观念与言行在公司内部长年累月的积淀。

这不禁让我左右为难，毕竟面对公司创始人钟名，我并没像针对王经理那样可以拿下的选择。我琢磨着找个合适的机会，跟钟名深入交流一下企业文化的问题。

二

考虑到事情的针对性和敏感性，我没有选择在公司办公室，而是挑了一个轻松并且环境不错的茶座和钟名聊天。我和他搭档已经半年有余，但各自都非常忙碌，没有好好聊过，这也是我们深入交流的一次机会。谈话开始时，我只是蜻蜓点水、笼统地谈起公司的状况，以及近期几个因公司专业实力加强而签下的大单。钟名对公司的发展感到非常满意，我也因接管公司后对大大小小事情的处理，钟名没有任何干涉并全力支持而感到高兴。

我们的谈话很快就转到了正在进行的企业文化建设，以及下一步我即将展开的对公司经营管理各个环节的全面调整与重建。

我借机引出了今天真正想聊的主要话题："目前，企业文化建设正在如火如荼地进行，员工参与积极性很高，精神面貌也有明显改变。但是，企业文化形成的关键是企业领导的观念、行为和对具体事情的处理方式是否与所提倡的文化一致，否则任何文化建设的尝试都只是空谈或走形式，最终也只会失败。所以，你和我的言行以及对工作事情的处理方式，是企业文化建设的关键。员工都是聪明的，尤其是咨询公司的管理顾问。当他们感觉到领导的言行与所倡导的企业文化不一致时，他们就不会身体力行地去践行企业文化，而是更注重领导的言

第七章 文化——建立优势的堡垒

行喜好，久而久之，公司内部就会慢慢形成一种消极应对、不利于公司发展的亚文化。这样一来，我们所倡导的企业文化建设就会徒劳无功，我们试图重塑企业文化，以更好地服务客户和吸引优秀人才的目标，自然也不可能实现。"

钟名毕竟与国际公司打交道多年，也曾留学两年，我决定单刀直入而不是惯常的躲躲闪闪，通过言外之意或点到为止的方式绕着话题转悠。

"我觉得，你以前对某些事情的处理方式，与我们所需要的企业文化不完全一致。以后如果遇到类似的事情，处理时需要特别注意改变方式。比如，对在走廊里不和你打招呼的新顾问进行公开批评，我觉得有点过了。即使他不是因为害怕而不敢跟你打招呼，这样一件小事上纲上线地公开批评，不仅让当事者难堪，也会让公司其他员工认为老板小题大做，觉得过分苛求、不合理。如果我是你，我会把那个顾问叫到办公室里问问情况，再告诉他哪里不妥、以后该怎么做，就可以了。

"再举一个例子，你要林杰向那家公司收回机票款的事。其实，我理解你说收不到款要他自己掏腰包，可能是想给他施加压力，让他全力以赴收款。但员工可不会这么想，他们会认为老板不讲道理，并且太抠门。毕竟客户公司蛮不讲理拒绝付钱，也不是林杰可以左右的。况且，也没有为公司做事还要员工自己付钱的逻辑。如果林杰的确尽了最大努力，

149

对方就是不给钱，最后公司真的要他自己掏腰包的话，他的感受自然会更糟，因为这显然是不合理的。这件事我是这样处理并告诉他的：第一，无论机票款能否收回，公司都不会让他个人掏腰包；第二，给他两星期的时间全力以赴把款收回来，然后告诉我采取了什么措施和行动，如果我发现他没有尽力又没有收回款，那么这件事情就属于他工作没有尽到责任，会影响到公司对他的工作评价。"

我看到钟名只是静静地听着，脸上并无异常的表情，于是决定把想说的话一口气说完："你对人、对事一贯严厉、严格，所以许多员工都很怕你。但我觉得人和事应该分别对待，对工作、做事严格要求我赞成，但对人的方式上应该多一些宽容，尤其是对那些工作努力但无意犯了错的员工。另外，这种严对事、宽待人的企业文化才更适合我们咨询公司，这样我们才能吸引真正优秀的顾问人才，保证公司的未来发展，实现我们期望的公司战略目标。现在，公司经营管理基本上都是我在管，绝大部分事情都是我去面对和处理，我只是提醒你一下，如果再碰到类似情形，要注意处理方式，言行要和我们提倡的企业文化保持一致，或者干脆交给我去处理。请放心，你应该知道我对工作的要求可能比你还高。比如，顾问给我准备的专业材料，没有几个来回修改通常是过不了关的，并且我对主观故意、知错不改还较劲，或者不上进、重复犯低级错误的员工从不手软。"

最后，我指出："当然，有时一家公司的高层领导中有一位唱黑脸未必是坏事，但需要注意方式。对任何具体事情的处理不能超过合理的底线，毕竟我们的管理顾问们都很聪明，也不愁找不到好工作。如果公司出现危机或其他特殊情况，不得不采取超出合理底线的解决办法，我们也一定要了解员工的心理，并预先交流和疏导，这样的效果也会更好。"

也许是对公司目前的进展感到满意，钟名对我所说的话竟没有表示半点不高兴或任何不同意见，爽快地答应以后注意就是了。钟名这么轻松就承诺全力配合，我既高兴又意外。

三

中西咨询的主体员工——管理顾问，平日里通常都扑在项目上，很少待在公司。这一天，难得有这么多同事都在办公室，我也正好没出差，就决定把大家召集起来共进午餐。

公司旁边的四川酒楼里，三四十位员工和我围在拼起来的几张大桌子旁，热热闹闹、有说有笑，一边吃饭一边聊天。

公司的变革与调整工作结束后，我经常出差在外，因此在办公室的时候总是会充分利用机会和员工们一起吃午饭。一方面可以增进彼此的了解，另一方面也可以和他们一起谈谈对项目和工作的感受，或者不限话题随意聊天。

今天一起午餐的人员很多，自然不会谈论具体的工作。

大家平时彼此很少见面，现在难得碰在一起，正好可以轻松、随意交流，嘻嘻哈哈地开开玩笑。公司起飞已经半年，在行业里的地位、名气与日俱增，大家同舟共济、一荣俱荣地迈向更美好的未来，心中喜悦自然溢于言表。

看着这些聪明能干的年轻人的面孔，听着他们互相无所顾忌的说笑，我心中陡然生出一股满足与成就之感。短暂的午餐时间就在嬉笑热闹中转瞬即逝。

"大家吃饱了吗？（他们喊着'吃饱了'）今天午饭到此结束，尽管聚餐人员众多，但还是不能破坏我的老规矩，午餐仍由我个人掏腰包买单！"我接过服务员递过来的长长账单，站起来笑着对大家说。顿时，大家再次鼓掌欢笑，将热闹进一步推向高潮。

事实上，邀请员工共聚午餐并买单也是我作为公司领导，为建立一个平等、友好、融洽的工作环境而坚持的私人习惯。不让公司付费，不限话题随意聊任何事情，即使谈工作也不局限于具体事务。在公司我从不以老总自居，而是让员工直呼我的英文名字，并且工作之外我还会跟他们开玩笑，所以员工与我之间保持了一种融洽、亲近的关系。有些顾问看见我在办公室的时候，还会主动找我一起午餐，和我聊他们的个人工作与职业发展，或者对某个专业话题进行探讨。

其实，在公司内部直呼老总名字的习惯并非起始于我。早在钟名和国际咨询公司合作时，他就向跨国公司学习，让员工直呼他的名字。但钟名的严厉性格使员工不愿意主动接近他，也不习惯直呼其名，尽管在和我关于企业文化的交谈之后，他也在努力做出调整。

彻底的变革调整，宏伟战略目标的确立，激励和严格晋升淘汰制度的建立，公司经营的起飞与声名鹊起，公司领导的表率示范，支持顾问的文化活动和相应奖惩制度的设立等一系列重要工作，不仅完全扭转了中西咨询以前严苛的企业文化，还建立了一种"严对事、宽待人"的新企业文化。

"严对事"一方面以结果为导向，以客户满意和专业创新为主要指标，对项目进行考核评价，实行对优秀出色者迅速破格提拔、合格者留任、不合格者立即淘汰的机制；另一方面，对过程和细节实行高标准、严要求的质量把控。渐渐地，项目部门开始盛行一种项目运作文化，即不仅要让客户满意，还要深挖立新，给客户惊喜或超出客户期望。很快，这种文化也慢慢渗透到其他支持部门和整个公司。

"宽待人"指尊重、善待员工，提倡员工之间的互相支持与帮助，尤其是项目工作中的相互支持，创造了一种平等、友善和相互帮助的融洽工作环境。

"严对事、宽待人"的企业文化吸引了大批优秀顾问和人才，尽管在中西咨询工作，比在其他本土咨询公司更辛苦，但他们更喜欢在平等、友善的环境下，争取迅速成长的机会，并因为能在蒸蒸日上的知名咨询公司工作而感到光荣。另外，这种文化也使得优秀人才更乐意留在公司长期待下去。除试用期严格淘汰的顾问外，公司的员工流失率从以前的 20%，锐减到接近自然流失率的区区百分之几。

"宽待人"吸引的优秀人才和"严对事"的专业工作文化，让客户对我们咨询服务的过程和结果都非常满意，也为公司在咨询行业建立了远超竞争对手的良好口碑。

中西咨询的这种竞争优势来源于企业文化，牵涉优秀人才策略和公司经营管理的方方面面，而不是基于看得见、摸得着的单一因素，所以竞争对手很难模仿、拷贝。因此，优秀的企业文化才是公司建立竞争优势的堡垒。

管理点评

» 企业文化的重要性与建设关键

一流企业的另一显著特征，是具有强大的且适合企业发展的企业文化。无论是著名的跨国公司苹果、亚马逊、谷歌，还是大家耳熟能详的国内大厂华为、腾讯、阿里，都是如此。当然，因企业文化问题导致企业失败的案例也不胜枚举。著名的有美国的安然公司和国内的"三鹿奶粉"。但一线的管理实践人员和从事管理研究的专家学者，都严重低估了企业文化的重要性。

企业文化是企业内部盛行的、关于价值观念和行为规范的隐形共识与约束，直接影响员工的工作观念（包括质量标准）与目标、工作态度与方式。一方面，企业文化关乎员工的观念、行为与企业的愿景、战略之间的一致程度；另一方面，也牵涉组织内部的沟通、交流与协作，直接影响执行力和效率。其实，文化之于企业，犹如性格之于个人。

另外，企业文化还决定了工作环境，直接影响企业能否吸引并留住自身发展所需的优秀人才。

比如，中西咨询在迅速崛起的过程中，渐渐形成的"严对事、宽待人"的企业文化，使公司内部形成了一种力争优秀并良性竞争的工作氛围。这种文化对外的体现在于，不仅必须为客户提供满意的专业咨询服务，还需要努力挖掘客户没有发现的重大管理问题，追求给客户惊喜。对内，一方面表现为只要工作表现优秀出色，即可破格提拔，从不论资排辈的人才晋升机制；另一方面表现为平等、友善和互相支持的工作环境。平等、友善主要来源于公司领导的观念和行为表率，互相支持则主要基于公司传帮带的人才培养、扶助制度与工作习惯，以及咨询项目工作团队协作的特性。正是这种追求出色但平等、友善的文化，为公司吸引了大量优秀人才，并使他们的工作态度和目标与公司的发展要求能时刻保持一致，且超越竞争对手，为客户提供更满意的专业服务。正是"严对事、宽待人"的企业文化，为中西咨询成功逆袭，并在短短三年时间里成为本土咨询龙头企业提供了基础保障和竞争堡垒。

企业文化并非一成不变，而是可以改变或重塑的，就像中西咨询所经历的那样。但是，复杂、大型的企业组织要想改变或重塑企业文化，往往困难重重，并且挑战巨大，通常不会一蹴而就那么简单。

那么，企业该如何打造自己的独特文化，助力企业发展呢？企业文化建设的关键又是什么？

许多中国企业在文化建设上往往不得要领，常常会陷入以下误区。

第七章 文化——建立优势的堡垒

1. 走形式

许多企业制定的文化纲要往往美丽动人，但只是挂在墙上的标语，或放进宣传册里鼓动客户、忽悠员工的漂亮辞藻，企业实际推崇的价值观以及行事方式往往是另外一回事，说一套做一套。

2. 简单化或不求甚解

许多企业以为，企业文化建设只是建立企业标志、形象，举办文化活动那样简单，只在短时间里活跃了企业氛围，而并没有真正形成企业文化。往往热闹过去之后，很快又会回归到以前的，与企业领导的言行匹配、示好，一直盛行但并不利于企业发展的潜行文化。

3. 与企业战略与发展脱节

企业文化无所谓好与坏，文化建设也不是为了文化本身，而是为了企业的发展。这需要与企业战略、目标以及所在行业的关键成功要素等保持高度一致。但许多企业制定的文化纲领总是千篇一律，把一些美好的东西简单地拼凑、堆积在一起，与自身目标、环境以及个性特色等毫无关系。

企业文化建设的关键有两个：确立与企业发展相匹配的企业文化要素（即建立什么样的企业文化），以及企业一把手的高度参与和示范践行。

　　企业文化要素尽管可以包括诸如诚信、公平这样一些基本的人文要素，但更重要的是，要和企业自身的战略、愿景目标、特点特色以及行业成功要素等保持高度一致，否则企业文化就失去了建立企业个性并助力自身发展的根本目的。比如，高科技类企业会鼓励创造性，服务类企业需要强调客户服务，而依靠成本竞争的制造类企业则聚焦执行力和高效率，等等。举例来说，零售企业的企业文化里，就应该包括提升服务让客户满意、改善商品售后支持、提高运营效率等与行业成功要素相关的因素，而管理咨询公司的企业文化，就应该强调专业服务、优秀人才、专业性和创造性等核心要素，以体现咨询公司服务客户的专业能力与优势特征。中西咨询"严对事、宽待人"的企业文化，正是体现了这些要素和公司战略的要求。

　　确定企业要建立什么样的企业文化后，文化建设的另一个关键就是高层领导的全力参与，以及和文化要素高度一致的言行表率。企业文化简单来说，实际上就是企业高层领导（尤其是一把手）的观念和日常工作中的言行在企业内部的积淀。如果企业领导的观念、言辞和行为方式与所倡导文化不一致，企业文化建设就只会是走形式。并且，企业内部最终只会形成一种与企业领导观念和言行一致的潜行文化。所以，在重塑中西咨询企业文化时，一方面不仅我必须带头起示范、表率作用，

第七章 文化——建立优势的堡垒

观念、言行与公司的新文化保持高度一致，另一方面钟名也必须调整言行，以身示范，避免任何与公司新的企业文化有冲突或不一致的言行。

当然，并非两个关键做好了，企业文化建设就会水到渠成。就像企业的战略一样，企业文化的要素也需要在经营管理各个环节贯彻落实下去。比如，企业的管理流程、制度需要做相应的改变，尤其是员工激励考核和奖惩制度，需要和企业文化保持高度一致。举例说，如果企业文化提倡创新，就不只是从考核奖励或成功激励的角度去鼓励创新，同时也要避免对因创新而产生的失败或风险进行惩罚，甚至鼓励员工去冒险。同时，不要求员工必须绝对服从权威或领导，或者鼓励员工提出不同或反对意见等。

另外，在企业文化的贯彻落实过程中，还需要进行大量的宣传、沟通、培训与教育。在此期间，难免会出现某些关键员工（如中层执行领导）的言行偏离企业文化，甚至和企业文化相冲突的情形。此时，企业领导或文化小组必须及时并孜孜不倦地进行矫正和纠偏，必要时必须辞退那些完全背离企业文化的关键员工，清除文化障碍，就像我在对中西咨询进行变革时卸任王经理的管理权力那样。

最后，企业文化建设不只是企业领导或文化小组的事。一方面，建立什么样的文化，需要获得企业中高层执行领导团队的内心认同和全面支持，使他们在日常工作中的言行与文化

成为一流企业

一致,并起到带头、传播与监督的作用;另一方面,还需要全体员工的认同和积极参与(比如定期搞文化建设活动),毕竟企业文化的真正载体是人,而不是那些冰冷的制度或宣传材料。

第八章　品牌——建立优势的归宿

对企业竞争优势而言，品牌既是原因，也是结果。品牌建设的关键，是保持产品和服务体验与营销的高度平衡、一致，切忌过度营销！

一

早上八点,客户的咨询项目竞标大会厅里,五家咨询公司正在通过抽签决定讲标顺序。

我笑着对一同前来竞标的范、杨两经理说:"你们俩谁抓阄的手气不错?我手气不怎么样,谁手气好的去抽签。"

范晓强立即回答:"我手气还可以。"

我半开玩笑地对他说:"那好,你去抽吧。如果你能抓到二号签,我们今天就应该能中标。"

这次的客户是山东一家知名的上市化工集团公司,通过控股、子公司、分公司和参股多种方式,从事化工、热电等多元化业务。由于业务的迅速发展和下属公司复杂的法人治理结构,使得集团原来以行政管理为主的集团管理模式严重落后于公司发展。集团决定通过管理咨询公司,针对各级下属企业和处于不同阶段的各项业务,设计一个合理的集团管控模式，并设计出相应的集团组织架构调整方案，以及制定配套的考核体系、管理流程和制度，以便对下属公司和业务实行有效的管理、考核、监控，真正实现从行政管理向现代企业管理的过渡。

咨询公司的选择工作，由该集团信息化部的马部长牵头负责，通过公开竞标的方式确定。受邀的五家咨询公司中，除一家是跨国咨询公司，其余四家均为本土咨询公司。其中，我们中西咨询是在竞标日的前一星期，突然收到该集团的标书邀请而临时加入竞标的。据销售杨经理的了解，其余三家本土咨询公司中，专业实力不错的卓群咨询，早在半年前就与该集团开始项目接触，也一直是他们马部长内定的并极力向领导推荐的咨询公司，据说他们之间还有一些特殊安排。也正因为是被邀请来陪标的，我们的心态反倒异常轻松。

应邀的短短一个星期里，我们怀着死马当活马医的态度，全力以赴地准备项目竞标方案与投标材料。今天早上会议开始之前，我们还在忙着对讲标内容进行最后的修改。我特意选择范晓强经理来负责项目专业方案的起草和演讲，是因为他擅长集团管控和组织方案、人力资源管理，以及国企的市场化转型，并且已经晋升为公司的高级项目经理。

出乎意料的是，范经理随后果真抽到了二号签，这似乎是一个好兆头。卓群咨询是三号签，在我们后面。

讲标时，范经理的方案演讲对客户面临的问题、初步解决思路以及针对性思考，进行了全面、深入、细致、专业的展示，我则主要负责回答演讲后客户关于中西咨询、业务和项目商务的提问。颇感欣慰的是，演讲和问答环节都进行得非常顺利。但我依然没抱任何特别的希望，毕竟我们是临时被邀请来陪标的。

讲标结束后，我们仨退出旁边的房间里等候。隔壁会议室里，卓群讲标正在紧张地进行。项目竞标需要整整一天时间，我们正讨论着是否下午飞回北京等待消息。

不一会儿，敲门声突然响起。原来是卓群咨询讲标结束了，主持咨询项目竞标的客户集团副总邱总匆忙赶到了我们房间。"高总，你们下一步怎样安排，晚上想请你们吃饭，可以吗？"

"没问题，听从邱总安排！"我似乎看到了一丝希望，微笑着回复道。

晚上，邱总请卓群的竞标团队——合伙人、项目经理、销售一行三人，和我们仨在集团酒店的餐厅包房里吃饭。邱总坐在房间入门对着的圆桌主人席位上，他对面坐着的是比马部长资历更深的人力资源部部长，旁边是马部长。

当卓群的人和我们进入房间时，邱总微笑着站起来和大家一一握手。突然，邱总笑着一指他右手边的座位说："高总，你年龄看起来似乎比他们稍大点，就坐这边吧。"按山东人的习惯，最重要的客人——主宾，通常坐在主人的右手边，

第八章　品牌——建立优势的归宿

这似乎又是一个好兆头。

当新鲜的海鲜和其他美味佳肴端上桌来时，酒自然是直率豪爽的山东人招待客人的必备之物。邱总热情爽快地敬了大家两杯之后，卓群咨询的合伙人突然站起来客气地回敬。没想到邱总故意带着一丝酒气对他说："你想干吗？一边待着去，还没轮着你呢！"据说山东人喝酒特别讲规矩，一上桌是主人连敬客人三杯，接着是坐对面的副陪再敬两杯，三陪敬一杯，然后客人才可以回敬。我对酒文化和山东人的酒桌规矩一无所知，只好静静坐在那里观察，不敢轻举妄动。

小小的尴尬很快被宴席中的觥筹交错淹没，酒意使大家变得兴奋起来，谈话也更加热烈、放松。不过，卓群咨询那三位似乎并没有像我们一样进入角色，不但酒量有限影响了发挥，言谈举止也因为刚刚的尴尬而显得有些拘谨。我们仨却碰巧酒量不错，很快就拉近了和邱总的距离。等晚宴结束的时候，我们出乎意料地似乎已经成了熟悉的朋友。

当大家在酒店外一一握手告别时，已经半带醉意的马部长无奈地小声对我说："看来，这个项目非你们莫属了。"果然，没过几天邱总就亲自给我打电话，约我同他和集团总裁去上海签署咨询合同。

从讲标后邱总的挽留可以看出，让我们成功签下这一单的并非我们仨的酒力，而是公司管理咨询服务的产品实力。中西咨询因服务实力在行业里建立的良好口碑，使得但凡有

165

成为一流企业

咨询需求的正规企业都会邀请我们参与竞标。这也让我们有机会在一些预先不利于我们的特殊项目中，从竞争者那里虎口夺食。

二

中西咨询的专业服务实力，不只是表现在项目销售中从竞争者那里虎口夺食的竞争力上，更多体现在咨询项目运作的过程、结果，以及客户体验和满意度上。

北京某知名大厦一间讲究的办公室里，西风集团的李总正在和我交流有关他们的战略咨询项目进展和初步成果汇报。我们的项目组刚刚结束项目的第一阶段战略诊断成果演讲，对IT系统集成市场、竞争分析和西风集团战略评估做了全面深入的汇报。

西风集团是一家以IT系统集成服务为主业的民营企业，创始人李总不仅有广东人天生的精明头脑，也有民营企业家的实干精神，并且在IT行业浸淫多年，一方面练就了强大的专业能力，另一方面也积攒了众多的行业人脉关系。

在企业创业初期，做IT系统集成的规模企业不多，李总利用自己的专业与人脉优势，迅速签下了不少金额数千万量级的企业IT系统集成大单。企业也因此在早期发展得顺风顺水，并迅速成为IT系统集成的少数知名企业之一。但快速

第八章　品牌——建立优势的归宿

发展几年之后，一方面系统集成公司的数量迅速增长，使行业的竞争环境发生了巨大变化；另一方面西风集团自身也因发展模式和人员组织问题，面临严峻的内部挑战。近几年来，集团业务与发展突然江河日下，他们想通过战略咨询扭转发展颓势。

听完成果汇报，李总既高兴又略带失落地对我说："高总，我在IT行业打拼多年，自信对行业与系统集成业务了如指掌。但你们的战略诊断找出了好几个我都不曾想到的关键点，并做了深入的分析，这超越了我的认识和经验，令人信服。而且，你们的项目组是在短短十天时间里做到这点的，着实让我惊讶。我对你们的咨询服务非常满意！"

我还没来得及回应，李总继续补充说："去年，我们的人力资源咨询项目你们也来竞标了，高总的演讲和提案其实也很精彩。但当时我感觉君创咨询的庞教授似乎讲得更精彩，最后把项目给他们做了。后来才知道，我们被忽悠了，很遗憾当时没有选择你们。他委派的项目组成员都是还未出茅庐的学生，不仅经验浅薄，而且能力平庸，负责的咨询项目始终落不了地，最后我不得不提前终止。这次我终于知道怎么选择咨询公司了，因此选择了你们。"

当我微笑着和李总寒暄并说谢谢时，内心忍不住想：企业对自身的产品和业务做正确的战略选择或许不容易，但更难的是踏踏实实、全方位去做好、实现自己的战略选择，让

成为一流企业

客户真正获得切身感受和体会。这不仅是一流企业和一般企业的核心差别，也是企业建立品牌的关键！

三

2003年夏末的某天，钟名突然来到我的办公室，兴奋、激动但同时也略带着疑惑地感慨道："我们公司现在的品牌怎么这么好啊！"

尽管前不久钟名名义上从我手中接管了公司的日常管理工作，但因为"非典"疫情的出现和应对，公司内部管理上并没有明显的变化。除了有时参与项目的销售与运作，钟名大部分时间仍然在做他喜欢的对外营销宣传工作，要么在外面开会、演讲，要么写文章或者参加一些营销活动。那天，他刚刚以嘉宾的身份参加中央二台（即CCTV-2，后来的央视财经频道）的节目回来，应该是在活动中受到了额外重视，抑或是听到了许多对中西咨询的好评，才变得如此激动，特意到我办公室来跟我感慨。

中西咨询全面改革调整结束大半年之后，尽管经历了"非典"疫情危机的考验与洗礼，并受到了一定的不良影响，在规模上与领头的众航和君创咨询仍然存在差距，但公司的名气和专业实力在本土咨询公司里已经有了明显优势。事实上，由于公司市场地位的大大提升，中西咨询在项目竞标时，已经不再像以前那样经常碰到老对手众航或君创了,即使碰上,他们也基本只能依靠价格或其他手段跟我们抗衡。

另外,管理咨询也取代了中西公司创始的企业信息服务业务,成为"中西"这个名字的代表业务。以前人们提起"中西"的时候,想到的是企业信息服务,而现在再提到这个名字,大家想到的是中西咨询或管理咨询。

中西咨询及其咨询服务实力在行业声名鹊起,取决于三个关键因素。

第一,中西结合实践派的明确差异化战略定位。这种差异化业务定位,使得中西咨询比竞争对手更能针对客户公司的实际情况,提供有效且更适合客户实际需求的管理解决方案,比其他本土咨询公司更专业、更深入,比跨国咨询公司更贴近中国企业实际。

其次,咨询专业实力和客户满意的服务体验。"严对事、宽待人"的企业文化,以及基于工作结果的迅速晋升与淘汰、奉行传帮带培养的人才机制,一方面吸引并留住了大量优秀顾问与人才,另一方面也让他们养成了强大的、脚踏实地的实干精神,能以团队合作方式高效地执行项目运作,并实现解决方案落地。这些都是中西咨询的专业实力和客户满意的服务体验的基础保障。再配以合理的服务收费,中西咨询真正做到了提供优势凸显的专业咨询服务,并让客户在项目开始之前、之中和之后,都深切、满意地体会到了这一点。

最后，口碑传播。管理咨询是一个并不很大的行业，中西咨询的专业实力和客户满意的服务体验，在中国这样盛行口碑传播的良好土壤里，自然迅速传播开来，形成了出色的客户口碑。同时，与行业头牌竞争者同台 PK 并取胜的实战案例，更是成为口碑传播的强烈催化剂。无论是飞天集团项目和本土头号咨询公司众航的同台 PK，还是西风集团项目结果与领头本土咨询公司君创的客户体验对比，抑或是山东某化工集团项目从行业老三的卓群咨询虎口夺食，不仅为中西咨询在本土公司中的强大实力提供了无可置疑的实证，也为行业口碑的迅速传播提供了可传说的故事和增效的素材。

正是中西咨询明确的市场定位、强大的专业实力、满意的客户服务体验，以及广泛传开的良好客户口碑，使得中西咨询在行业里迅速建立了知名度和优势品牌。

当然，尽管中西咨询的品牌已经建立，口碑也在传播，但对于中西咨询这样不是面对消费者（to C），而是面向企业（to B）的专业服务公司，营销宣传也是品牌背书与增强的必要手段。

四

除了营销策略、公司介绍材料、销售宣传材料、网站建设等基础性营销工作，公司对外营销宣传的专职工作，一直由擅长以中国式语言典故总结、阐述西方管理理念的钟名领导。

依据钟名写文章起家的习惯，中西咨询营销宣传的主体工作仍然是写文章，以及不时参与一些会议和媒体营销，只是由钟名的个人行为，变成了全体员工的工作。他对公司各个层面的专业人员——从一般顾问、项目经理、总监到公司合伙人——写文章的工作做了系统规划，并提出了严格的数量要求。即要求各个层面的人员一年必须写一定数量的文章，具体的执行和监控工作由他领导的市场部负责，以保证实施结果。

这种持续轰炸式的专业文章发表后，对公司品牌宣传起到了背书与增强的积极作用。几乎任何时候，在中国市场与管理相关媒介上都经常可以看到中西咨询人员写的文章，钟名个人更是在这方面起到了出色的带头作用。

除了外界媒介，钟名还领导成立了《中西咨询管理评论》周刊。该周刊不但评论中国企业管理行业的热点，总结管理咨询案例，也为顾问们发表各种管理方面的文章提供了良好的载体。周刊每周会以电子邮件的形式，发送给成百上千的中国企业中高层管理人员。

此外，钟名还不定期组织人员对中国市场的某些热点管理话题进行深入研究，并整理成研究报告，然后对外发表或宣扬。中西咨询先后出了不少质量不错的热点话题研究报告，为公司赢来了名誉和赞美。

我个人没有参加钟名制订的写文章计划。一方面是因为工作繁忙，实在没有时间和精力撰写独创性或原创性的文章；另一方面，我也不完全认同钟名纯粹基于数量轰炸的宣传方式。我坚持认为，文章的质量必须与公司的品牌定位保持一致，没有价值或洞见的文章其实不应该写，更不应该发表，尤其不能为了追求文章数量而写文章。

事实上，以写文章为主的公司营销宣传确实产生了一些不小的问题。比如市场热点话题研究报告，一些文章由于选题偏颇、成果肤浅或引人争议，有时反而给公司的品牌带来负面影响。另外，对写文章的数量严格要求，也使得不少文章流于平庸，甚至滥竽充数，反而侵蚀了公司品牌的高端、专业形象。还有，每周发送的《中西咨询管理评论》电邮周刊因为数量巨大，导致一些管理严格的邮件服务器把中西咨询的邮件、邮箱拉入了黑名单。

尽管公司营销宣传的实施上存在瑕疵，但无可置疑的是，钟名领导的中西咨询多角度、多层次的营销宣传活动，对中西咨询品牌的传播、背书与增效起到了不可或缺的重要作用。

五

2005年春，中国某顶级保险巨头的集团总部，我带领公司营销咨询中心负责人、专业营销顾问一行数人，参加客户品牌战略项目的竞标。参与竞标的咨询公司一共六家，除中西咨询外，其余五家是全球战略咨询排名第一至第五的跨国咨询公司，我们是唯一一家受邀请的本土咨询公司。

尽管以前在其他项目上和一流跨国咨询公司有过交手，也有输有赢，但和全球前五的战略咨询公司同台竞技，这还是头一遭。

这家国内保险巨头，许多年来一直是中国保险市场的领先企业。但随着新兴的市场化私营保险公司的崛起，我国加入WTO后进入中国市场的外资保险公司的参与，以及投保人市场细分和集团自身战略等因素的影响，客户现有的品牌策略和品牌管理已经无法适应集团下一步的发展。在市场方面，公司一直以"稳重的中年强壮男子"作为目标客户的品牌形象，已经越来越不适合渐渐细分的投保人群体，而现有的单一品牌架构，也不适应集团开始已久的多元化业务战略。

因此，客户希望借助咨询公司的力量，通过深入分析投保人细分市场和各竞争品牌的定位及市场反应，系统构建集团的品牌战略，如集团、业务/子公司和产品品牌架构体系以及相应品牌定位。并且，设计出品牌战略实施需要执行的品牌宣传和品牌管理具体方案，包括品牌口号、宣传推广计划以及相应的组织、流程与制度支撑保障体系。

我清晰地知道，在品牌的专业研究与理论、西方实践经

成为一流企业

验、品牌战略制定方法与工具、西方品牌咨询成功案例等方面，中西咨询和这些一流跨国咨询公司之间的差距巨大。但在中国市场，对投保人保险需求的深层次理解，对中国文化、特别消费行为和竞争行为的深入理解，如何在品牌定位、宣传的价值、心理诉求上体现这些特点，如何利用中国文化和语言特点采取有效品牌宣传方式与手段，以及如何让中国企业在适合其现状的组织、管理体系下实施执行等方面，中西咨询相比这些跨国咨询公司，拥有更深入的理解，更适合中国市场管理实践的经验与解决办法。所以，我们的咨询方案，除了系统展现了我们的咨询方法、过程与工具的专业基础，更重要的是，还强调对保险市场，投保需求与诉求，品牌口号、宣传，以及管理实施方案的深入分析和初步设想。当然，在咨询费用上，我们也肯定比跨国咨询有很大优势。尽管客户经济实力雄厚，咨询费用的高低并不是他们考虑的首要因素。

我们的咨询提案演讲获得了客户的一致好评，并且在正式的竞标演讲结束后，客户和我们进一步接触，告知首轮竞标评估后他们淘汰了四家咨询公司，只有两家公司进入他们的第二轮竞标，中西咨询就是其中一家。这不禁让我喜出望外。

遗憾的是，两个星期后客户通知说，他们的咨询项目将无限期搁置，具体原因不得而知。

第八章 品牌——建立优势的归宿

即便该保险巨头的品牌战略项目竞标中道而止，但能在首轮竞标中胜出，也表明中国头部大企业对中西咨询专业实力的认同，更标志着中西咨询已经无可争议地成为本土第一咨询品牌。事实上，通过客户强烈需求的差异化服务定位、脚踏实地的项目实施能力、强大的项目交付能力与专业实力、优秀的客户体验与口碑，配以增效的多方位营销宣传，经过三年多的快速发展，中西咨询无论是品牌还是规模上，都毋庸置疑地取得了本土龙头咨询公司的位置。

中西咨询的规模发展，一方面取决于系统销售渠道、人才队伍和运营体系标准化建设等规模化发展所要求的保障体系，另一方面也是因为一线销售的成功起量。经过一年多集中精力铺在销售和销售管理上，我不仅个人成为公司遥遥领先的第一签单手，并且建立了一支有效的销售人员队伍，还搭建了销售工具和销售培训支持体系。在我加盟公司三年之后，中西咨询已经发展到员工近三百人。与之相比的是，曾经员工人数遥遥领先的本土头牌咨询公司众航与君创，因学院派咨询渐遭市场冷落，又面对中西咨询的强大竞争，以及经历了"非典"疫情危机的冲击，尽管尝试了不少组织与营销上的调整变化，但收效甚微，规模上并无大的起色，最终被中西咨询在规模上也将其超越。

有意思的是，"非典"疫情突发的2003年，咨询公司普遍因不能上项目和总体需求的剧减，遭受了严重打击和萎缩。

而中西咨询虽然刚刚开始的迅猛增长也像突然踩了刹车，并且因临时降薪而损失了一些优秀顾问，但全年仍然实现了超过50%的增长。所以，危机通常只会削弱或淘汰那些没有竞争力的公司，对中西咨询这样具有竞争优势的公司而言，却可能是一次甩开竞争对手的良好机会。所以，应对危机最好的办法，就是深耕业务并建立强大的竞争优势。

品牌上，正如中国保险巨头项目竞标所显示的那样，中西咨询已经在本土咨询公司阵容里具有了绝对优势。其他本土咨询公司许多时候都不能入围和中西咨询竞争大项目，即使有面对的机会，也只有通过价格策略或特殊手段才能取胜。事实上，不少人已经开始简洁地称中西咨询为"中国的麦肯锡"。

与此同时，作为公司品牌的溢出效果，钟名经常受邀作为中央二台经济管理类节目的嘉宾，更是全国各类管理会议与论坛风光无两的座上客，即使是喜欢自由自在远胜镁光灯照射的我，也曾作为专家评委两次参加中央二台的创业节目。

但是，作为本土龙头品牌的中西咨询，能否踏上下一级发展台阶，同顶级跨国咨询公司在中国市场上分庭抗礼，并取得综合竞争优势呢？

管理点评

» 品牌是一驾虚实两轮驱动的马车

与西方市场中打造品牌相比,中国市场有一个突出且令人深思的现象:品牌即使能迅速崛起,也不容易长久持续,不少甚至会快速衰退或陨落。耳熟能详的例子有昔日的背背佳、几年前迅速崛起又迅速衰落的小罐茶,以及盛行多年但最终衰退、近乎销声匿迹的脑白金,类似的案例在中国市场不胜枚举。

尽管这些例子属于不同消费行业,涉及完全不同的产品,品牌迅速崛起的具体做法也不尽相同,但它们却有一个共同的特点:一切围绕或直击消费者内心某种诉求与心理、深入人心的营销叙说与广告轰炸、精美的产品包装、看上去不错或高档的产品外表,推广并非一致或无强关联的一般产品,营销宣传和实际产品错位形成鲜明对比。

这些品牌迅速崛起的背后,是中国市场特殊消费需求和消费文化的强大支持,以及喜欢造概念、立名头,跟风明星名人与时尚、捧热点、爱新奇,好面子和求同心理,等

成为一流企业

等。当品牌策划者深察某一潜在的产品需求，通过深深抓住消费者心理诉求的务虚营销宣传，或大投入的主体媒介渠道的广告轰炸，配以精美的产品包装和漂亮的产品外表时，品牌就能在中国市场这片肥沃的特殊消费文化土壤里生根、发芽、传播、加强、放大，并迅速崛起。同时，也正是这些适合消费者内心渴望，却背离或远离产品实际作用的过度营销，使这些品牌或产品快速衰落。真可谓成也萧何，败也萧何！

多年前我在北京装修房子的时候，曾花了近两万元从高档家居装修名店里买过一家知名中国企业生产的高档淋浴房。销售人员还强调说，淋浴房的所有零件均为德国原装进口，他们只是负责组装。淋浴房外表看起来也的确华丽、高档，除具备基本的淋浴功能外，还有桑拿、按摩、电话和音响等复杂功能。但仅仅使用三个月后，功能表盘上印刷的商标文字就不翼而飞，电话拨打功能也经常失灵。联系厂家的售后服务后，客服不但态度好，并且很快就安排了人员上门维修。当我好奇地询问，德国的产品质量为何如此之差时，才发现这些损坏的零件是国内工厂自己生产的。后来，新换的功能表盘上的标识字迹几个月后再次消失，我都懒得再找售后服务更换了。

十几年过去，国产品牌产品制造的总体质量与企业诚信已经大大提高，但上述问题依然普遍存在。前不久，我更换厨房抽油烟机时选择了某国产高端品牌，但使用半年后，产品表面涂层脱落，品牌标志也已经依稀难辨。

事实上，高档的产品定位、耀眼诱人的营销宣传、实际产品的质量与体验就像三个打架的和尚，在许多国产品牌产品上很难和谐共存，最终自然只会一遍遍重演"三个和尚没水喝"的经典故事。

品牌打造是一个全面且长久的过程，涉及产品策略、营销、运营制造、产品自身及质量、售后服务等公司管理经营的各个环节。一旦在产品对外连接渠道或触点上，出现客户的实际体验与品牌宣扬的不一致，就会或多或少造成对品牌的侵蚀。而接连不断或严重的侵蚀，最终就会吞噬品牌。品牌打造的关键核心，是保持产品的营销宣传和实际的产品与使用体验的平衡、协调一致。也正是市场营销和实际产品之间的严重错位，才导致了品牌建设的失败。在中国市场上，许多品牌因此迅速崛起又快速衰落。

品牌其实是一驾虚实两轮驱动的马车，虚指产品营销宣传，实指产品本身和使用总体体验。过分务虚而忽视务实，也许能让马车短期飞跑，但迟早会倾覆；只注重务实而缺乏必要的务虚，则马车只能缓步前行，甚至可能停滞不前。这些在中国市场尤其明显。只有虚实兼顾并和谐一致，品牌的马车才能平衡、稳健并快速地向前奔跑。

中国企业的品牌建设，总是容易陷入过度营销和急于求成

成为一流企业

两大误区。必须指出的是,喧嚣的概念炒作或营销噱头,充其量只是一种即时捞金,以及或许能带来短期繁荣的投机活动,但投机取巧是无法产生长久、持续的优秀品牌的。所以,要打造一个强势、优秀的品牌,中国企业切忌过度营销,必须脚踏实地一步一步把产品打磨好,努力提供极致的产品及客户使用体验。

其实,企业或产品品牌建设和个人良好信誉的建立,有着某些相通之处。这就是说到做到、言行一致,并且坚持一贯如常、前后一致,使他人可以信赖和依靠。光说不做,就会失去信任和信誉!

中西咨询之所以能在短短三年时间里,从处于行业弱小位置成长为本土第一管理咨询品牌,正是做到了自己宣称的给企业的咨询服务,与实际提供给客户的咨询服务是一致的,保证了品牌这虚实两轮马车的平衡,使之能快速奔跑。虚的方面,中西咨询定位为中西合璧的管理实践派,实干、有效且专业,并配以持续、专业的管理文章的市场营销,以加强品牌背书与传播;实的方面,依靠合适的企业文化吸引优秀顾问人才,通过追求优秀出彩的项目运作精神、建立严格的过程监控,努力实干、全力以赴,为客户提供专业、有效的针对性咨询解决方案,从而让客户满意,高度体现了西方专业、先进和中国现实、有效的中西结合。

当然,中西咨询品牌的迅速崛起,除了提供给客户渴望但稀缺的差异化咨询服务,也离不开中国市场的口碑传播是异常强大的营销宣传这一事实。中西咨询在客户前线与最强大的竞争对手PK取胜的一个个案例,则为口碑传播提供了特别有吸引力的叙事依据与光环。

第三部分

陷　困

企业发展容易陷入"三大瓶颈"：苦心经营多年"起不来"（商业瓶颈），发展到一定阶段后"上不去"（管理瓶颈），一路狂奔之后突然崩溃"塌下来"（自我瓶颈）。其根本原因都是认知缺陷，即缺乏对商业管理以及人性与自我的深刻认知。

第九章　争权夺利，陷入内斗

企业取得初步成功后，面对权力和利益，企业高层往往蠢蠢欲动，开始你争我斗。"共苦不能同甘"仿佛成功的魔咒，齐心协力打造一流企业似乎遥不可及。

一

2003年3月的某天，钟名忽然毫无预兆地踏进我的办公室，说是路过顺便和我闲聊，但我感觉他其实有事跟我商量。

他看似随意地笑着说："公司现在规模大了，这么多事情你一个人也管不过来。是否可以让徐辉和江岩以后直接向我汇报，你也就不用这么辛苦了？"

他突然提出这个问题，我不禁抬起头来怔怔地望着他。一丝不易察觉的不自然，从他脸上一闪而过。我隐隐意识到了他心里在琢磨什么，思忖了一会儿，没有立即回答。

站在公司的角度，全面战略改革与实施结束已近半年，公司正沿着快速车道日新月异地发展。除了业务扩张时期的重要人事任命、业务之间的协调发展与管控，公司未来经营的主要工作，似乎只是规模扩张时期的经营细节管理、细节监控与改善、流程和制度完善、质量保证等一些日常事务。

第九章　争权夺利，陷入内斗

在细节的管理与监控上，钟名似乎有着远比我大得多的热情与耐心。也许，将单调、烦琐的日常事务交给钟名负责管理，会更合适些。况且，除了担心他可能在处理人的问题时失度，引起员工不满或与文化冲突，其他似乎没有什么大问题。

另外，公司之后的发展主调是规模扩张，现在销售渠道、人才和管理体系等准备工作都已经完成，剩下的主要工作就是销售起量。钟名这样的调整，似乎更有利于我全力以赴去做销售，并集中精力管好销售。

站在个人角度，我对日常事务以及细节监控这样不需要过分动脑的工作确实兴趣不大。而奔赴一线同客户老总谈企业问题，既需要迅速抓住问题核心，又需要马上提出应对办法，我对这样充满变化和挑战的销售工作却非常喜欢。

想清楚了这一切，我平静地回答："没问题！"钟名满意地一笑，如释重负地走出了办公室。不过，钟名脸上一闪而过的尴尬，却在我脑海里挥之不去。

在征得我同意后，徐辉和江岩的汇报关系转到了钟名名下。在随后的三月末管理委员会月例会上，他提出了公司高层职责重大调整方案。公司的财年刚刚调整为四月一日起始，他似乎想在新的经营年里对公司的人事和组织采取大动作。

钟名演示的新的组织结构图，不仅显示徐辉和江岩向他直接汇报，并且明确标明我也向他汇报。至于重新入伙的胡久，自然也是直接向他汇报。

钟名提议的高层职责调整方案，让我感到既突兀又怪异，也不符合我和他开始搭档时的职责安排与共识。在我加盟中西咨询后，公司的经营管理一直遵循专业服务机构（如会计、律师和咨询服务）所谓的管理合伙人（即 Managing Director）经营管理公司的方式，钟名和我共同承担管理合伙人角色。其中，我一直主导经营管理，他主管财务和市场宣传。但在法律层面上，中国还没有专业合伙企业形式，公司注册的仍然是有限责任，钟名是公司名义上的注册法人和董事长。

钟名在公司势如破竹、向前发展的时候，提出高层职责的重大调整，到底是想增加他的权力，还是试图削减我的权力？正当我琢磨他所为为何时，钟名的下一张组织图却显示，公司管理委员会为公司经营决策的最高权力机构，成员由公司目前的五位管理合伙人组成，采取投票表决和少数服从多数的原则。尽管管理委员会早已成立，并且每月都举行例会，但以前并没有明确它是公司的最高决策权力机构，以及相应的决策机制。

中西咨询正在迅速发展，规模也在日益扩大，钟名让合伙人团队一起参与决策、分担管理职责，这个提议确实有一定道理。对公司的经营管理，我个人始终坚持"一切从公司利益出发，遵循市场规律"这条至高无上的原则，并不太在乎职位名称与权力。考虑到下一步自己要集中精力于销售，以保证公司的规模超越本土对手，因此我对钟名的高层调整

第九章 争权夺利，陷入内斗

方案并没有表示异议。尽管提案事实上卸下或削弱了我的总体经营管理权力，并且也不清楚钟名葫芦里到底卖的什么药，以致我内心隐隐约约有些担心。

不过，当钟名进一步提议应增设主管人事与行政的合伙人岗位，并且该位置将由空降人员担任，以及建议提拔几个月前离开公司创业又刚回到公司的林杰，由他担任徐辉此前兼任的战略咨询中心总经理时，我立即表示了强烈反对。

我向大家明确陈述了我反对的理由："公司发展起来后，的确需要一位专门主管人事和行政的合伙人，但按公司目前的规模，还不需要这样一位专职的合伙人，这是其一。另外，人才是管理咨询公司最重要的资产，也是咨询公司成功的关键，主管人事的合伙人不应该是外行，更不应是空降的外行，而应该由业务合伙人兼任。其实，跨国咨询公司通常都是这样做的。所以，这一职位后面应该由我们当中的某一位，或以后提拔的某位合伙人担任，并且在必要的时候转为专职。当然，目前大家都在外奔波忙碌，的确需要一位大内总管来负责内部行政事务，可以外聘一位行政事务的管理总监即可，但完全没必要授予合伙人资格。顾问们辛辛苦苦工作许多年，特别优秀者才有可能提拔为公司合伙人，而现在却凭空空降一位外行的、管理行政人事的合伙人，你们觉得这样公平、合理吗？我们的高级项目经理会信服吗？我们的优秀顾问又会怎么想？"

我同时也表达了对提拔林杰的反对："合伙人和战略咨询中心总经理这样的任命，我们必须严格要求和把关。被任命者必须满足能力和资格要求，宁缺毋滥。这是因为，他们在外面的表现直接代表了中西咨询的专业水平。近两年来，公司在咨询行业里已经迅速崛起，实现公司本土领先的第一阶段战略目标也近在咫尺，高层人员的能力水平必须与该目标保持一致。对于战略咨询中心的总经理，我们必须要求，其战略和管理水平至少要比大部分客户高层还要高，否则怎么让客户信任并把项目交给我们？但林杰显然不具备这一能力和资格。另外，林杰严重缺乏责任心，他跟我做过销售和几个项目，尽管咨询经验丰富、口才出众，但许多事情总不能有始有终，有时甚至会出乱子。大家可能还记得，之前他当现代农业项目的经理时，捅了大娄子而被我撤换的严重事件吧。所以，我觉得他根本不适合担任战略咨询中心经理，或公司任何高管职位。"

钟名对我的反对理由置若罔闻，决意坚持己见，这让我感到纳闷、惊讶。更让我意外的是，徐辉和江岩也没有反对，重新加入的胡久也不置可否。合伙人中，唯有我的反对态度坚决。

来来回回几轮辩论之后，钟名只好做出让步。最后，他提议道："我们先按大内总管的要求外聘一名行政人事总监，试用合格后再提拔为合伙人。关于林杰，我们要不先把他提

第九章 争权夺利，陷入内斗

拔为战略咨询中心的副总经理。Charles，你的意见如何？"

我的看法是，不能因为钟名的让步而在一些关乎公司发展的核心问题上折中，放弃正确做法和基本原则，许多公司最终沦为平庸，通常就是这样开始的。于是，我依然严肃地坚持我的观点，回答道："如果只是招聘行政总监，我没有意见，并且我觉得录用者进入公司后的第一项工作，必须是上咨询项目。只有在项目中表现不错，后面才能正式担任总监职务。因为只有体验过顾问的工作、生活，才有可能成为一名合格的咨询公司行政总监。关于林杰，我已经说过，即使是战略中心的副职经理我也反对，因为我认为他无法胜任。"

会议辩论到最后，只能五人投票表决。结果是四票赞成，只有我一票反对。于是，外聘一位行政人事总监和提拔林杰为战略咨询中心副总经理这样极其重要的人事任命，就此通过少数服从多数的所谓民主表决而确定下来。

会议的结果让我深感不安，为什么大家对我的合理分析和逻辑无动于衷？更重要的是，公司目前的业绩蒸蒸日上，正是借势大力发展的黄金时期，有什么理由进行内部大调整和折腾呢？这是明显的决策错误！我不禁开始怀疑，自己接受钟名高层调整提议时的天真期望与假设：管理委员会民主表决更能保证公司经营决策的全面、客观性。

主管战略咨询中心的徐辉对大事的判断力不错，但不喜欢与人冲突，所以对什么事都不太在乎、计较。曾担任人力资源咨询中心总经理的江岩擅长管理细节，多年国企工作经历使他养成了更关注人际关系而不是事情本身的习惯。来自跨国咨询公司的胡久是典型的专业技术人员，擅长专业细节的思维，对人事问题不喜欢也不特别在意。现在看来，三人尽管背景与能力有差异并有所互补，但因为自身原因，似乎难以独立思考和坚持原则。那么，这种很难发挥全面、客观性，却反而降低决策效率的所谓管理委员会以及民主投票决策，又有何意义呢？

加盟公司近两年来，这是头一次我的意见没有产生效果。以前我说任何事情或做任何决策，钟名总是双手赞成，现在到底是什么使他突然发生了变化？难道是中国市场合伙搭档"共苦不能同甘"的魔咒作怪？因为公司发展起来了，创始人的地位、身价提高了，对权力、自我展现以及掌控公司的欲望更强烈了？

我突然感觉到，钟名的私心杂欲似乎已经开始干扰公司的正常经营决策。难道钟名当初提升他招聘的徐辉和江岩为合伙人，而我推荐的校友作为合伙人候选却不了了之，之后他让胡久重新加盟入伙、成立管理委员会、提议空降人事行政合伙人，以及接受老部下林杰回归，并力主提拔他为最重要的战略咨询中心负责人等等，这一切，都只是钟名试图在公司内部打造势力网，夺取和巩固自己权力的表象？想到这

第九章　争权夺利，陷入内斗

一点，我不禁猛地感到后脊发凉！

正当我忧心忡忡、还没来得及思考清楚的时候，突如其来的"非典"疫情却意外地缓和了公司内部隐约显现的裂缝。致命的疫情使所有合伙人的注意力都聚焦在危机应对和公司业务上，我之前提议、因大家忽视而搁置的公司全面专业化策略，现在也重新受到大家的重视，并轻松地一致表决通过。在"非典"疫情出现后的半年里，大家似乎又回到了高层重大调整之前的时光，同心协力、群策群力，公司内部经营管理也一如既往地没有本质变化。

尽管我对此感到高兴，甚至有些兴奋，但我也不得不感叹人性的可悲与脆弱。为什么只有在危机面前，大家才会真正同心协力和并肩作战呢？同时，我也担心这种局面会不会只是短暂的，危机过去后，大家会不会好了伤疤忘了疼，开始内部折腾呢？

二

2003年冬季伊始，人力资源部的向雯经理突然来到我的办公室和我道别，让我既震惊又意外。自从高层职责调整以来，向雯已经不再向我直接汇报，和我的工作交流也很少，而我也因为经常出差很少在办公室，不知道具体发生了什么情况。

在我的一再追问下，她轻描淡写地告诉我："以前您当我领导的时候，尽管对我的工作要求严格，并且那时候我们部门人数少，我的工作又忙又累，但您总是全力支持我、指导我，我的工作不但富有成果，而且非常开心，我也跟您学到了不少东西。但李梅对人力资源工作的想法和我想不到一块儿，我做什么事都得向她解释。这让我感到太累了，尽管现在部门人数众多，工作其实还没有以前那么忙。另外，自从上次那件小事后，钟总似乎一直对我有看法。既然工作既不快乐，又没有成就感，也看不到发展前景，您说我待下去还有什么意思呢？"

李梅是钟名之前力主空降的人事行政总监。公司高层调整之后，我不再主管人力资源，李梅接管并直接向钟名汇报，成为向雯的顶头上司。

向雯说的"那件小事"，是我主管公司人力资源时期发生的。有一次，钟名找向雯要一份公司顾问的分析数据，而她当时正忙着顾问招聘的急事儿，于是答应忙完手里的事情后给他。但是，第二天向雯既没有按约定给他数据，也没有事先跟他打招呼。因为，她当时没有把这事儿记录下来，结果完全给忘掉了。这种疏忽看似无意，却让钟名理解为对他权力的轻视，使他极不高兴、很恼火。他当场狠狠批评了向雯一顿，说她执行力太差，以至于她觉得非常委屈，跑来向我诉说。更糟糕的是，从那件事情后，钟名对向经理的评价就一改以往的满意，而觉得她无论是执行力还是做事都存在问

第九章　争权夺利，陷入内斗

题，还不时在我面前抱怨她。

客观地说，向雯也许在人力资源的高层战略策略方面欠缺经验，并有点爱忘事的小毛病，但也是一位人力资源工作经验丰富、能力合格，也非常专业和努力肯干的经理。能把事情落实、办妥和执行力强，其实一直是她的优点。正是她把制定的人事策略与机制落实、执行到位，也是她在公司的起飞过程中领导人力资源部，为公司招聘了大量优秀的专业顾问。可以说，在公司发展的关键过程中，她为公司顾问和关键人才的招聘与队伍建设立下了汗马功劳，钟名此前对她的评价也因此一直很好。

只是因为向雯偶尔忘了办一件他安排的小事（钟名此前其实很少跟向雯直接打交道），钟名对她的评价就突然来了个一百八十度大转弯。对此，我感到不解与不平，曾直接问他："以前她刚来的时候对公司不熟悉，也曾不时犯一些小错误，但工作努力，你对她评价比较高。现在她一切都得心应手了，一般也不会犯什么错，而且工作全力以赴，做出了许多突出成绩，我对她也很放心、放手了，你却因为一件小事突然对她评价大变，这是为什么？"

当然，我并没指望他能给我真正的答案。

我问向雯，为何走得这么突然。她回答说，其实一直想找我聊聊并早点告诉我，因为我经常出差不在办公室，她找过我好几次都没见到。

现在，她高兴地跟我说："不过，真的非常感谢您，Charles。在您的指导和调教下，我这两年真的长进很大，学到了不少东西！"

知道她已经决意离去，我没有做任何挽留。因为即使我能把她留下来，也无法保证她能继续全心全意并快乐地工作，毕竟她已经不属于我直接管辖。另外，李梅主管人力资源部已经是无法改变的事实，如果向雯继续负责人力资源部，不但李梅工作无法深入开展，就连她们俩的工作能否顺畅都是问题。

在最后离开说再见之前，向雯有点欲言又止。最终，她还是说出了心里话："Charles，我最后想说的是，公司高层并不是每个人都像您这样心无旁骛，一心扑在公司和工作上，而不想其他事情。听说李梅是钟总太太以前的闺密，现在也是非常好的朋友。谢谢两年来您的关照，您自己也要多保重！"

顿时，我一下子犹如醍醐灌顶。

原来，钟名近一年来的举动，的确是在公司内部构筑自己的势力网，力图牢牢抓住公司的控制权！

三

继李梅被提升为总监之后不到半年时间，钟名甚至都没有正式评价她在这期间的工作表现和成果，而是按照自己既

第九章　争权夺利，陷入内斗

定的计划，在管理委员会月例会上建议提升她为公司合伙人。这让我感到既意外，又愤怒。

我激动地质问道："我们提升一个人的标准到底是什么？难道是我们为所欲为的主观愿望，想怎样就怎样吗？大家很清楚，李梅任总监后主管公司人力资源半年多以来，公司的优秀顾问和项目经理流失不少，而招聘却远没有弥补流失，并且顾问的总体质量其实在慢慢下降。有谁可以告诉我，这半年多以来我们招聘的顾问有哪位特别优秀？请问大家，我们现在专业顾问的总体质量，和以前相比是不是下降了？顾问的流失率是不是明显提高了？

"也许大家可能把这些问题都归咎为此前的'非典'疫情，但疫情已经过去半年多了。对于这些问题，作为主管人力资源的总监李梅，既没有警醒我们，也没有主动采取任何有效应对措施。至少我不知道，大家可以告诉我她做了什么？再请问大家，公司的人力资源管理出现不良趋势，主管人是不是应该承担责任？而现在，我们不但不咎其责，反而要提升她，凭什么？难道我们一直奉行的论功行赏，按业绩、价值和能力晋升的基本市场规则，也要置之不理甚至推翻吗？"

对于我的发言，大家都沉默不语。我也没有给他们插话的机会，因为我实在难以平抑心中的愤怒："再从另外一个角度讲，李梅来公司不到一年，工作成绩平平，却要提升为公司合伙人，而像范晓强这样的业务中心负责人，不但业绩表现突出，并且兢兢业业工作多年，为公司发展做出了很大贡献，至今却还不能获得公司合伙人的机会与待遇。请问，我们怎样保证公司内部基本的公平？又如何以理服人，让公司员工信服？如果这样的基本保证都没有，在职业市场里竞争力强，且有好机会等着他们的优秀顾问，凭什么会愿意在公司待下去，我们凭什么去吸引优秀的顾问和人才，我们又凭什么去实现成为中国市场一流咨询公司的战略目标？

"当然，我对李梅本人并没有个人偏见，她做事专业，基本能力也不错。但是人力资源是咨询公司建立竞争优势的最重要手段之一，也是咨询公司最重要的资产，这样至关重要的管理工作，怎么可以让从前并没有真正管过人力资源的人负责？以前我一再强调，公司的人力资源工作，需要既有顾问经验又具备管理人力资源经验或能力的合伙人去负责。所以，我对钟名的提议坚决反对，但对李梅继续任总监负责人事行政工作没有意见。"

我强烈的反对和激烈的质疑，并没有改变钟名期望达到的结果。公司管理委员会又以我一票反对而其他合伙人全部同意的投票结果，通过了提拔李梅为公司合伙人的决议，所谓少数服从多数的民主决策又一次取胜。

如此显而易见不合理的事情，其他合伙人却投票一致赞成，我对此感到愕然。难道说，开会之前钟名已经私下和他们交流过，取得了他们的共识？如果这样，管理委员会投票

第九章 争权夺利，陷入内斗

这种走形式的民主决策，岂不是一个摆设？

我不得不痛苦地认识到，自从高层职责调整以来，除了短暂的"非典"疫情时期，公司的许多经营决策已经严重偏离，甚至违背了基本的商业规则，更多是依照钟名的主观意愿甚至个人目的在进行的。更让我痛心疾首的是，原以为公司的经营决策既然由管理委员会民主投票裁定，应该不会有严重的问题，所以我管不管公司的总体经营都无关紧要，现在看来，我当时的想法实在太天真、愚蠢了！所谓的管理委员会民主决策，不但效率低下，经常为一些鸡毛蒜皮的小事而热热闹闹地开上一整天的会，而且因为钟名个人的主观干预，很多决议都违反了基本的商业规则。这个管理委员会，也许实际上已经成了钟名为实现自己欲望，而可以利用的幌子与摆设？我不得不承认，自己犯了一个极其愚蠢的错误——在没有深思熟虑的前提下，就轻易、草率地同意，并欣然接受了钟名的高层职责调整方案。

面对公司在经营决策上的问题重重，我清楚地知道，自己的错误已经造成了无法挽救的局面。我已经无法通过管理委员会这条渠道，来影响公司的总体经营和决策了。如果公司的经营、决策继续这样下去，必将严重影响公司未来的发展。而我，还有什么别的解决办法吗？

四

办公室外的走廊里，刘霞向我迎面走来："Charles，您有时间吗？我想和您聊聊。"

刘霞是前人力资源部向经理招聘来的人力资源主管，在公司已经工作多年，做事积极主动并全力以赴，执行力很强，公司起飞后大批优秀顾问的招聘与中层人才队伍建设，就是她和向经理一起执行完成的。事实上，刘霞也是公司除顾问外的支持人员里，最让我满意的优秀员工之一。以前我主管公司人力资源时，经常和她沟通交流，并时常表扬、鼓励和指导她。李梅接管人力资源管理后，我们只是偶尔在公司碰面或吃午饭时打打招呼而已。现在，她一定是有什么重要的事情来找我。

来到我办公室，刘霞立即说明了来意："Charles，我想了很久，还是决定离开公司，但想和您聊聊。"

她话里的意思让我感到意外。难道是因为她前任领导向经理离开产生的副作用？刘霞以前一直对公司有高度的认同，并且干劲十足，怎么会突然有离开的想法了？

她直接告诉我："自从向雯离开后，公司人力资源部所有具体操作的事都是我在做，整天忙得晕头转向、疲于应付，所以也没能达到我期望的结果。另外，我得不到主管领导李梅的任何支持，许多事情做起来既不容易，也不顺畅。结果

第九章 争权夺利，陷入内斗

是整天忙忙碌碌，工作却没有预期成果。以前您领导我们的时候，会让我们放手去做，但碰到困难和挑战时，您又会指导和支持我们。那时候工作不仅快乐且富有成就感，也让我养成了对工作结果和质量的严要求与高期望。现在的工作状况让我失望，感觉失去了动力，再待下去也没有意义。"

我没有直接继续她的话题，而是间接地将我脑子里一直在想的问题拿出来问她："刘霞，为什么公司最近一年来优秀顾问的流失率在明显上升，而顾问的总体水平在逐渐下降？你觉得是'非典'疫情的影响，还是其他原因？"

她毫不犹豫地说："'非典'疫情期间，公司大幅降薪的政策确实让许多员工有想法，也导致一些优秀的顾问离开了公司，但我觉得'非典'疫情的直接影响是短暂的。以前向雯在的时候，负责人力资源的管理、提升和策略，我负责具体的招聘和实施执行。她走以后，曾经计划好的顾问考核和培训体系的改进与完善都只好搁置。公司的文化及环境，也因'非典'疫情期间大幅降薪政策和经营管理人员变化等因数，在经历微妙的变化。应该说，顾问流失率的明显上升是一个综合影响的结果吧。"

"那么，为什么这一年来没有招聘到优秀的顾问来弥补流失呢？李梅具体负责人力资源什么工作？"我追问道。

"我只负责找到顾问候选人，安排他们进行人力资源部的基础面试，以及协调合格的候选人与项目经理和合伙人的面试，但最后谈工资等重要事务不归我管。您知道的，优秀顾问需要果断措施和说服才能吸引他们。至于李梅，她负责谈工资，决定顾问的工资和录用条件。但其他事项她基本不管，也没人去考虑公司人力资源改进、提升的事。"

得到明确答复之后，我试图尽力挽留刘霞。我最不乐意看到的，就是优秀员工的流失。最后我跟她说："刘霞，你知道我一直非常看好和赞赏你。尽管公司近一年来因高层职责调整，内部出现了一些管理问题，但公司目前的总体发展方向和势头还是非常好的，像你这样优秀的员工，留在公司一定会有很多发展机会。所以，我希望你重新考虑一下自己的想法，不要轻易做出离职的决定。"

在我的挽留下，刘霞最后留了下来。她申请转到新成立不久的猎头业务部，负责人才挖掘与面试工作。但是，刘霞离职的想法再一次给我敲响了警钟。

五

优秀员工接连离职或想要离职，说明公司内部的管理出现了严重问题。一方面，钟名发起的权力争夺，使中西咨询的管理委员会决策连连失误，出现了人事、行政等关键岗位的错误任命，进而导致公司的人力资源管理出现问题。另一方面，这种不以业绩为标准而晋升的任命，侵蚀了公司"严

第九章　争权夺利，陷入内斗

对事"的文化，也异化了追求业绩表现的优秀员工。如果这一趋势继续下去，必将影响公司未来的发展。因为，优秀员工成群流失往往是公司衰落的征兆。

我不得不暂停手头的销售工作，深入公司内部进一步了解事实的真相和原因。但我很快就沮丧地发现，公司内部的经营管理问题并非个别，且显露出令人异常担忧的端倪。我只好决定找钟名长谈一次，尝试提醒他。

我没有像上次敏感的文化谈话那样，到外面找一处安静的茶座。我自己也没有了往日那种忙里偷闲、放松一下的心情，这次和钟名的交流是在公司单调的"故宫"会议室里进行的。会议桌旁，钟名和我面对面坐着。搭档三年来，我们还是头一次因为分歧严重的问题，且如此正式地坐下来交谈。

首先，我向钟名说明今天交流的来意："你接手公司总体经营的这一年里，我基本天天扑在公司的销售上，没怎么特别关注公司的内部管理问题。然而，最近发生的一系列事情，使我不得不花了几天时间去了解实际情况。今天，我想心平气和地同你深入交流一下我发现的问题。我想强调的是，今天我们谈话的目的不是证明谁是谁非，而是认识到问题的存在、严重性以及原因，更重要的是避免未来类似事情的发生。"

然后，我开始总结发现的问题："首先，现在公司管理委员会的决策问题重重，许多决定完全是主观意愿的结果，违

成为一流企业

反了商业管理的基本原则。我们俩也因此经常在会上争吵，有时按捺不住，我甚至会发火，非常抱歉。不过我想说的是，公司的经营决策尽管难免会犯错误，但也应该尽量排除主观欲望的驱动，而遵循市场规律，客观理性地做出决策。如果总是随心所欲、偏离市场去做决策，我们不但不可能实现挑战跨国公司，成为中国市场一流咨询公司的伟大目标，而且我们辛辛苦苦花了三年时间建立起来的本土咨询公司领先优势，不久之后也会面临挑战，并可能丧失殆尽。"

钟名连忙打断我，急于辩解道："我觉得，你对管理委员会决策过于主观的结论有些偏颇。事实上，我每次开会之前都会与其他合伙人预先沟通我的想法，让他们有时间充分考虑。"

我不得不直接告诉钟名："也许正是因为你的预先交流和影响，才使得他们一致举手赞成你的想法。你以为，他们会像我一样觉得你的提议有问题时会直接反对吗？你是公司的创始人，在公司里的职位是董事长。你以为，他们在我们俩有分歧时，还能坚持自己的独立思考吗？"

我继续说道："当然，我们今天的谈话不是来争执的，而是要心平气和地交流，认识到我们所面临的严重问题及原因。所以，还是让我把发现的事实和想说的话说完，然后我们再讨论，可以吗？"

为了避免争论，我把谈话转向发现的具体问题："经过我

第九章 争权夺利，陷入内斗

最近的了解，我发现公司经营管理方面的系统性重大问题有两个。第一，在人力资源管理方面，公司近一年来优秀顾问渐渐流失，流失率明显增加，但在此期间却没有吸引和招聘到其他优秀的顾问做补充，导致顾问的总体质量在下降。第二，公司研发开始一年多以来，除了整理、规范了一些咨询的工具方法，以及发表了一篇关于上市公司聘请咨询公司情况的不错报告，就几乎没有其他像样的研究成果了，并且似乎对研发的大方向还没有理清楚，更不用说具体研究课题的安排了。"

钟名解释说："员工通常都会拿到奖金在春节后跳槽，春节前后员工流失几乎是每家公司都会发生的惯常现象，我们也并非今年特有。"

我回复道："钟名，我已经看过公司员工的具体统计数据，你自己也可以去人力资源部查询这些数据。优秀顾问的流失不只是在春节前后，而是近一年期间里一直都在发生。并且，你也可以把最近一年的数据，同我们起飞前后一年的数据做比较，看看优秀顾问的流失率是不是显著增加了。"

在回复了他的解释后，我继续原来的话题："至于研发，客观地说一定程度上是受了你和我对研发方向分歧的影响，但根本问题可能在于主管合伙人胡久对研发部门的管理。我答应你让他回到公司已经有一年了，但到目前为止，我还没有看到研发部门具体的工作计划，也没看到可圈可点的研发成果。除了研发管理，他做销售的业绩也很一般，一年来，他的单独签单寥寥无几，总签单金额还不到我的十分之一。坦率地说，同意让他回到公司是这几年里我犯下的最严重错误之一。他是向你汇报的，你应该找他谈话、提出要求，任何人达不到岗位基本要求，就不应该继续留在公司。"

钟名回复说："我同意你对研发部门的看法，会找机会和胡久谈，并采取相应的措施。并且，我对研发中心的工作成果也不满意。"

我话锋突然一转："当然，今天我们交流的目的不是谈具体问题，而是谈这些问题的根源，以及为何会出现。我认为，问题的源头是管理委员会的错误决策。而管理委员会之所以连连决策失误，是因为你个人的主观意愿主导了决策。我举两个重要的例子，当初都是你们一致同意通过，只有我一票反对的。

"一个，是任命林杰为战略咨询副总经理。事实证明，在他单独管理的时间里，战略咨询中心的工作并没有多少改善、起色，要不是后来又任命了另外一位兢兢业业并且能力不错的李飞同时担任副总经理，还不知道中心现在的状况会怎样。就连徐辉和胡久，最近也抱怨说林杰的问题太多。相比之下，同时被任命的人力资源咨询中心负责人范晓强，这一年来却把他的部门管理得井井有条，工作也做得有声有色。

"另一个，是对李梅的任命。你知道，无论是空降人事

第九章 争权夺利，陷入内斗

总监，还是任命并提升她为合伙人，我都是强烈反对的。现在她主管人力资源已经一年了，优秀顾问流失率却明显上升，顾问的总体质量也在下降，就连她的直接下属刘霞，这位担任人事主管的优秀员工也想要离职，后来经我挽留留下，但也申请调离了人力资源部。你也可以侧面去了解一下，公司其他员工是怎么看待李梅的任命这件事的。

"当然，这只是两个重要、突出的例子。其他类似我一票反对而你们一致同意的决策也有不少，虽然之后事实证明这些决策有些确实是错误的，但对此我感到无比痛心，而没有丝毫得意。我并非想说自己怎么高明，而是要告诉你，人一旦受主观意愿支配，就会忽视事实与规律，也很难做出客观、正确的决策和行动。而我之所以几乎每次都反对，是因为我能克服私心杂念，以公司利益为首，遵循商业管理的基本规则，试图抓住事情的商业本质。"

钟名欲言又止，似乎想说点什么但又找不到合适的话语。他一边默默地听着，一边脸上的表情变化着。

我决定直奔主题："公司头两年的经营，在我的带领下幸运地取得了跨越式发展，建立了本土咨询的优势位置，并且绝大部分员工都是我招聘和培养的。你作为公司创始人，担心失去对公司的主导权，想掌控公司，一年前在公司发展形势一片大好的情况下突然提出高层职责调整，想夺回公司控制权，我可以理解。也因此我没有特别反对，但并非没有担心。现在看来，我的担心正在渐渐变成现实。你只任用自己信任的人，不仅会导致严重的经营管理问题，像林杰、胡久和李梅的任命所引发的那样，还会异化公司的文化和优秀员工，导致他们接连离职。另外，你的主观意愿不仅干扰、主导了公司决策，也严重影响了公司经营的许多方面。比如，"非典"疫情期间你对宗桓事情的处理，这么优秀的人才因此一直没有得到提拔重用；还有曾为公司当年起飞的人才保障立下汗马功劳的人力资源部经理向雯被挤走；等等。你不觉得这有点讽刺吗？我们一边在教导客户老总要遵从市场规律，不要主观贸然行事，一边我们自己却也在犯同样的错误！"

讲到这里，我注意到钟名的脸色极不自然，表情十分尴尬。

我的语气变得越来越坦诚、直率："回顾我们搭档的三年，前两年进展一切顺利。那时我主管公司总体经营，一切从市场出发，我所说所做你除了举双手赞成，从未发表过异议。即使我要撤换跟随你一起创业、打江山的得力助手与功臣王经理，也获得了你毫无保留的支持。公司也因此取得了跳阶式的发展。合作三年来，你也知道我做事和为人的原则。我特别喜欢自由自在，所以不热衷权力，也不太在乎公司由谁领导，甚至对报酬问题也没有特别计较，我真正在乎的是，我们能否把中西咨询打造成中国一流的咨询公司。就像起初见面时我强调的那样，我回到中国的目标，就是想通过自己的本事亲自打造一家成功且有影响力的优秀企业。所以，我没有和绝大多数海归那样选择外企高管等富裕、优雅、令人羡慕的光鲜工作，而是决心下沉国内市场，鼓起我说的，也是海归们通常缺乏的'卷起裤脚下泥田'的勇气，最终答应和你合作。"

交谈到最后，我的语气变得有点婆婆妈妈，甚至有点无可奈何："现在，中西咨询已经是本土咨询公司里的强势品牌，并且发展势头强劲。如果能及时调整，解决我们现在面临的问题，扭转内部人事与管理的不良趋势，后面仍然有机会挑战跨国咨询公司，实现我们制定的最高战略目标。如果不这么做，我们可能会永远失去这难得的机会。你掌管公司经营管理大权，公司未来发展与兴衰更多地握在你手上，我除了做好自己主管的销售，其他经营管理事务只能从旁帮助你、给你建议，就像我现在正在做的。我无意和你争夺公司权力，所以也希望你不要这样做，因为这样做会使你凭主观行事，而忽视市场规律，正如这一年来所发生的那样。公司未来的发展将基本取决于你怎样想和如何做，希望你能像以前一样，按市场规律来决策和行事！"

钟名客气地对我说："谢谢你的提醒和帮助，我会好好考虑你今天所说的一切。"

这次"故宫长谈"能否真正对钟名未来的行为产生重要影响，以及他是否能把公司带回健康的发展轨道，我不得而知。当然，因权力斗争而发展裙带关系、任人唯亲，使公司重要的人事任命和经营管理决策偏离市场，这种现象在中国公司里比比皆是，并非中西咨询所特有。

管理点评

» 组织内耗：中国企业走向一流必须克服的门槛

企业规模扩大，导致组织内耗增加、组织效率下降，是全球普遍的现象。所以，组织内耗几乎是大型组织或企业的通病。但是，一流企业往往没有或只有很低的组织内耗。

由于历史、文化和管理风格的差异，组织内耗在中国企业往往更加普遍、严重，而无论企业大小。马斯克说，中国精英把过多的精力花在了人情世故上。这只说出了问题的冰山一角，中国几乎所有的职场人员，包括企业领导、老板，都在人际关系和人情世故上花费了过多的精力，从而导致常见的心累、身心疲惫。

像《鬼谷子》《厚黑学》这样的谋权论术之书，在国内仍拥有虔诚且庞大的读者群体，甚至是许多官商达人的圣经。这也是中国社会人情世故和组织内部复杂人际关系的一种印证。另外，影视剧里的宫廷和权力斗争，也几乎是最吸引眼球的影视作品惯常主题。

组织内耗，指组织内部因人员摩擦而导致的时间、精力、资源的浪费与损耗现象。它直接影响组织效率和生产力，并且因为会严重扰乱组织的正常经营而间接影响组织的绩效与目标实现。组织内耗往往表现为成员的行为与活动不仅不创造价值，反而损害或毁坏价值。

组织内耗产生的原因众多，但大体可以归纳为人为和专业能力缺失两类。人为的组织内耗，原因包括权力斗争、办公室政治、讲形式讲排场等不良企业文化，是人有意为之。专业能力缺失，会导致组织岗位设置不合理、人才配置不到位、沟通方式有问题、流程设置效率低、组织目标不清晰等问题，从而产生许多无效或重复的工作与交流。本点评主要关注的是人为的组织内耗。这是因为，专业能力缺失引起的组织内耗通常容易辨别源头，最终也总能解决，而人为的组织内耗，往往是现代中国企业里最突出、最严重，且最难解决的问题。

在绩效评价和薪酬激励体系设置得当，并且具有论功行赏文化的组织里，利益之争通常不是普遍现象，权力斗争才是最主要的组织内耗根源。权力斗争会导致企业的经营管理与决策违反基本市场规则，从而对企业危害巨大。

一方面，权力争夺需要推举裙带关系，而不按绩效与能力进行重要人事任命，导致重要管理岗位的任职者资质不合格，直接影响企业的经营管理；另一方面，权力斗争也会催生一种无需工作表现，只要跟对领导并恭维领导就能晋升发达的亚文化，从而异化追求业绩表现的优秀员工，并最终导致他们为寻求更合适自己的工作与环境而离职。

这正是中西咨询在成功逆袭之后所发生的。权力斗争显性化的标志，起始于高层职责调整引起的权力争夺，使公司经营决策连连失误，裙带关系影响关键岗位的人事任命，不仅直接导致严重的经营和人力资源管理问题，并且异化了优秀顾问、员工，侵蚀了"严对事"的企业文化，导致优秀员工连续离职。最后，权力斗争像蛀虫一样，开始慢慢吞噬中西咨询的实力与品牌。

另外，权力斗争也是中国市场合伙搭档"共苦不能同甘"普遍现象背后的根本原因，导致中国市场很少有非常成功的合伙搭档企业。企业取得初步成功之后，企业创始人和高层的身份、地位提升后，在"宁为鸡头不为凤尾"等文化影响下，对权力、名誉、发声和控制等的欲望陡然激增，通过明争暗斗来进行权力争夺或折腾，导致企业发展停滞不前。更严重的是，"共苦不能同甘"往往导致合伙搭档在企业成功之后分道扬镳，甚至公开对抗，使原企业的发展遭受冲击，呈现断崖式下跌，最终陷入困境或失败，这样的例子在中国市场俯拾即是。

中国企业要成为一流企业，就必须大力提高组织效率，杜绝或降低组织内耗，做好以下关键三点。

首先，消除权力斗争，严禁裙带关系。企业领导必须以身作则起带头作用，不搞权力斗争，清除裙带关系，防止派系权力网的建立，并且严厉打击或抑制办公室政治。

其次，打破层级关系和部门壁垒，建立通透的沟通交流渠道。层级是权力的象征，基于层级关系的沟通交流，容易形成低效的繁文缛节和无效的形式主义。部门壁垒则是本位主义的温床，两者不仅阻碍信息交流的畅通与传递，也容易滋生信息不透明，降低彼此信任，增加相互摩擦。严格的层级关系容易滋生腐败与寻租，并会潜移默化地引导员工对权力的崇拜和追寻。

最后，树立踏实做事和论功行赏的市场文化，建立一个人际关系简单的组织。这种鼓励踏踏实实做事，并且只按工作结果奖励或惩罚的市场文化，可以使员工聚焦于工作事务，而不是人际关系，建立一种对事不对人的、纯粹的工作环境。同时，这样也会不知不觉地激励员工追求优秀与卓越。可以说，优秀、卓越企业的员工工作精力都花在做事上，而平庸企业的员工往往把工作精力聚焦在"做人"上。

第十章　多元诱惑，误入歧途

拒绝商机是反人性的，让成功者克服贪婪、虚荣并超越自我更是异常困难，但盲目多元化也是危险的！

一

2003年秋，经历了"非典"疫情危机之后，尽管公司遭受了巨大的冲击和内部权力折腾的干扰，但因为改革调整和一年多快速发展建立起来的本土公司竞争优势，中西咨询很快又回到了"非典"疫情之前的快速发展轨道。

公司业务回归正常并全面好转，又一次唤醒了钟名投机扩张的欲望。在管理委员会月例会上，钟名提出进入"管理培训"和"人才服务（猎头）"两块新业务。

其实，除管理咨询核心业务外，中西咨询此时还有其他三块多元化业务：资本运作、企业信息化（简称"IT"）咨询和图书出版。资本运作业务由钟名牵头，我主管IT咨询业务，图书出版业务则注册公司独立运作，由王经理负责、钟名监管，但三者的经营资金均来自中西咨询。

在现有的三块多元化业务并无明显起色的前提下，钟名又提议增加两项并无特别吸引力的全新业务，我自然不会同意。

尽管前面几次都证明我的反对意见基本无效，我依然在会议上坚持自己似乎孤掌难鸣的观点："进入任何新业务前，我们必须先搞清楚三个关键问题：为何进入、能否取得优势，以及对主业的影响如何。首先，我们进入新业务，是因为它的发展前景特别有吸引力，可以让公司开展第二条增长曲线，实现业务跨越式扩张吗？还是公司主业存在潜在的不确定性或者限制，需要发展新业务以回避经营风险或者局限？抑或是主业发展趋于稳定，有足够的资源发展其他有潜力的，并与主业能产生协同效应的新业务？

"其次，我们需要确定公司是否有足够的能力与资源，可以在新业务上建立市场优势位置。新业务的行业竞争情况如何，市场是否有空隙或机会，公司是否具有足够的资源和能力，或者能持续投入以获取关键能力与人员，得以利用机会建立市场位置或优势。

"最后，我们还需要确认新业务的开展会对现有主业的发展产生什么影响。比如，会不会影响对主业必需的投入，或对主业品牌产生负面影响等。只有这三个关键问题的答案都是正面的，我们才可以考虑进入新业务。虽然我不是培训与猎头业务方面的专家，但不妨大家一起来初步审视一下新业务的具体情况。

成为一流企业

"第一，尽管企业培训的总体需求似乎很大，但就一般的管理培训需求而言，因国内大学商学院或经管学院的兴盛发展，以及MBA或经管类教育的逐渐普及，而可能会越来越小。至于猎头服务，尽管我们的个别咨询客户有此需求，但总体需求不会很大。再纵观这两个行业：培训公司多如牛毛，成规模者却几乎没有；猎头服务除了初步尝试、涉足中国市场的几家国际知名猎头公司，本土只有少数几个名不见经传的小公司。总体看来，培训与猎头行业市场分散度高，竞争者众多，两块业务对我们都没有特别的吸引力。相反，管理咨询却随着中国企业的发展和竞争加剧，正进入快速发展阶段，后面的发展潜力与空间还很大。因此，我们为何要分散资源和精力，进入一些并没有特别吸引力的普通业务呢？"

"第二，培训、猎头和管理咨询三项业务之间确有互补之处，似乎也具有共同的企业客户基础，但业态和关键成功要素却完全不同。我们在管理咨询上的成功经验并不能照搬复制，需要引入合适的业务领头人和大投入，才有可能在市场获得一席之地。据我所知，培训业务成功的关键是课程和培训师，主动权握在好老师手里。一旦某位培训讲师授课很成功，就会攫取大头利益，或者容易另起炉灶，这也是培训公司难以做大的根本原因之一。至于猎头业务，其成功关键是人才库、客户和行业人脉关系。除了专业服务的基本经验可以借鉴，这两项业务的关键能力和竞争要素与我们的主业差

第十章 多元诱惑，误入歧途

别很大，即使大投入也未必有突破口和建立起优势。

"最后，同样重要的是，让我们看看新业务对管理咨询主业可能产生的影响。管理培训处于管理专业服务的低端，与我们管理咨询的高端定位相冲突。即使能做好，也会严重影响和稀释我们管理咨询的品牌。猎头服务尽管没有这样直接的品牌冲突，但品牌延伸至完全不同的领域，同样也会产生品牌稀释。更重要的是，培训和猎头业务要做好就必须大投入，对我们并不充足的资金资源和精力是巨大的消耗。另外，我们的咨询主业也只是在本土咨询公司中建立了初步优势，与其说是因为我们自身非常强大，倒不如说是对手孱弱、暂时不得要领，所以我们的优势并非牢不可破。而与跨国咨询公司相比，我们的专业实力与其差距巨大，还需要集中、持续的资金投入与精力投入。目前而言，公司的市场优势位置并非我们想象的那么稳固，如果不集中精力和资源继续投入，扩大竞争优势并做大规模，不但不可能和跨国一流咨询公司竞争，即使在本土咨询中的优势也可能丢失。"

我最后总结道："所以，无论是考虑新业务的吸引力或公司战略，还是是否有机会建立新业务市场的优势位置，以及对现有咨询主业的影响，我们都没有任何理由开展管理培训和人才服务新业务，我反对多元化扩张的提议！"

钟名客气地解释道："Charles，我并没有打算大举投入去拓展这两项新业务，只是计划成立两个业务小组去尝试一下。

219

每个小组只配备二三人，所以投入不会大，也不会对我们的主业产生实质影响。就像你说的，这两项业务和管理咨询有互补性，我们现在的咨询客户确实有一些管理培训和猎头服务的需求，配备几个人去做，挣点小钱是没问题的。"

我依然不屈不挠地说："一项新的业务如果值得去做，我们就应该按照业务规律，集中精力和资源全力去做好，该怎么投入就怎么投入。你这种撒胡椒面的方式，不仅因资源不够集中而无法做好新业务，撒得太广同样会投入很大，可能影响到主业。尤其是公司的主业并未完全稳固，仍需要大力投入发展的话。另外，做企业不同于做生意，不能有钱就赚。在办公室楼下开一家小店也能挣钱，但我们显然不会去做。再说，我们现在已经有三项多元化业务，如果再增加两项新业务，不仅加起来的总投入会增大而直接影响主业，而且我们也没有这么多精力和资源同时做好这么多业务。那么，为何不能在做好主业的前提下，只选一项或最多两项有吸引力的辅业，并集中精力与资源，尝试把它们做起来呢？这才是合理的多元化策略。所以，我还是不同意进入培训和猎头业务！"

尽管我据理力争，反对的逻辑也清晰了然，但管理委员会依然只有我一票反对，钟名的新业务提议再次顺利通过。历史有时总是以惊人的相似重复出现，既令人唏嘘，也令人悲哀！

第十章 多元诱惑，误入歧途

当然，在中国市场经济起飞的过程中充满着诱人的商机，许多中小企业的老板都是穷苦出身，看到和自己企业主业相关，甚至无关的挣钱机会往往不会放过，但又不想承担大风险，只是小打小闹乘机挣点钱，从来不考虑资源和精力分散可能会对主业造成什么影响，更不会或不能从专业角度去思考这样做是否合理。钟名也不例外。其实，中西咨询现有的三块多元化业务都因为各种原因，始终没有做起来，或没有大起色。

二

2004年春，久久不愿离开的寒冬终于远去，春暖花开、柳絮飞扬，孕育着涌动的希望，但北京的春天总是转瞬即逝。

在公司的会议室里，我正参加资本运作小组负责人江经理牵头的客户会议。资本运作业务本来由钟名统领，但他出差在外，江经理临时找我代表公司领导出席会议。会议桌对面坐着客户刘总和他的助手，刘总的名片上显示他是华北某高端制造公司的董事长，看起来谦逊、务实。

短暂寒暄之后，刘总直奔主题："高总，我们主业其实是产业园的房地产，内蒙古某市科技园的商业地产就是我们开发和经营的。防弹玻璃制造厂则是我们进军高端制造业的第一个项目，一年多下来业务发展得非常好，不仅公司年收入已近千万，并且发展势头迅猛。但是，目前管理根本跟不上，我自己只是初中文化水平，管理水平也不高。你们是大名鼎鼎的管理专家，我希望高总能派人帮我们管理制造厂，你们可以以管理入股和我们合作，占我们高端制造业务公司 20%的股份。您看行不行，高总？"

在深入询问了他们的制造技术、产品、客户、人员、组织和经营管理等方方面面的细节后，我突然觉得这可能是中西咨询资本运作业务突破的一次绝妙机会。钟名主管资本运作新业务已近一年，不但没有起色，就连战略发展方向都没有确定下来。尽管以管理入股参与实业是一种全新的商业模式，公司也从未尝试过，但和我曾经设想的以管理咨询为基础平台，有选择性地参股和控股几家实业企业的公司多元化发展战略，有某种相似之处。这种天上掉馅饼的机会，即使不张开双臂全力接住，也至少可以做一些探索与尝试。

会议结束时，我握着刘总的手热情地承诺道："刘总，非常感谢您的来访。随后我们会迅速派人去贵厂做深入调研，并探索和落实您提议的合作！"

散会后，我对江经理明确指出，这是资本运作业务实现突破的一次天赐的尝试机会，敦促他立即向钟名汇报，并转达我的意见，安排人员去刘总的公司做实地考察、调研和评估。但我随后两次向江经理催问项目进展，结果却如石沉大海，没有任何下文。我不知道资本运作小组和钟名到底在做

第十章 多元诱惑，误入歧途

什么，而我又无法直接插手，最终只能百思不得其解和无奈。

中西咨询的资本运作业务其实有很深的根源。早在钟名邀请我搭档时，我就意识到，在既重视知识学习又不愿为知识支付高价，却很乐意为看得见、摸得着的硬件设备支付高昂费用的中国企业消费文化下，单靠管理咨询想要成就一家经济实力强大的公司几乎不可能。所以在答应与钟名搭档之前，我就明确提出了入伙要求：在管理咨询主业做起来之后，公司要以管理和资金参股或控股五家左右实业公司，开展多元化经营，以管理咨询打头阵做品牌名头，以"管理+投资"参与实业做后阵打造经济实力。钟名当时很爽快地答应了我的要求。

另外，在我加入中西咨询之前，钟名就借助和西北某酒业上市公司及所在市政府咨询客户的深厚关系，尝试着建立风险投资有限合伙基金。在我到中西咨询不足一月，公司作为普通合伙人的天绿有限合伙基金就在北京正式成立并进行工商注册。令人拍手称奇的是，我在维新创投网曾经试图募集中国首支有限合伙风投基金失败之后，又阴差阳错地成为中国第一支有限合伙风险投资基金的总经理。正所谓有意栽花花不发，无心插柳柳成荫！

但是，天绿基金在轰轰烈烈运行几个月之后，终因有限合伙人的上市公司所从事业务的法律限制而关门大吉，成为第一个吃螃蟹的牺牲品。所以，从我加盟伊始，中西咨询事实上就已经尝试过资本运作业务。更何况加入中西咨询时，我就曾深入设想过"管理＋投资"参与实业的公司发展战略宏图。

所以，在公司起飞半年之后，钟名提出开展资本运作新业务时，我几乎是立即赞成的，似乎看到了加入中西咨询之前我所构想的公司多元化策略实施的希望。但我当时正忙着公司主业管理咨询的规模化发展体系建设和销售，同时兼管IT咨询辅业务，既无投资经验，也无金融背景的钟名自告奋勇牵头开展资本运作业务。

现在看来，钟名当年爽快答应我的加盟要求，只是因为想要迅速拉我入伙，也许从来没把即时的承诺当回事儿。他对多元化的真正想法，和我当时的构想也南辕北辙。就像中国市场当时所特有的、带有强烈投机色彩的"资本运作"概念本身一样，钟名更多的是想利用资本运作的风口跟风市场，却又不知道如何下手。他在领导资本运作小组时试图做的，与通过投资或兼并创造商业价值，并最后通过资本市场实行公司快速发展的投融资战略，似乎没有丝毫关系。

资本运作业务启动时，钟名从公司战略咨询中心抽调了两位具有财务和金融背景的顾问负责。在业务没有明显进展后，他才从外面招聘了有一定金融和投资工作经验，但并非专业出身的江经理和另外一名组员。不过，一年发展下来，除了漫无目标的摸索，不但没有明确的业务发展方向，甚至不知道该具体做什么。

中西咨询的资本运作业务，就是在这种既没有明确业务战略，又缺乏足够资源投入，以及没有能干的业务领头人的"三无"情况下，漫无目标地折腾着。

三

中西咨询的 IT 咨询业务早在我加盟之前就已经开始，具体由一位曾在一线跨国 IT 咨询公司工作多年的项目经理负责，零星地为客户做 IT 规划咨询工作。从全面接管中西咨询经营管理开始，我就同时兼管公司半死不活、毫无起色的 IT 咨询业务，但在公司管理变革全面调整的第一年里我无暇顾及，只能听之任之，顺其自然发展。

其实，钟名对 IT 咨询业务所知甚少，当初进入该业务也是因为受到了互联网大环境驱动下企业信息化热潮的影响。企业信息化的核心是 ERP（企业资源规划）的实施，但国际知名的 ERP 软件价格高昂，即使最基本的 ERP 系统实施项目，也动辄千万以上。所以，跨国著名 IT 咨询公司的规模和经济实力通常都远大于顶级跨国管理咨询公司。同时，这一大蛋糕的强大吸引力，也激发了该领域本土创业的热潮。IT 咨询行业里曾红极一时的"汉普咨询"，就是在短短两三年时间里从一无所有，迅速发展成为员工超过三百、收入数亿的本土

IT咨询领头羊的。这一切，对有精明的生意头脑的钟名自然具有巨大吸引力。

在公司改革调整结束后，我开始分出精力对IT咨询业务进行深入战略思考，考虑如何调整而使之有所起色。

IT咨询业务基本可以分为两大类，一类只做IT规划，另一类主要做ERP实施。前者注重的是管理与技术系统的结合，主要内容包括技术策略和系统规划；后者则包括系统选型、安装、调试、培训、业务流程优化，以及业务和管理流程在系统里的固化。当然，有的ERP实施公司也会向前延伸，同时做IT规划。

不过，ERP实施项目的失败率是臭名昭著的高，有的项目根本执行不下去，有的实施一阵子后就会半途而废，实施成功的企业凤毛麟角。尤其是与高昂的投入相比，很少有企业日常使用，或者发挥出该系统应有的作用和价值。导致中国企业ERP实施失败率高的主要原因有两个：ERP系统所要求的运营和管理专业基础在中国企业里严重缺失，以及组织人员对复杂变革的自然阻力。

ERP系统基于专业和成熟的企业规范化经营管理，对企业运营与管理各环节的规划及运作流程具有极高的专业要求。这对处于市场经济起飞阶段，忙于争城夺池，但经营管理的专业经验和能力天然缺失的绝大多数中国企业而言，自然显得过分高大上和遥远，它们经营管理的基本方法与流程过程

第十章 多元诱惑，误入歧途

还谈不上规范专业，与现代企业运营管理实践相去甚远。另外，任何大的变革总会遇到不习惯改变和奶酪利益被撬动而产生的天然阻力，不仅理解、操作和使用复杂的ERP系统产品令一般员工望而生畏，销售和采购供应链的系统化、透明化，也使链条上的关键人员感受到了实实在在的利益威胁。

与此同时，因为企业信息化风口吹起来的ERP虚高需求，以及互联网热潮催生的IT技术人员光环，ERP实施顾问普遍工资较高，月薪随随便便好几万。事实上，正是中国企业运营和管理专业基础的缺失，才引发了ERP实施的高失败率，从而导致客户满意度低、IT咨询公司应收账款回款难的问题，同时又为过高的员工成本所拖累，红透半边天的本土IT咨询领头羊"汉普咨询"，在迅速膨胀的ERP市场中昙花一现，最终偃旗息鼓。

观察和分析了IT咨询行业趋势和关键驱动力之后，中西咨询IT咨询业务的战略定位清晰浮现：做主业管理咨询的辅助互补业务，服务内容为企业信息化战略制定、系统规划与选型以及流程优化与再造。之所以定位中不包括ERP实施，不仅是因为中国企业的经营管理还未完全准备好，以及因风口而推高的需求在理性冲击下会逐渐萎缩，更重要的是高昂的ERP实施顾问工资，会严重异化咨询主业的管理顾问。

将服务内容扩展至流程优化和再造，不仅因为它们是IT咨询的关键内容之一，而且也是ERP成功实施的前提。此外，它们还能借助公司管理咨询服务的能力与经验优势，以及能全面帮助客户企业提升经营管理的规范化和专业化，可以使中西咨询的专业服务延伸至公司运营（Operation），为主业管理咨询提供很好的互补和增效，也使管理咨询的解决方案更容易通过具体操作来实施落地。

有了明确的业务战略定位后，业务调整就变得简单直接。不过，关键之一是要物色一位行业经验丰富、能力强的业务负责人，来领导新业务的独立运作。合格的业务领头人和按业务行业规律独立运作，是多元化业务成败的关键，但也往往是多元业务开展最具挑战的工作。因为对于新业务，我们往往会理所当然地盲目拷贝主业的成功经验，启用现有人才。一旦如此，那么新业务就很容易误入歧途。

尽管暂时还没找到合适的业务领头人，我还是果断辞退了不称职且存在诚信问题的现任IT咨询负责人。同时，我招聘了几位与新业务定位更匹配的关键IT咨询顾问，由行业人脉资源与销售经验丰富的杨经理牵头销售，我自己暂时兼管，好在我有IT技术背景。经过一系列调整之后，中西咨询的IT咨询业务终于有了起色。随后，在"汉普咨询"陷入困境后，我抓住机会聘请到一位从"汉普咨询"离职、行业经验丰富的高管来担任业务领头人。尽管因不参与ERP实施而没有发展成为庞大的第二业务，但IT咨询业务仍然取得了不错的发展。

第十章 多元诱惑，误入歧途

四

中西咨询的图书出版业务聚焦于经营管理类图书出版，虽然和公司的主业管理咨询似乎相关，但我从来不认为公司应该开展此业务。正如前面所说，我在对公司主业管理咨询全面变革调整时，撤换了中西公司的前功臣王经理。为了安置她，我不得不同意了钟名提议的图书出版业务。

由于中国出版行业的特殊性，私营的图书出版要做好、做大非常困难。另外，中国特色的管理实践仍处于摸索起步阶段，远未达到可以总结成书的地步。公司图书出版业务只能翻译国外名著或经典管理书籍，这不仅涉及昂贵的版权购买，而且国外经典、著名的管理书籍资源基本被几家大出版社垄断，意味着该业务的突破口只可能是独具慧眼，从国外浩瀚如海的二线经管书籍里捡漏，选择适合中国读者且对他们有特别价值、吸引力的书翻译出版。

这种高要求的能力，对出版门外汉和对经济管理只略知一二的王经理来说，自然遥不可及，尽管她英语还算不错。出版业务尝试无果后，我建议钟名物色一位具有行业经验且懂管理的业务领头人负责选题选书，王经理负责组织翻译和业务运作。后来，钟名聘请了一位具有行业经验的业务负责人，但因为选题选书的能力不足，中西咨询的图书出版业务年年亏损。除了和一家主流出版社建立了长期合作关系，以

229

及偶尔翻译出版了一本卖得尚可的书，整体业务并没有产生实际有益的经营结果。

总之，在创始人钟名的推崇与主导下，中西咨询尝试了五花八门的多元化业务。但新业务的选择和进入，并非源自公司战略考虑或新业务具有特别的吸引力，而是受创始人个人的主观意愿所驱动，导致盲目多元化或过度扩张。并且，广撒胡椒面的策略也使得新业务缺乏足够集中的资源投入，加上主业的成功引发的盲目自信，使新业务不能独立经营，并缺乏合适、合格的业务领头人，结果就是中西咨询众多的多元化业务除个别尚可外，绝大多数一直都起不来。

另外，中西咨询尝试了很多多元化业务，尽管每项业务的投入不大，加起来也耗费了公司不菲的资源，对咨询主业的发展造成了实实在在的影响。好在还没有造成主业的现金流风险，从而避免了可能的严重影响。

第十章　多元诱惑，误入歧途

商业点评

» 多元化，机会还是陷阱

多元化是中国企业经营绕不开的重要话题之一。据统计，中国企业涉足多元化经营的比例高达 90%。

正如本章故事所示，即使是为中国企业出谋划策、理应成为先进管理实践代表的中西咨询也挡不住多元化的诱惑。创始人面对商机的投机主义和内部错误的决策机制设置，导致中西咨询进行了撒胡椒面式的众多多元化尝试。从国际标准看，中西咨询尽管在规模、实力上已经是当时本土咨询公司中的翘楚，但因为行业规模的限制，充其量只能算是一家中小型企业。所以，中西咨询多元化的例子，也是中国企业过度扩张和盲目多元化的一个缩影。

对于大型中国企业而言，多元化似乎更是必修课。从大家崇尚集团这一名称，就可见一斑。事实上，多数陷入困境、坍塌的巨型企业或集团，无一幸免地都涉足了多元化业务，并且罪魁祸首多数就是多元化。著名案例有前面的海航和乐视网，近年的有恒大和宝能集团。

企业经营到底该专一化（或专注化），还是多元化？

不可回避的事实是，多元化经营涉足不同的行业，对资源、精力和专业有更高的要求，也往往更加复杂和困难，失败概率通常远高于专一化。但高失败率的根源，到底是多元化战略本身，还是具体战略与实施执行所引起？对于企业，尤其是中国企业而言，多元化经营到底是机会还是陷阱？

其实，这些问题不仅仅是企业界，也是管理研究界长久不衰的辩论话题。比如，在杰克·韦尔奇主导的时代，美国通用电气曾以"行业数一数二"战略（即只做或保留能取得行业第一或第二地位的多元化业务）进行多元化经营而闻名于世，然而最近几年，通用电气却在缩减和聚焦业务，不断将多元化业务拆分出来，独立经营。

尽管中国企业多元化经营失败的原因各式各样，突出且关键的原因却比较集中。在具体回答前面说的这些问题前，让我们先看看中国企业多元化失败的一些关键原因。

过度扩张，盲目多元化

中国企业的过度扩张，往往是由贪婪这个人性弱点而起。中小型企业的创始人或老板，在看到相关商机时往往从不拒绝，有钱就赚。就像中西咨询的钟名一样，不知不觉地陷入了"被动式"盲目多元化的陷阱。对于大型企业的领导者或创始人来说，也会因为想当老大或进入世界500强，从而一味地追求规模,在主业变得强大后疯狂地进行多元化扩张,主动踏入盲目多元化陷阱。

资源分散,撒胡椒面式投入

多头突击、广撒资源式的多元化做法会导致两个问题:资源消耗过大,导致企业经营出现资金链断裂风险,以及该投入的业务却不能集中资源重点投入。任何新业务的开拓,都需要集中资源和精力投入才可能发展起来。但是企业领导,尤其是中小企业的老板,往往不能集中资源保障新业务有足够的投入,而是采取了广撒胡椒面的方式。当然,新业务往往存在风险,采取分步投入限制风险,甚至在初始阶段采取尝试的做法都是正常的。但战略一旦确定,就需要集中资源投入,而不应该继续采取撒胡椒面的方式投机。

盲目自信,以为成功可以复制

主业的成功,通常会让创始人或企业领导者变得过分自信,不仅会轻易地进入新业务,还会自负地认为以前的成功经验可以复制。所以,他们往往会亲自挂帅,并启用主业的人才,按主业的方式去做新的业务。但新的业务有其自身的行业规律和可能与主业迥然不同的成功要素,正如中国俗话所说,隔行如隔山。盲目自信的生搬硬套,结果很难如预期般成功。

强行兼并，忽视文化冲突

兼并是大型企业或集团多元化经营的重要进入方式，但兼并不仅仅是业务问题。不同的企业有不同的文化，不同行业或业务领域的成功，也需要不同的企业文化。主导兼并的企业往往忽视这种软性的文化问题，在被兼并企业强力推行自己的企业文化，结果导致文化冲突，优秀经营人才流失和业绩大幅滑坡。

杀鸡取卵，品牌延伸扩张

企业在核心业务领域建立了优势品牌之后，往往因为想获取更大的商业利益，从而把品牌延伸至不同业务领域。这通常是杀鸡取卵的短期投机主义行为，中国市场利用品牌延伸进行多元化尝试而失败的案例不胜枚举。品牌其实是人们心中某一特定产品类别与代表企业所占据的位置，将其关联到新的产品类别，不仅会对已经建立的品牌效应产生稀释，还会让人们对品牌的认知产生混乱。

纵观这些原因不难发现，中国企业多元化的失败主要是多元化的具体策略和执行引起的。战略上无目标、多头冒进，导致企业经营现金流出现风险，或不能集中投入，执行实施上过分自信、缺乏专业，强行推行以前的成功经验，没有启用新领域经验丰富且适合、有能力的业务领头人，并按新业务规律独

第十章 多元诱惑，误入歧途

立运作。

所以，如果有战略需要，又能理性地选择进入，并且重视新领域自身规律和专业要求的话，多元化不失为企业迅速发展的一个良好选择，尤其是在市场经济刚起步、竞争不激烈、大量商业机会存在的时候。事实上，中国市场上多元化经营成功的企业也有不少，尽管数量上远不及失败者。

所以，企业多元化面临的核心问题并非是该不该多元化，而是为何多元化、能否多元化以及如何多元化。具体来说，需要深入思考、分析和解决以下一些关键问题。

1. 为何多元化？

这是集团的战略问题，通常涉及具体的战略问题或选择：

实行多元化，是因为主业或核心业务发展前景存在不确定性，需要多元化以回避单一业务的风险？

还是主业的发展前景变化或潜力不足，抑或是主业发展稳健，积累了丰厚资金资源，需要发展多元业务以实现持续或更高增长，即开发所谓的第二、第三增长曲线？

还是因为核心业务供应链或客户链的脆弱性，而向上或向下进行多元化延伸，以降低主业发展的风险或提高主业的竞争力？

还是因为多元化可以实现资源共享和协同效应，以便更充分地发挥企业现有资源与优势的潜力（当然，品牌延伸除外）？

抑或是纯粹因为能使企业跨越发展、潜力巨大，且对企业有很大吸引力的新发展商机？

总之，多元化必须有明确的战略驱动与目标，绝不是有钱就挣或一味追求规模而盲目多元化。

2. 能否多元化？

这个问题的关键，是多元化业务能否成功发展起来，以及将如何影响主业和企业的整体发展：

新业务成功的关键要素是什么？企业是否具备相关能力与资源，并有机会在多元化业务上建立与战略目标一致的市场优势位置？如何建立这种优势位置？

不同领域的行业成功要素可能完全不同，对关键人才和特殊能力与经验的要求也不同。企业在不具备这种关键能力与经验的情况下，能否引进合适的业务领头人、培养关键的经验与能力？

任何新业务的成功，都需要大量资金和人力资源的投入。企业是否拥有足够的经济实力以提供持续的投入，并且有足够的精力进行合理的管理与监控？新业务发展所需要的实际投入，通常都远高于预先的规划，所以必须留有余地。比如，资金的准备和成功时间，实际上很可能会在预先计划的基础上加倍，甚至更多、更长。

多元化业务的投入，会不会因为资源约束而影响现有核心业务的发展？大量的多元化投入，会不会导致过高的杠杆，使企业经营出现现金流风险？如何规划、控制杠杆率和现金流风险？

除了资源约束（主要是资金和精力）影响，是否还有别的不利影响？比如品牌稀释，以及由于行业的差异，可能对现有业务的人力资源造成的冲击或异化等。

3. 如何多元化？

主要涉及多元化的选择、方式及范围，具体包括：

如何选择多元化业务，哪些该进，哪些不该进？相关多元化，还是非相关多元化？是多头并进，还是循序渐进和逐步展开？这些问题自然和市场机会有关。杰克·韦尔奇著名的"行业数一数二"多元化战略，能对其中一些问题提供有益的指导，尽管该战略对如何做到数一数二和数量限制等多元化的关键问题并没有提供答案。

是自己经营，还是战略或财务投资？自己经营如何选拔业务领头人，独立还是依附于主业运作？战略或财务投资要如何管理和监控？

自己经营的多元化业务是通过内部有机发展，还是采取外部快速兼并？内部有机发展是通过探索试验而分步展开，还是一步到位全面投入？如果是外部兼并，又如何预先评估文化冲突和整合风险？

成为一流企业

无论自己经营还是外部投资，多元化都不可能无限制地进行。那么，多元化的范围及限制是什么？多元化的数量多少比较合适？尽管多元化成功经营的业务数量没有固定上限，也没有统一答案，但总有一定限制并极具选择性，也与企业的资源和能力密切相关。

多元化经营的资金支持是主业盈余资金，还是需要债务或股权融资？

提出以上与多元化息息相关的关键问题，并进行专业、深入的思考和理性分析，有利于大大提高企业多元化的成功概率。

总的来说，企业多元化经营成功的关键可总结为以下几点。

1.有战略目标，且有选择性地进行有限的多元化。需要取舍和聚焦，而不是盲目和过度多元化。

2.明确新业务的总体发展战略与方向。

3.选拔具有丰富行业经验和经营能力强的业务领头人，业务的具体战略由该负责人制定，并且新业务的总体发展方向也可能因此而调整。

4.集中资源，按新业务的发展要求而投入，不能蜻蜓点水地尝试或撒胡椒面式投机。

5.按行业规律独立经营，并对新业务和业务领头人提供全力支持和必要看护。

6.预防新业务因资源过度消耗而可能对主业和企业总体经营带来的风险,并避免对主业有其他严重负面影响的新业务。

当然,企业多元化经营的成功,不全在于专业运营、科学决策与管理,有时还取决于市场机会、谈判,以及能当好伯乐或引领变革的领导艺术,尤其是在物色业务领头人和兼并企业的时候。

第十一章　自我膨胀，偏离市场

成功使人自信，但盲目的自信也容易使人丧失对市场的敬畏之心，忽视商业本质，导致企业领导自我膨胀，成为成功企业的头号杀手。

一

正当中西咨询成为本土咨询优势品牌并蒸蒸日上之时，钟名突然提出了公司更名的议案。

"中西"名下共有三块已经成气候的不同业务，除中西咨询外，还有最早创业的企业信息服务，以及和中西咨询同时发展起来的市场研究。它们由三位创始人各自单独负责、独立经营。尽管三块业务都是为企业提供专业服务，但服务对象及服务层级完全不同。管理咨询是企业专业服务的最高端，业务分开独立经营时，创始人钟名亲自领头负责中西咨询业务。

由于公司发展的历史渊源，中西公司的三块业务共用"中西"品牌。这对各个业务的长远发展来说并非长久之计，因为完全不同的业务，就应该用不一样的业务品牌。尽管钟名的提议在商业逻辑上具有合理性，但我并不同意钟名提出的中西咨询更名之事。

第十一章 自我膨胀，偏离市场

尽管我入伙中西咨询时，市场对"中西"名字的关联是最早的企业信息服务业务，但经过中西咨询这几年的强势发展，市场上提起"中西"，大家马上联想的已经是管理咨询业务。"中西咨询"事实上已经成为中国企业界响亮的管理咨询品牌，并且趋势越来越强。在公司品牌蒸蒸日上时突然更名，不仅可能让客户对公司的稳定产生迷惑或怀疑，而且市场是否能接受新的公司名称，从而实现品牌关联平稳转换，使新的公司名称保持同等强势的管理咨询品牌，都是未知数，充满着不确定性与风险。

另外，企业信息服务和市场研究业务继续使用中西品牌，从长远发展来看并非好事。一方面可能会限制这两家公司的长远发展，另一方面也可能因为品牌稀释，从而影响中西咨询的未来。但就目前的品牌关联效应来说，应该更名的显然是企业信息服务和市场研究的公司，而不是中西咨询。因为，事实上目前中西咨询的品牌越来越强大。

所以，纵观公司更名与否的负面影响和潜在风险，两害相权自然取其轻，中西咨询不应该更名。

当我把更名牵涉的商业逻辑和我对公司更名的担心告诉钟名时，他却满满的自信并得意地告诉我："不用担心，我们能在短短两三年里把中西咨询打造成现在这样好的品牌，也一定能把任何新的公司名字打造成强势品牌！"

接着，钟名一如既往地通过公司管理委员会的投票表决，否认了我的反对意见。我只能通过对公司的新名字提案表示不满,来阻碍公司更名之事。在管理委员会表决通过公司更名之后,很久都没有找到合适的新公司名,偶尔有几个还算过得去的,也被我当场否决。最后,钟名发动全体员工参与新公司的选名,预设几个名字让员工投票表决,通过多数抉择决定公司的新名字。

似乎完美的全员民主投票,最终确定公司更名为"某策某略"。在我看来,公司的新名字违反了好的品牌名称三个基本条件中的两个,既不简单易记,念起来也非朗朗上口,只是容易让人与管理咨询业务产生关联。

公司更名后,表面上似乎并未产生强烈的市场反弹,以及对公司经营业绩造成直接影响。钟名因此非常得意,特意来到我办公室告诉我,公司更名并没有产生我曾担心的问题。

但市场客户的反应其实并非如此。怀疑公司分家或出了问题,抱怨新名字不好记,或者直接说以前名字更好,各种不同的声音应有尽有,许多客户干脆直接沿用以前的名字。当我把这些不同的声音反馈给钟名时,他却选择了忽视,也许他爆满的自信已经使他无法听取任何负面的意见。其实,钟名盲目的自信已经扩散到公司经营管理的许多方面,中西咨询更名只是重要表现之一。

第十一章 自我膨胀，偏离市场

二

此前我和钟名关于公司经营决策和重要人事任命问题的交流，以及有关优秀人才流失的严肃"故宫谈话"，似乎并没有对钟名产生本质的影响。钟名依然以自己的私心和欲望主导公司决策，忽视市场规律，比如对公司关键岗位的人事任命。

战略咨询中心在林杰担任副总经理一年里无果，在随后任命的副总经理李飞的帮助下，终于有了些起色。李飞的兢兢业业和战略咨询中心经营管理的明显好转，得到了公司的一致认同，很快就被提升为战略咨询中心总经理。但被提拔后不久，他就被一家民企集团客户挖走，在房地产公司担任总经理。尽管李飞离职的主要原因可能是其他公司吸引人的薪酬与岗位，但离开自己熟悉和热爱的咨询事业，转而选择加入一个拥有诸多不确定性的新行业与公司，这和中西咨询内部管理的总体转变与诸多问题密切相关。李飞的离职，其实只是公司一年多来明显的优秀顾问流失中最引人注目的一例。

在李飞即将离任之际，谁来接替他负责战略咨询中心成为当务之急。尽管公司暂时没有合适的接替人选，却有可行的替代方案。我建议，提拔工作表现和能力均比较出色的宗桓为战略中心副总经理，并同时由一位合伙人暂时兼任总经理，通过传帮带快速栽培宗桓。宗桓当时还只是战略咨询中心的高级经理，尽管优秀、出色，但因为"非典"期间的偶然事件，让钟名产生了主观偏见而遭到刻意打压，一直未被公司重用。最后，我的建议自然也没有被采纳。

但是，令我万万没有想到并目瞪口呆的是，钟名竟然力主提拔已经证明不能胜任的林杰来担任战略咨询中心总经理。这完全违反了基本的商业逻辑与事实，他却理直气壮地说："战略中心现在没有合适提拔的人选，外聘时间又来不及，也充满不确定性，所以只能提拔林杰。"这次的投票表决，我再次处于五比一的弱势。之前钟名提拔而我坚决反对的合伙人李梅，也已经进入了公司管理委员会。

商业从不青睐恣意妄行，任何违反市场规律的行为，迟早会遭到市场无形之手的冷酷回击。林杰升任战略咨询中心总经理后，中心内部管理混乱，顾问队伍水平没有任何长进，林杰自己的销售签单也毫无起色，除钟名外的其他合伙人也开始抱怨。结果，在林杰担任战略中心总经理半年后，公司不得不撤换他。在铁的事实面前，即使是钟名也不得不接受和让步。

但钟名并没有从中吸取教训，在林杰继任者的任命上，钟名再一次拒绝了我主张的、提拔宗桓为副总经理以及由合伙人传帮带扶助的方案，而是把公司起步不久的营销咨询中心负责人黎同调任战略咨询中心总经理。

稍微深入地分析、评估一下就能看出，黎同从能力、经

第十一章 自我膨胀，偏离市场

验和性格上并不适合或胜任这一关键岗位。战略咨询中心的负责人除了需要人事与组织管理能力，还必须具备良好的战略眼光和商业感悟能力，以及反应快、悟性高、极其聪明的头脑。只有这样，才能在与客户谈战略项目时获得对方的认可与尊重。从我带他一起做销售的经历看，黎同显然不属于此类人。他曾当过大型国有企业的副总，强项是与人打交道方面经验老到，人际关系与人事管理应该没有问题，能力、经验、悟性与性格却显然不适合战略咨询中心负责人的要求。

营销咨询中心是我提出专业化战略后，成立不到一年的、比公司的核心咨询业务部门（战略和人力资源）小得多的一个新业务中心。尽管营销咨询中心在黎同的负责下做得还算可以，黎同能管好它，但能否管理好具有众多优秀顾问且部门规模大得多的战略咨询中心，依然是一个大大的问号。

钟名对我的强烈反对和简单明确的理由依然置若罔闻，一意孤行地把黎同推上了战略咨询中心总经理的位置。半年之后，战略咨询中心的业绩证明，黎同不能胜任中心总经理，不得不再次撤换，调他去负责人力资源咨询中心。正如半年前我的判断和建议那样，他应该负责适合他的工作。

在铁的事实面前，以及没有其他合格人选的情况下，钟名最后不得不提拔宗桓来担任战略咨询中心副总经理。一切又回到了我一开始设想的起点。但钟名的私心杂念和刚愎自用，却让公司为此折腾、浪费了差不多两年时间！

成为一流企业

　　钟名的自以为是和我行我素,从公司关键人事任命决策的连连失误和反复折腾中可见一斑。这些错误的决策看似愚蠢,甚至有些可笑,但却并非钟名本人愚笨。相反,钟名具有非常精明的生意头脑和强大的企业家冒险精神,所以才能带领曾经的同事从零开始,成功创办了中国企业信息服务的标杆企业。问题的关键是,主导这些决策的是个人私心杂念和过度的自信。从心理学角度来说,人的大脑一旦受情绪和预设意念支配,就会严重影响正常思维,从而失去客观和理性。

　　事实上,欲望和过度自信不仅会严重影响个人的判断和决策,也常常使人不愿听取他人的意见。钟名对我的善意提醒已经完全听不进去了。

三

　　原以为对细节监控充满热情的钟名,会把公司的日常经营管理得井井有条,但他接管公司经营管理后的现实却非如此。由于过分重视抛头露面的营销活动,钟名关注公司日常管理的时间有限,对公司经营缺乏深入了解,又不乐意聆听别人的意见和提醒,自然容易导致判断与决策的失误与武断专行。

　　中西咨询的强势崛起和响当当的品牌影响力,不仅使钟

第十一章 自我膨胀，偏离市场

名成为许多管理会议和论坛当仁不让的演讲嘉宾，也使他成为大众媒体的香饽饽。像中央二台经济频道这样的一线强势媒体，也向钟名张开了双臂，经常邀请他作为各类经管节目的嘉宾。镁光灯的照耀和前呼后拥不仅让人沉迷、飘飘然，也占据了钟名的大部分时间。正常一周里，钟名通常只会在公司待一天，偶尔两天，以这样有限的时间，要想管好一家两三百人的公司，谈何容易！

随着公司规模的不断扩大和专业化战略的进行，迫切要求各业务单元（Business Units，简写为"BU"）独立运营。尽管项目运作、质量监控、人员调配和业务单元人事权等均已下放到各业务单元，但由于各单元的负责人多数是首次单独负责全面工作，经验不足，管理上出现了这样或那样的问题，需要合伙人的支持和监督。另外，对于顾问跨业务单元调派上项目这一存在于各单元之间的利益冲突，以及单就业务单元而言不注重，但对公司整体而言却很重要的事务，都需要合伙人来负责协调。所以，公司运营迫切需要建立对业务单元的支持、监控，以及业务单元之间协调、合作的机制和体系。但是，钟名却无暇顾及。

钟名在公司的时间有限，也影响了他日常管理公司的方式。他只能通过周工作总结、计划，电话或现场突击抽查，以及偶尔的常规会议来了解公司的内部运行情况。由于缺乏同员工的融洽、信任、友好关系，导致钟名对公司内部实际情况的掌握和对具体事情的了解，往往是片面或缺失的。

这种基于片面了解或不知情的突击救火式管理，自然导致了许多问题，也容易滋生自以为是和武断专行的习惯。

我对公司内部出现的这些问题实在看不下去了，也想试图从旁帮钟名一把。我利用空隙时间，通过和员工私下谈话，对内部重要的经营管理问题做了一次摸底，并把员工普遍反映的问题和我的观察分析汇总起来，给钟名写了一封长长的邮件。邮件里列举了业务单元的人员编制、管理与监督，业务单元之间的人员调配、协调与支持，人力资源、研发与决策失误，整体的质量监控等一系列问题，以及我做的原因初步分析、员工的看法与反映等，并敦促他多花一些时间待在公司，深入了解公司的内部实际情况，以便尽快采取相应的应对措施和解决办法。

但是，钟名对我的提醒邮件的反应却让我很失望。他不仅没有勇气直接面对，要么极力否认，要么避重就轻或逃避，还反过来给我扣帽子，说我"道听途说"，听信员工的"小报告"。比如，他反驳说业务单元内部的管理属于业务单元的权力范围，他不应该越权插手。然而事实却是，前不久他对我主管的IT咨询部下面一个小小的销售助理编制、工作亲自过问和干涉。同时，他对员工反映的他主管的市场部编制偏多、有人工作清闲却充耳不闻。

幸运的是，钟名的自以为是、武断专行，以及因此产生

第十一章　自我膨胀，偏离市场

的公司人事与管理问题，还未伤及公司业务的关键环节，即咨询项目的运作和销售。

尽管公司规模扩大后，相应的质量监控机制有待完善，但业务单元独立运营下的咨询项目运作，总体上依然传承了原有的追求出彩、让客户满意的严格、专业服务文化，保证了公司咨询服务的质量，维持了本土优势。同时，作为核心业务之一的人力资源咨询中心，在范晓强出色的管理下，还进一步延展了业务竞争优势。

公司的业务单元分开独立运营伊始，工作表现优秀的范晓强就被任命为公司人力资源咨询中心总经理。在他的领导下，不但中心内部管理得井井有条，而且招聘和培养了一批能干的、人力资源管理经验丰富的专业人才和经理，并且业务服务领域也从传统的组织、岗位职责、薪酬激励与考核，延伸到薪酬调查和人才测评的新领域。事实上，该中心已经成为公司竞争力最强的咨询业务，许多时候同一流的跨国人力资源咨询公司竞标时，都是依靠实力而不是价格取胜。

另外，人力资源咨询中心也培养出了几位以范晓强为首的、业绩表现不错的项目销售人员。范晓强个人的销售业绩也大大超过了合伙人胡久，并与合伙人江岩、徐辉相差不远。在我的极力推荐、推动下，范晓强最终晋升为公司合伙人。

咨询项目销售一直是我主管的业务，随着公司规模的不断增长和销售管理与支持体系的日趋成熟，过去几年来我对销售队伍进行过两次重大调整。第一次是在改革调整结束一年多后，各业务单元开始独立运营时，公司销售的权力从变革之初的上收至合伙人，到下放至各业务单元负责人；第二次是销售权力进一步下放到经销售管理委员会确认具备资格、专业能力强，而且适合做销售的总监或高级经理。

为了保障销售成功率和销售过程的质量，在销售队伍扩建同时，公司也建立并优化了销售政策、销售统一管理和项目分配（根据咨询项目需求内容和客户企业特点，公司有的放矢地统一调配销售人员）以及销售支持体系，并加强了销售队伍的培训。除了一贯坚持的销售现场传帮带，我更是集中精力在几个月里总结了自己多年来成功销售的经验和心血，整理成系统的销售培训材料，对销售人员或有兴趣的员工亲自进行培训。

有了不断扩展的销售队伍，完善的销售管理与支持，加上我自己也全力以赴地牵头销售，公司业绩每年以至少50%以上的速度增长。有一年，公司的业绩增长更是取得了远超50%的历史性突破。

也许正是因为业绩的持续快速增长、品牌影响力与公司综合实力的日益强大，作为公司董事长的钟名才开始得意忘形。

第十一章 自我膨胀，偏离市场

四

2005年秋季某天，我正在上海出差，突然接到公司办公室一个莫名其妙的电话。电话是钟名助理打来的，她用认真且严肃的口气问我："你的一项体育运动、一张报纸和一本杂志，是什么？"

前不久，钟名以个人名义给公司高管们发了一封备忘录（Memo）邮件，提倡他感觉效果不错的个人习惯：参加一项体育活动、订一份报纸、读一本杂志。体育锻炼、定期了解时事与专业动向，或许有益于人的身心发展和业务能力的提高，但这只是钟名的个人习惯，未必适合每个人。对于异常忙碌的管理顾问来说，许多人忙得甚至都没有自己的空余时间。所以，读完他的邮件，我只是一笑了之，并没有怎么在意。本以为他写邮件给大家做一个提倡就完了，没想到他竟让助理把自己的个人习惯，当作公司所有管理人员需要完成的一项工作来监督落实。

一个小助理竟然用带有兴师问罪的严肃口吻质问我，一定事出有因。我不禁火冒三丈，严厉地训斥道："谁让你打电话问这个？谁给你胆子来质问我？一项体育活动、一份报纸和一本杂志，只是钟名个人的习惯与建议，既不是公司决议，也不是公司制度，并且也不适合我，所以我什么都不会做。另外，工作之外的时间做什么是我自己的事，如果钟名有问题，让他自己打电话给我！"我没好气地立即挂断了电话。

事情过去两天后，我收到了钟名关于刚刚结束的公司管理委员会例会决议的邮件。因为出差在外，我没有参加公司这一月的管理委员会例会。当我看到会议的其中一项决议时，顿时目瞪口呆，一度以为是笔误写错了——决议说，任何没有按时提交月工作计划的人，将被扣除当月20%的工资！

我立即拨通了钟名的电话，装作若无其事地问道："钟名，我刚刚看了你发的这个月管理委员会的决议。不按时提交月工作计划将扣除20%工资，是怎么回事？"

钟名振振有词地回答："这是我的决议。公司有的员工不重视提交工作计划，我已经重申了几次还是没有作用，所以需要采取惩罚措施。就像以前开会迟到一样，实行迟到罚款20元的措施后效果很好。当然，这不是针对你，因为你每次都按时提交了。"

我认真且严肃地回复说："我给你电话不是谈我个人的问题。我不反对偶尔使用合理的惩罚措施，但扣除20%工资是超出正常理性的、极其严厉并粗鲁的做法，更何况针对的是不能按时提交工作计划这样一件也许重要但不大的事。我担心的是，这种非理性的惩罚措施会对我们这种知识与智力型企业造成潜在的危害，以及对企业文化造成负面影响。另外，有人不按时提交工作计划，可能是因为不重视，也可能是确实太忙给忘了。对此，适当的惩罚可能有益。但也可能是因

第十一章 自我膨胀，偏离市场

为项目特别紧张忙碌而没有时间写，或者认为纯粹是在走形式、浪费时间而压根不认同。要彻底解决这个问题，应该找出真正的原因再合理应对，而不是盲目地惩罚，更不是采取极端不合理的超常规的惩罚。坦率地说，你的这种做法既简单粗暴，又不符合常理，也许可以用来管理工人，但肯定不适合管理咨询公司。"。

我的直率显然让钟名感到有些冒犯，他回应的语气明显带着不快："我不同意你的说法，并且我觉得这是我作为总裁的权力范围，你这是在侵犯我的总裁权力。"

我毫不客气地回敬道："首先，我只在乎我们做事是否客观、合理、有效，是否符合基本的管理实践原则。如果我们赋予某人权力而他滥用职权，对组织不利，我们就需要矫正他的行为，不能因为权力而错误行事。其次，扣除员工20%的工资是一件大事，我不觉得这还属于总裁可以独断的权力范畴。我们是以合伙制管理的咨询公司，重大的事情必须征询大家的意见。我也是公司的大股东，更不用说公司的发展也有我的一份贡献，我有权力阻止任何损害公司发展的行为！"钟名和我的电话交流不欢而散。

其实，在此之前，我和钟名就他要求员工写周工作计划已经有过激烈的争辩。钟名不仅要求每位员工递交周工作计划，而且强调越详细越好。事实上，管理咨询公司的核心员工——顾问，绝大部分时间都用在项目上，在客户现场和客户的严密监督下高强度地工作，不仅没有必要写周工作计划，而且每天工作十几小时、没有周末调休，也使他们没有时间写周工作计划。所以我告诉钟名，只有不上项目的顾问及支持部门的非顾问员工才有必要递交周工作计划。并且，计划也不是写得越详细越好。据我了解，往往是那些不忙碌、有时间的人计划写得满满当当的，许多人的工作计划只是应付任务或走形式给他看。所以，我曾直接问钟名："你觉得周工作计划写得详细的人，就是在饱满地工作吗？"他却反唇相讥："难道连每周工作计划都不能详细地写满的人，反而是在饱满地工作吗？"钟名的反问，让我感到莫名其妙、强词夺理。

我原以为，钟名的自负和我行我素只是过分地沉迷于镁光灯下的虚荣，以及因没有足够时间对公司的经营现状深入了解而导致的武断，或者是为了牢牢抓住公司控制权的短暂夺权行为。但一年以来他完全无视商业与管理的基本规则，一而再，再而三的极端行为表明，他的自我膨胀已经到了无以复加的地步。

公司创始人的自我膨胀，在竞争者没有强大到能撼动中西咨询优势的情况下，短期内也许不会对公司的经营产生明显的负面影响，但长远来看，却会慢慢蛀蚀公司经营管理的稳固基础，侵蚀公司的良性文化，异化与排斥优秀人才，使公司经营慢慢偏离市场。长年累月下来，这种影响必将对公司的经营、实力和品牌造成严重的损害！

第十一章 自我膨胀，偏离市场

管理点评

》论老板的基本素养

众所周知，人才是企业成败的关键，而企业成败最关键的人才，是老板。

企业老板的胸怀、远见、格局、能力、经验和性格，不仅决定了企业的成败，还决定了企业能够聚集起一帮什么样的人才，崇尚一种什么样的价值观与企业文化，造出什么样的产品或提供什么样的服务，以及最终会塑造一家什么样的企业。正所谓有什么样的老板就会办什么样的企业，老板的高度决定了企业的高度。

如中西咨询的发展故事所展现的那样，企业名气和业务实力的大增、媒体的热捧，使得创始人过度自信、我行我素，在企业经营管理与决策上忽视商业管理的基本规则，经常犯错，同时也在不断异化和排斥优秀人才，侵蚀企业好不容易建立起来的优秀文化与品牌优势，动摇企业本来稳固的经营基础。

谁都想当老板，但未必谁都适合当老板。一个合格的企业老板，必须具备一些基本的素养。

1. 为人行事服众

层级或权力产生的服众是表面的,也是不长久的。只有平庸之众迫于生计或出于目的才会长久臣服,真正优秀的人才只有心服才会久留。那么,企业老板怎样才能做到为人行事服众呢?

首先,不能过分自私,只考虑自己的利益,而必须重视别人的诉求。企业其实是利益不同甚至存在冲突的群体的统一体,只有满足关键各方的基本利益与诉求,才能使他们全力以赴,企业才会长久繁荣。所谓"财集人散,财散人聚",就是这个道理。其次,需要开明、客观和理性,开明使老板能听取不同的意见,保证全面、客观、理性,不会违反基本事实与规则。反之,非理性或经常超出合理底线行事的老板,不可能让员工信服。最后,必须尊重他人。只有尊重别人,才能获取信任,并受别人尊重。趾高气扬、以势压人的老板,只能聚集一帮心怀鬼胎的乌合之众。

2. 自信不自负

信心是一切成功的基础,但成功往往容易导致盲目的自信与自负。最近几年来,成批大型企业集团崩塌,表面上是外部动荡与下行经济环境导致的债务和现金流危机,本质上则是昔日的成功催生了企业老板的贪婪、虚荣和自我膨胀,一味地追求规模,违反商业管理的基本规律,随心所欲、全方位地过度扩张，高杠杆举债经营，却缺乏基本的现金流与风险专业监控、管理。当然，自负也可以纯粹源于性格，比如那些对自己拥有的出色技术能力扬扬得意的创业者。

3. 爱才和人尽其用

企业的成功需要各式各样经验丰富、有能力的人才，只有那些具有自知之明的老板，才懂得他山之石可以攻玉，而不是自以为是地事必躬亲、插手过问。成功的老板往往懂得珍惜人才、尊重人才，并会重金吸纳人才，让他们全力发挥、人尽其用。

4. 尊重商业规律

企业的成功是因为直击商业本质，遵循了商业的基本规律，产品与服务符合真实的商业需求，人员与组织遵守管理基本原则，使业务和战略目标能高效地执行、落地。那些自以为是和随心所欲的企业，迟早会遭到无形之手无情的惩罚。只有那些遵循商业与管理的基本规律，随着外部环境不断调整、变化的企业，才会成功与长存。

5. 不崇尚控制

除垄断与管制行业外，在自由竞争的市场里，所有商业要素都会自由流动，权力与控制只会带来短暂的秩序，却无法保

成为一流企业

证长期有效与稳定，真正稳固的东西是共识与利益同享，以及商业本质。许多企业老板往往沉迷于权力和控制的妄想，尤其是企业发展起来之后。多年前的一部电视剧，剧名早已不记得了，但其中一句意味深长的对白却永存脑海："握紧拳头，以为抓住了一切，里面却一无所有；张开五指，似乎放弃了全部，却拥有整个世界！"强烈的控制欲，会使行为偏离正轨并产生变异，结果往往事与愿违。正所谓有意栽花花不发，无心插柳柳成荫。

第四部分

超　越

中国企业只有超越传统文化与环境的局限,追求极致的专业化和卓越的企业组织,发挥自身特长,立足中国、走向世界,并且领导者能超越自我,始终追寻商业本质,才能成为一流企业。

第十二章　实行全面专业化

经营管理各环节的专业化是中国企业的软肋，也是它们和全球优秀企业的最大差距。超越传统中庸文化，实行全面专业化，是中国企业通往一流企业的关键途径！

一

"喂，高总吗？你好，我是宇宙通信公司的小周。经过前期的考察和交流，我们公司最后决定，战略发展咨询项目交给你们做。尽管你们的价格比对手高多了，但我们非常看好你们对行业的深入了解和专业性。恭喜你们！"当我接到宇宙通信公司企划部周经理的这通电话时，脸上不禁露出了笑容。

宇宙通信是东北一家民营地方电信设备公司，创办于20世纪90年代初。公司创始人刘总虽只有高中文化，但魄力非凡，在建筑业挣了第一桶金后，通过购买某高校的数字程控交换技术，毅然转型迈入电信设备行业，创办了宇宙通信。

以民族振兴为旗帜，地域裙带资源关系为切入点，再加上刘总超强的中国式营销作为推动，以及还算不错的技术产品，宇宙通信的小型程控交换机核心业务迅速起飞。经过十年的发展，他们在东北固网通信交换机设备市场占有相当不

第十二章 实行全面专业化

错的市场份额，公司年营业收入达数亿元。

但中国固网建设经过十几年的快速发展，电信运营商对固定设备资产的投资增速明显放缓，移动通信设备投资却大幅增长。同时，由于电信市场对外开放和电信设备关税的急剧下调，以及华为这样的全国性本土电信设备公司的崛起，宇宙通信这种区域性电信设备公司面临强烈的竞争挤压。这一年，宇宙通信的程控交换机业绩已经开始严重下滑，刘总又一次发挥他的魄力，计划投资两亿进入前景不明、还只是传说的3G移动通信设备市场。但由于投资巨大，他们希望能借助咨询公司的力量，帮助他们明确下一步的发展战略与投入方向，同时对组织和人员做相应的调整，以利于新战略的实施和落地。

两周前，周经理一行数人来到北京考察咨询公司，中西咨询是他们的最后一站。由于我个人具有技术背景和IT行业工作经验，一年多以前还曾带领项目组做过中国顶级电信服务商"争创世界一流通信企业"的战略项目，我决定亲自负责该项目，并在公司办公室和周经理等人进行了深入的面谈。

由于对行业比较了解，在周经理简单介绍了宇宙通信和面临的挑战后，我当即告诉他们："3G发展在欧洲和日本起步较早，并且现在炒得沸沸扬扬。但即使如此，欧洲的3G发展前景仍不明朗，电信运营商在3G牌照竞标方面的巨额花费，更多是抢占频道资源竞价所致，目前丝毫没有市场应用方面的任何数据、趋势的强有力支持。现在，只有日本市场的 NTT DoCoMo 公司，因发明了一种叫作 i-Mode 的有效的 3G 终端应用，在日本市场发展不错，但该应用在欧洲市场的推广尝试，也是步履维艰。所以，截至目前，3G 在发达国家的发展充其量只能说是有偶尔的成功。"

然后，我迅速转向我的初步观点："对中国市场而言，3G 牌照的发放目前只是空穴来风和炒作，即使几年内政府会发放 3G 牌照，3G 的应用市场也是一个遥远的传说。对这样一个可能许多年之后才会发展起来的市场，像宇宙通信这样规模不大的企业，把几乎所有的资金都投入进去，以应对现在的核心业务的下滑，无异于拿公司的未来赌博。同时，3G 技术和设备的研发需要巨量的资金，并且需要持续、长久的投入，通常只有资金和实力特别强大的大型电信设备企业才能承受。对此，贵公司是否具有持续、大量的资金投入，还需要计划和落实，否则切不可轻举妄动。所以，你们需要慎重考虑下一步的战略和发展方向，以及相应的资金投入分配。我觉得，贵公司目前首先应该聚焦现有的核心业务下滑的原因，以及短期业绩提升的策略，再同时寻找和开发公司未来发展的新战略方向，而不是把所有资源像一锤子买卖一样，全部投入自己未必有技术优势，却又需要长期投入、充满不确定性且盈利可能遥遥无期的新领域。当然，我对贵公司并不了解，只是基于目前的行业总体状况与趋势而做的一个初步判断，未必正确。"

咨询项目的销售周期通常至少一个月，没想到宇宙通信的项目两周就下来了。更让我惊喜的是，周经理最后还告诉我，众航咨询因为竞标方案过分学院化而没有入围，而且相比另一家进入最后一轮竞标的君创，中西咨询的报价比他们高出50%，却仍然胜出。

当然，中西咨询能这么快，并以高得多的价格击败两个最大竞争对手，完全是因为对电信行业的了解和专业能力。

事实上，在随后的宇宙通信咨询项目的战略诊断第一阶段，我们的项目组很快就发现，宇宙通信正是因为内部经营管理专业化严重缺失，才使它最终面临业绩下滑的巨大危机。他们公司经营了十几年，主要投入和精力都花在业务推广和客户关系上，而对技术产品、内部运营与管理的提升投入很少或基本不投入，甚至连正规的研发都几乎没有。这些对宇宙通信这样的高科技企业无疑是致命的，也使它面对目前的困境，突围战略的选择极其有限。

二

中西咨询自身经营管理的专业化，始于全面管理变革时期的战略实施和落地。即围绕新的公司战略，以专业规范的要求调整、改善或重建经营管理的各关键环节。但是，公司

成为一流企业

专业化开始的标志,其实是业务的专业化分立和独立经营。

公司之前的顾问招聘与培养,基本是以通才MBA为基础,划分为没有任何差异的咨询一部、二部,只是为了便于管理。但随着市场和中国企业的不断发展,咨询需求的类型也发生了变化。随着MBA和管理教育的逐渐普及,中国公司的管理水平也在不断提高。在咨询市场上,除了以前笼统的战略和管理的咨询需求全面提升,不少企业的需求也出现了单纯的人力资源咨询或战略咨询。为了加强针对性和专业性,公司决定成立战略咨询部和人力资源咨询部。以前的咨询一部和二部全部解散,所有顾问根据专业与经验背景、能力和兴趣,重新划归到新成立的战略或人力资源咨询部门。

业务的专业化,意味着需要按功能、行业、人员等维度进行专业划分,并按照划分各自独立经营。除了建立战略和人力资源咨询中心,中西咨询还陆续成立了企业信息化咨询中心、营销咨询中心、房地产行业咨询中心等。

业务的专业化分立,不只是现有顾问的专业划归,还意味着要引进和培养与各专业功能或行业相对应的专业人才。所以,除了现有顾问的专业定向培训,未来顾问的招聘和培养也必须预先专业定向化。比如,人力资源咨询顾问的招聘方向,就只能是人力资源管理专业的研究生,或具有人力资源管理一线工作经验的MBA。并且,不同业务的项目运作也必须根据各业务的专业要求,进行专业化改造或重建。

专业化不只是业务、人才和运营的专门化，也是公司经营管理各环节的全面专业化。这涉及销售、营销、知识管理、经营决策和行政支持等，也包括对公司经营管理各部门日常工作的不断改进与提升，以及在公司总体层面上建立专业化的文化和机制以做支持。比如，企业文化里要包括提倡专业化的要素，以及激励专业创新的机制等。

当然，专业化的集中体现与核心手段还是聚焦产品与服务的研发。

三

中西咨询起飞之后，我就提出了公司的专业化战略，并提议成立研发中心。中西咨询的专业化战略，一方面是为了应对行业领头企业（如众航和君创咨询），以及不断出现的专攻行业或功能的专业咨询公司的竞争——随着管理咨询行业的发展，国内市场开始出现一些以功能或行业为切入点的专业咨询公司，并建立、稳固和扩大竞争优势与业务基础；另一方面，是为了通过对咨询服务、咨询过程、咨询方法与工具的研究和提升，建立和扩展公司的总体竞争优势，以及通过对中国市场特殊的文化、环境的研究，创建适应中国市场的、有效的管理实践体系，挑战顶级跨国咨询公司，实现中西咨询的长远发展目标。

由于业务起飞后大家忙于日常经营，再加上之后高层职责调整的重大影响，我提出的专业化战略一开始并没有落实下去。但"非典"疫情的冲击，使合伙人意识到公司竞争优势的重要性，一时众志成城，一致同意建立了公司研发中心，并任命合伙人胡久具体负责研发中心和知识管理系统的工作。

不过，研发中心的工作进展却一直没有起色。

为了明确公司的研发方向和具体内容，在公司管理委员会例会上，我强调公司的研发工作应分为三个层面，需要制订相应的计划并分步投入进行。第一层面，是对中西咨询现有的咨询服务的改善，包括服务内容、咨询过程、方法与工具，以及运作过程的规范化、模块化和质量管理等；第二层面，是新的咨询服务与产品的开发，包括新的咨询方法与工具的研发；第三层面，是针对中国市场特殊的管理行为、消费行为、竞争行为，对中国企业管理实践进行有效的探索、研究、归纳和总结，包括研究西方成功管理实践在中国市场的局限性，以及如何摈弃不适合部分、改造完善不适用部分、创造缺失的全新内容，也即建立中国市场特色的管理实践体系。

公司研发的三个层面和中西咨询短、中、长期发展相对应。第一层面是根据客户反馈，对公司现有的咨询业务的改善和优化，目的是使公司咨询服务更加接近客户的真实需求，比竞争对手的服务更具吸引力、竞争力，从而提升现有业务的业绩；第二层面的新咨询服务研发，是为了开发现有业务以外新的增长点；第三层面的研发是为了公司长远战略发展，聚焦原创咨询方法或咨询技术，保障公司的长期竞争力，或为打造第二、第三增长曲线的业务拓展打下坚实基础。

然而，钟名对研发的设想和我的想法天差地别。和大部分草根企业家一样，钟名只关注眼前，以及那些能吸引市场眼球的热点内容。他一直认为，研发就是对市场有关商业管理热点话题的研究和报告，可以通过发表吸引眼球的内容来宣传和提升公司品牌，就像他自己写文章一样。只不过是研究报告更深入、有数据支持，以及聚焦热点管理话题而已。在钟名眼里，公司的研发是为营销服务的。而在我看来，这自然犯了方向性的错误。尽管我认为在中国市场，市场热点话题的选择和研究如果得当，研究报告确实可以提高公司的关注度，提升品牌，但市场专题报告更应该是市场部的工作，而不是研发部门的主要任务或日常工作。

关键问题是，在钟名和我对研发方向与内容产生分歧的情况下，负责实际研发工作的合伙人胡久既没有提出自己的独特想法，也没有促使大家达成一些基本的研发共识，导致公司研发一直没有具体的研发目标与执行计划。

影响公司研发的另一个重要因素，是研发中心没有固定的研发人员。虽然说利用暂时上不了项目、短时间闲置的顾问来做课题或专题研发，是跨国咨询公司的惯常做法，但顾问的流动性很大，随时可能上项目，并不适合做长期性的研发课题。所以，优秀的跨国咨询公司都有专门的研发部门和研发人员。在提议成立研发中心时，我就强调公司的研发部门不管大小，一定要有固定的编制，这样才能有计划、有目标、持续地进行长期研发。但中西咨询的研发中心一开始并没有固定人员，后来终于有固定编制时，又常常因为咨询项目运作缺人而被借调过去做项目，导致研发工作经常中断。

缺失或模糊不清的研发策略、混乱无序的管理、变动的研发人员和投机的研发文化（有闲置顾问与资源才投入），自然不会产生有价值的研发成果。中西咨询研发中心成立两年多来，除了梳理了一些咨询工具与方法，发布了几篇吸引眼球的市场热点话题研究报告，就没有其他可圈可点、值得称道的研发成果了。

公司研发的不到位，不仅影响了中西咨询现有的业务竞争优势与短期业绩，还将严重限制公司的长期发展，挑战跨国咨询公司的长期战略目标也将不可能实现。因为，与跨国咨询公司分庭抗礼的唯一、可能的手段，就是在中国企业管理实践方面创建经验理论体系并建立优势。

其实，研发问题并不是中西咨询所独有，而是中国企业普遍存在的现象！

第十二章 实行全面专业化

四

中西咨询曾经为西南一家著名家电企业做过人力资源管理的咨询项目，客户对项目成果比较满意，之后又邀请我们参加他们的技术创新管理体系（其实就是研发管理体系）咨询项目的竞标。中西咨询并没有做过专门的研发管理体系咨询项目，也没有成立研发管理方面的专业咨询中心，但我在美国的商学院留学之前，有在家电企业担任研发工程师的一线工作经验，在硅谷的咨询公司也做过医药企业的研发策略项目，对研发还算比较了解，于是决定带几个懂研发的顾问参与竞标。

客户曾经是显赫一时的中国家电龙头企业，即使到现在经济实力依然强大，每年在研发上的投入约占销售收入的3%。尽管这和同类跨国著名企业6%、8%的研发投入相比还有差距，但仍然高于国内大部分的同类企业。

客户企业的研发负责人告诉我，他们研发工作的重点是产品外形的工业设计，并自豪地说工业设计是他们在产品研发上的核心竞争力。然而在我看来，对家电产品而言，这显然是本末倒置的。

进一步的访谈和调研发现，客户企业研发的核心工作，

273

成为一流企业

除了负责人提及的新产品外形工业设计,就再无其他——既没有对现有产品进行持续改善,也没有对涉及企业核心业务或产品的基础技术进行研发。工程师或技术人员的日常工作,只是被动地解决产品在生产制造过程中出现的问题,并没有对产品的性能、质量、成本等进行持续性的改造和提升,更谈不上基础技术的研发了。比如,该企业的核心业务平板彩色电视机,其关键技术是显示屏和电源电控,但这些关键零部件都是从韩国企业购买,自己从不进行逆向的工程探索、模仿,或者自主研发创新。即使是新产品的开发研发,也是把买来的电源电控、显示屏组合在一起,然后在此基础上增加一两项看起来吸引人的功能,再加上一个或新颖或漂亮时尚的外壳来吸引眼球,即所谓的工业设计。

这样的研发导向,自然是国内企业普遍存在的研发投机主义的外显。一方面,研发只聚焦在随手可摘的、容易或简单的任务上(如工业设计);另一方面,只会注重直接带来短期销售业绩提升的研发任务,而忽视长期投入,使企业的短、长期发展严重失衡。这不仅解释了客户为何近年来从家电龙头企业的位置渐渐跌落,市场竞争地位越来越差,也预示了客户的未来发展前景堪忧。

该客户的研发策略和导向上的错误,同时也导致了研发管理出现问题。除了长期研发的内容与计划缺失,该客户还出现了研发人员错配、技术人才激励与发展通道受阻的问题。

客户的研发部门以工业设计人员为主，缺乏足够的工程师和技术人才，并且技术类岗位发展的天花板太低，不能吸引也留不住优秀技术人才，严重阻碍了工程师、技术人才的培养和队伍建设。

技术人才的职业发展通道窄、天花板低，是中国企业普遍存在的现象。对于优秀的技术人才而言，走纯粹技术通道的发展前景往往极其有限，最终大多不得不选择朝管理方向发展。中国企业也喜欢把优秀的技术人才提拔到管理岗位上，但这往往是技术人才发展最容易陷入的、最大的误区。从人才测评可以知道，技术人才和管理人才的核心素质差异巨大，真正出色的技术人才往往不适合做管理。所以把出色的技术人员不加甄别地提升到管理岗位，往往会出现既少了一位优秀的技术人才，又做不好管理，最后鸡飞蛋打的尴尬局面。所以，中国企业必须拓展技术人才发展通道，提高纯技术人才发展的天花板，通过建立强大的技术人员队伍，来真正提高企业的研发能力。

总之，中国企业要成为一流企业，必须实现经营管理的全面专业化，尤其是正确、高效的研发，包括制定正确的研发策略，采取合理的研发模式，进行高效的研发管理，吸引优秀的研发人员，以及坚持长、短期发展的平衡、持续研发投入。

管理点评

》 研发金字塔与企业发展长短平衡

经营管理的全面专业化，是中国企业成为一流企业和挑战跨国企业的关键，研发则是专业化的核心手段。但大部分中国企业要么缺乏对研发重要性的认识，要么不知道如何有效地做好研发。

在企业的早期发展阶段，一方面中国经济水涨船高，到处充满商机，竞争也不甚激烈。这样的环境下，产品能打造出来就不愁卖不出去，除少数高科技企业外，一般中国企业自然不会去思考专业化和研发的问题，尤其是中小型企业。另一方面，这一阶段的中国企业也因为忙于业务的迅速扩张，根本不会主动腾出时间去做这样的深入思考和探索。

但随着国内市场竞争的日益激烈化，尤其是近年来市场的内外部环境（如国际地缘政治、全球产业链安全重构、逆全球化、产能过剩并内卷，以及中国经济的结构性变化等）变化引发的严峻挑战，越来越多的中国企业开始意识到研发的重要性。尤其是大型企业或集团，研发投入动辄数亿或数十亿，甚至数百或上千亿。在如此巨大的研发投入面前，中国企业该如何有针对性地合理研发，以及如何高效地做好研发呢？

首先，让我们聚焦研发模式。研发包括三个层面：第一层面，是对现有产品和业务的不断改善；第二层面，是新产品的开发；第三层面，是与现有业务或未来潜在业务相关的基础技术与方法的原创性探索与研究。

对现有产品和业务的改善，通常包括对产品的性能、功能、质量的提升，以及成本的降低。其目标是根据客户反馈，解决产品问题或提升产品竞争力，以更好地满足客户需求。就一家典型的制造企业而言，这一层面的具体工作涉及解决客户反映的产品问题，调整、改善产品设计，改进产品的制造工艺、技术与生产过程，以及降低产品成本。当然，也包括尝试新的原材料、制造方法和工艺技术。这些新材料、新方法或新工艺，既可以来自学习或引进，也可以源于自己的原创研发。对第一层面的研发来说，对现有产品的改进与优化是负责产品的研发工程师每天必须进行的主要、日常工作，也是任何优秀企业必需的基础研发工作。但是，现在的许多中国企业却基本缺失这一研发。

其次，让我们审视一下研发战略。研发不能是毫无目标的，而应该是与企业的经营、发展、战略紧密相连的。深入分析一下研发模式就会发现：第一层面对现有产品的不断改进、研发，主要聚焦于企业短期的、一两年里的经营与发展；第二层面新产品的开发，关乎企业未来几年的中期发展与经营；第

成为一流企业

三层面基础技术与方法的原创性探索研究，则关乎企业长达十年甚至更长时间的长远发展。所以，一家企业如果战略得当，且能做好三个层面的研发，就能保证它的业务持续增长。

需要注意的是，第三层面的研发通常取决于企业的竞争与发展战略。比如，制造企业要实现产品成本绝对领先策略，就不仅仅是负责产品的工程师日常的敲敲打打与改进，还需要通过长期研发或引进先进的工艺制造技术、新制造方法与过程、新产品材料以及便于高效制造的独特产品设计等。像中西咨询这样的专业咨询服务公司，要跟跨国咨询公司分庭抗礼，就必须在中国企业管理实践的特殊专业解决方案或方法论方面研发创新。这是因为，在西方管理理论与实践方面，中西咨询不太可能超越跨国公司。当然，第三层面的研发还可能受到行业的钳制，比如技术更新换代。像高通这样的通信技术企业，就必须长期投入，对下一代或未来的新通信技术进行持续研发。

需要指出的是，中国企业（尤其是中小型企业）往往存在短视行为或投机心理，过分注重眼前的经营结果，要么投机取巧做简易研发（如家电企业的外形工业设计）或务虚研发（如中西咨询的管理热点专题研究），而忽视了企业长远发展所需要的，周期长、投入大的基础技术原创研发，要么干脆完全忽视研发（如文中的宇宙通信）。这些企业，因为违背了企业的长、短平衡发展原则，未来的发展必然会受阻或衰退（如西南家电），甚至倒闭。

另一方面，原创技术的研发突破往往是小公司或后起者迅速翻盘逆袭的重要手段。比如，谷歌公司当年因为发明超越传统的关键词搜索的新搜索技术，迅速发展成为互联网搜索巨头；如今，微软的 Bing 搜索引擎融入 ChatGPT 前沿 AI（人工智能）技术，正试图超越谷歌，结果如何还需拭目以待。

再进一步，让我们分析一下研发的资源投入。除非有特殊的经营或战略考虑，企业正常情况下应该集中精力做好现有的业务、计划与开发新产品，为企业未来几年的发展做铺垫，并且为企业未来长久的发展做充分准备。所以，从研发资金的投入和人员的配备上来看，通常第一层面的资源投入最大，第二层面次之，第三层面一般投入最少，呈现底大并向上逐步缩小之势。另外，时间维度上也是由近及远。所以，我把研发三层面称作"研发金字塔"，如下图所示。

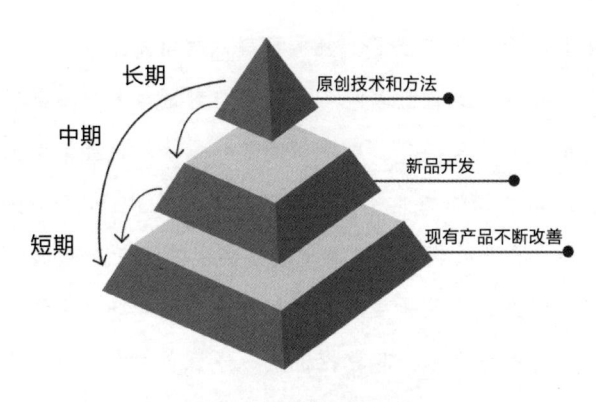

图 12-1　研发金字塔

需要指出的是，研发及投入是持续不断的，随着时间的推移，上一层面的研发会向下一层面转换。

企业的专业化不是喊出来的或营销忽悠出来的，也不可能一蹴而就。像德国或日本的冠军企业，不可能是一天两天打造出来的，而是在持之以恒的投入、坚持不懈的努力、日积月累的改进、持续不断的原创技术与方法探索下，长年累月积累的结果。

最后，必须强调的是，尽管关于研发的讨论更多聚焦于技术和产品以及研发部门，实际上会涉及企业经营管理的各个环节，事关企业全体员工，正如专业化的范围一样。企业的核心竞争力不只来源于技术与产品，还包括企业经营管理的独特性、运营和管理的不断改善以及创新。其实，企业经营管理的优势往往比技术优势更难以模仿与拷贝，也不存在天花板。

所以，尽管研发通常集中在研发中心，有关研发的讨论也更多着墨于产品与技术，但本章所说的研发是一个泛化的概念。它涉及企业经营管理的各个环节与部门，关乎各部门日常工作的不断改善与提升，以及新的工作方法，也要求各部门培养或引进各职能的专业人才，而不只是技术或产品专业人才。只有这样，企业的经营管理才能真正实现全面专业化。

必须指出，专业化或研发的关键是超越急功近利和"差不多就行"的中庸文化，避免投机主义或机会主义，坚持长期主义，建立一种持续改善、精益求精、追求卓越和不断创新的企业文化，配备相应的激励专业化的精神与行为机制，并让全体员工参与。只有这样，中国企业才能既有今天，又有明天，还有未来！

第十三章　建立卓越组织

追求卓越是一流企业的共同特征，如何超越传统环境约束，建立卓越的企业组织，是中国企业迈向一流的核心问题。

一

2001年底的某一天，中国顶级电信运营商的总部会议室外，我们一行六人正紧张地等待着参加客户"争创世界一流通信企业"战略咨询项目的竞标演讲。客户是中国头部国有巨型企业集团，竞标如果成功，对于刚开始进行全面改革调整、寻找突破口的中西咨询来说意义重大——不仅会大大提升中西咨询的总体市场信誉，还将为中西咨询的专业能力与实力提供强大背书，成为公司未来业务拓展的强力催化剂。

我们必须全力以赴、不惜一切代价地参与项目竞标，展现势在必得的强势姿态。在项目人员安排上，不仅我全程介入、钟名即时参与，负责中西公司市场研究业务的另一位创始人也对项目竞标鼎力相助，还特意邀请了外援——我回国前曾经工作过的那家美国咨询公司的同事陶博士——作为我们项目组的特别顾问。陶博士代表我的前美国雇主在中国市场拓展业务多年，专攻电力电信行业，和客户集团的战略规划部建立了良好的关系。并且，为了这次竞标演讲，我们加班加点忙活了整整一个星期，数据、材料和演示报告都准备得很充分，单是演示部分我们就预先演练了好多次。

客户以前一直同顶级的国际咨询公司进行管理咨询方面的合作，但这次的项目在初步筛选过后，客户只邀请了九家本土咨询公司参与竞标，这不禁给了我们希望。项目采取公开竞标的方式，客户成立了由战略规划部部长、集团高层领导、外聘管理与行业专家组成的十数人的评委团，对项目竞标方案进行打分和评标。

轮到我们上场的时候，我亲自上台，首先向评委团宣讲了中西咨询通过标杆研究的项目思路，如何从财务、客户、运营、战略、管理与创新等方面确立关键评价指标；然后，根据指标评价全球表现卓越的电信企业，再和客户企业做比较研究，找出差距并分析差距产生的原因；随后，根据分析结果，为客户制定战略目标和相应的战略措施。最后，我还向评委们特意强调，中西咨询的项目组成员具有国际管理实践和咨询经验优势，以及兄弟公司强大的电信市场研究数据与能力支持。接着，项目经理展示了我们对项目的详细计划与安排。

由于预先做的充分准备和多次演练，我们的演示完成得十分顺利、流畅。

成为一流企业

出乎意料的是，客户并没有让我们久等，第二天就通知我们竞标获胜的好消息，让项目竞标的所有参与人员喜出望外。

与此同时，如此强大的客户也对我们后面的项目运作、计划与人员安排、咨询服务过程和结果，提出了许多超常规的严格要求。

在项目运作过程中，我们首先确立了财务业绩、市场位置、企业战略、组织与管理、运营体系（客户服务）、运营效率、创新能力等十来个一级标杆，再根据行业特征把每个标杆分解成多个二级指标，并继续把重要或复合的二级指标进一步展开成三级指标，一、二、三级指标加起来多达140多项。最后，我们选择了其中数十个重要的评价指标，构建起我们对通信企业的完整评估体系。

当我们用建立的评估体系去分析全球的电信企业时，我们发现，那些卓越的电信企业在所有的评价指标上均表现优秀，并且在某些指标上一致地表现为异常出色，显示出突出的组织特征。

这些发现是电信行业所特有，还是其他一般行业的优秀企业也一样具备？这些优秀指标，是否也能促进中西咨询未来的发展？

二

中西咨询当时能在短时间里迅速崛起，是因为通过全面的改革调整，建立了卓越的公司组织。在具体分析中西咨询当时的组织特征前，让我们不妨先看看几家耳熟能详、追求卓越的中国企业的组织特征，以便弄清楚什么是卓越的企业组织，或者卓越的企业具有哪些共同特征。

华为

强大的领导。任正非是中国少数令人尊敬的企业家之一，他具有强烈的家国情怀和民族使命感，不仅为华为树立了激动人心的组织目标，还能带领企业和员工朝着既定目标努力奋进。并且，他特别擅长识才用人，既设立了诱人的高薪激励体系吸引优秀人才，又能为这些人才提供发挥能力与学习成长的舞台。

研发创新。华为是全球研发投入最多的企业之一，其研发投入占收入比甚至高达25%，几乎是世界最高的，在中国企业里更是遥遥领先。也因此，华为的专利数量即使在全球企业排名中也名列前茅。另外，来自全球不同国家的庞大技术人才队伍，为华为的研发奠定了坚实的人才基础。华为的研发创新，是华为高科技、高性能和低成本产品的保障。

超强的执行力文化。华为的企业文化注重工作结果，并且要求严苛。员工不仅需要对工作全力以赴，还必须尽力确保达到或超越目标。与此同时，华为的电信设备业务特点，决定了他们需要跨部门员工合作，以解决复杂的技术和业务问题，因此形成了高效的团队合作精神、方法和过程。华为所谓的"狼性文化"，除了绝不放弃的执着与进取，也是华为高效的团队协作和强大的执行力的最佳诠释。

客户导向。华为不仅通过强大的自主研发，为客户提供高性能、低价格的产品，而且认真倾听客户的反馈，根据客户的需求调整产品和服务。只要客户需要的，他们就全力以赴满足，并提供极致的配套服务。在其他跨国电信设备企业不愿意服务的、欠发达或欠安全的第三世界国家市场，华为提供满足客户需求的产品和周到的产品服务，就是最好的说明。

全球视野。华为不仅业务面向世界，而且从全球物色优秀人才，尤其是研发人才，并且技术和产品与世界全线接轨，积极参与国际和行业标准的制订，并在全球范围内获得了认可。

阿里巴巴

使命驱动。阿里巴巴的企业文化具有强烈的使命感——"让天下没有难做的生意"。正是强大的使命感和明确的战略目标，驱动企业致力于通过技术和创新，帮助企业客户实现商业成功，或为消费者客户创造巨大价值。

具有出色领导力的创始人。马云是一位具有出色领导力，且颇具特色的企业家。他通过自己雄辩的口才、诱人的战略远见与愿景、不过分计较自己利益并与大家分享的胸怀，从创业开始就吸引了大批优秀的经营人才，并且能让他们各自发挥、人尽其才，实现自己的价值。

优秀人才集聚。创始人执着的使命和目标（通过出色领导力传递给每位员工），以及具有强大能力与丰富经验的大批优秀人才的执行落实，是阿里巴巴成功和优秀的关键。阿里巴巴在既没有强大资源，也没有品牌的创业早期，就集聚了"十三罗汉"，就是最有力的说明。

创新和冒险精神。阿里巴巴推崇"敢于冒险、敢于创新"的理念，鼓励员工提出新想法，勇敢尝试新项目，并从失败中学习。创新和冒险是阿里巴巴开发不同新业务并取得成功的关键。

开放和分享的文化。阿里巴巴鼓励员工开放地分享知识和经验。这种文化不仅帮助员工加速学习和迅速提升，也提高了员工的凝聚力和执行力，还为企业的创新文化打下了坚实的基础。阿里巴巴的开放与分享文化，也反映在企业的开放平台和合作伙伴关系中。

腾讯

用户至上。满足用户需求是企业最重要的任务之一，腾讯用户至上的文化是通过极致的产品开发实现的。腾讯致力于提供高质量的产品和服务，全力以赴提升用户体验。微信的好用与广泛普及就是最好的例证。

创新文化。创新是腾讯文化的核心，也是企业追求极致产品的基础。企业鼓励员工提出新想法，大力推动技术和业务创新，不断改进现有产品、开发新产品。最能说明腾讯的创新文化的示例，就是微信的研发与推出。微信研发时，腾讯自己的社交产品QQ正被广泛使用，并深受消费者的喜爱，而开发微信意味着推出新产品与自己热门的拳头产品直接竞争，并且必有一款产品处于下风，或败下阵来。微信的开发看似浪费企业资源、重复开发，但自己挑战自己，正是腾讯创新文化的极致体现。

多元性和包容性。腾讯尊重员工的多样性，鼓励多元性和包容性，认为不同的背景和观点有助于创造更好的解决方案，这其实也是创新组织的基础。正是腾讯文化的多元性和包容性，使得不同部门都有可能搞开发，由此诞生了具有内部竞争和利益冲突的微信，使我们拥有了大家几乎都喜欢并在使用的大众社交产品。

透明度和开放性。腾讯倡导透明和开放的沟通，鼓励员工分享想法和反馈，促进良好的工作环境，这其实也是创造型组织的内部环境保证。

第十三章 建立卓越组织

让我们放眼全球，再看看追求卓越的亚马逊公司的组织特征：

以客户为中心。亚马逊公司所做的一切，似乎都围绕着客户这一中心。即使在公司的愿景描述中也显露无遗——"成为地球上最以客户为中心的公司"。客户是公司真正的上帝，亚马逊公司不仅像愿景里承诺的那样，"让网上购物客户能找到并发现任何他们想要的商品"，并且通过物美价廉的个性化推荐商品、快速送货、便捷的退货以及卓越的客户服务，打造了极致的客户购物体验。

超强的执行力。亚马逊公司的超强执行力，是通过严格的工作要求和残酷的内部适者生存竞争淘汰机制（Purposeful Darwinism）达到的。其具体表现为高标准、高强度和大压力的工作，是少数的类似中国大厂996工作习惯的美国另类科技公司。

灵活性和适用性。亚马逊的创始人杰夫·贝索斯深知大公司的官僚和大船难掉头的通病，因此坚持初创企业的好奇、敏捷和试验尝试的创业文化，即使在公司变得非常庞大时，也要求公司按初创企业去经营，使公司变得庞大以后仍保持高灵活性和强适用性。在亚马逊，会议坚持两个比萨饼原则——只参与和相信小型会议，鼓励或限制开会人员最多只有两个比萨饼就能喂饱的数量。

创新文化。亚马逊提倡革新和试验，鼓励员工冒险和从失败中学习。面对业务与经营问题，公司总是激励或鼓励员工大胆采取新办法，或者最好的解决方案。挑战传统智慧、激励独特性的新想法和办法（peculiarity），是他们公司创新文化的有机组成部分。同时，亚马逊也通过员工背景的多元化和包容性，来提高组织的创造性。事实上，亚马逊如日中天的云计算服务（AWS）和强大基数的优先客户（Prime）会员模式，就是亚马逊创新文化影响下成功革新的结果。

长期主义。杰夫·贝索斯以长期主义闻名于企业界。他不计较眼前一城一池的得失，耐心并专注地建立公司的长期价值，最终使亚马逊在经营亏损长达十几年之后，成为全球最有价值的公司之一。

三

现在，让我具体回顾总结一下，中西咨询在起飞前后的两年多时间里，建立了一个什么样的组织，以及该组织具备哪些特征。

首先，客户导向是中西咨询一切经营活动和组织特征的根源。中西咨询的客户导向既表现在给客户提供针对性的解决方案，也表现在改变项目运作和咨询过程，以适合中国企业的实际情况。

一方面，当本土咨询公司在传播西方管理系统、提供笼统的解决办法，以及跨国咨询公司向中国企业推销西方的管理实践经验时，中西咨询敏锐地捕捉到了客户的真实需求，全面调整自己的咨询服务，并根据客户组织的具体情况，为客户提供针对性极强的分步最优解决方案。

另一方面，考虑到客户组织的复杂性和管理基础的薄弱，中西咨询还进一步变革西方传统管理咨询方法，不仅为客户实施解决方案提供全面指导和大力支持，还在咨询过程中让客户全面参与解决方案的制定，提高了客户对解决方案的归属感，以及接受和认同程度，创造了所谓的"过程咨询"。

无论是分步最优解决方案与过程咨询，还是实施指导与支持，都是为了实现给客户创造更大的价值并让客户满意这样一个简单的目标，以最好的方式针对性地解决客户的实际管理问题，并使他们能有效地实施、执行下去。

其次，中西咨询有明确的战略和组织目标，不仅使大家的工作有清晰的大方向，还能上下一致地朝着统一目标行进。中西咨询的全面变革调整，一开始就是在明确的战略目标下展开的：第一阶段突围，在本土咨询公司中建立优势，成为本土第一；第二阶段以专攻中国特色管理实践为手段，在中国市场挑战跨国咨询巨头，同他们分庭抗礼。中西咨询的使命，就是成为中国市场为企业提供最大价值专业管理解决方案的咨询公司。

再次，中西咨询建立了优秀的强市场文化，为公司服务客户、建立竞争优势、吸引优秀人才提供了强大的软实力。中西咨询"严对事、宽待人"的企业文化，强调通过专业细致的咨询服务，创造出彩的客户惊喜，以最大限度地追求让客户满意，通过基于业绩结果迅速提拔、晋升，建立友好的工作环境以吸引并留住优秀人才，也使得公司上下同心一致，组织效率高、内耗低，注重做事而不是对人。

从次，中西咨询集聚了一帮优秀人才，为中西咨询的战略实施落地和高效的运营执行打下了坚实基础。和跨国咨询公司片面追求顾问或员工的聪明、能干不同，中西咨询青睐的人才还必须脚踏实地，做到实干、肯干，和公司战略要求高度匹配。优秀人才的集聚，需要具备一些必要的组织条件。其中，既有大家认同并令人激动的使命驱动，又有内部公平和外部具有竞争力的激励机制、诱人的职业发展空间、宜人的工作环境，以及实现或展示这些要素的企业文化。当然，中西咨询内部培养人才的传帮带和相互帮助学习的开放与分享文化，也使得员工能迅速地提升自己，进入职业快速成长通道，这也是公司吸引并留住优秀人才的重要因素之一。

最后，中西咨询在经营管理的各层面上显示出的强大创新能力。战略上，通过洞察和分析客户咨询需求的新趋势，采取中西结合的差异化竞争。运营上，基于中国企业特殊的人文、环境与组织状况，创新变革西方的管理咨询，建立了适合中国市场的管理咨询方法与咨询过程体系。销售上，大

第十三章　建立卓越组织

胆尝试运用新兴的互联网工具，开辟了强大、系统的互联网营销渠道，为公司快速规模发展奠定了必要基础。

不难看出，中西咨询的组织特征和卓越公司组织的高度契合，正是中西咨询当时建立了卓越的公司组织，才使得公司从行业弱小位置强势崛起、成功突围，并在短时间里迅速发展成为本土咨询的龙头企业。

遗憾的是，自从高层职责调整开始，中西咨询的许多关键组织特征产生了微妙变化，与卓越的公司组织渐行渐远。组织上，高层因为权力斗争和内部折腾，不能同心一致，组织效率降低、内耗增大，决策连连失误，尤其是关键人事的任命上接连出错。文化上，因为裙带关系的任人唯亲，改变了以结果和业绩为标准任人唯贤、"严对事、宽对人"的强市场文化，出现了让领导满意就可以晋升的异变文化。人才上，错误的重要人事任命不仅引发了直接的管理问题，而且使以业绩和结果为导向的晋升文化遭受严重侵蚀，异化了员工，导致越来越多的优秀人才流失。

四

尽管卓越的企业通常都有自己的特色，但它们也具有一些共同的组织特征。这些特征帮助它们在市场中取得成功，并使它们追求卓越、保持竞争优势。卓越的企业具有如下明显的组织特征：

强大领导：领导是企业的灵魂，对中国企业而言尤其如此。几乎所有出色的中国企业，都有一位英明的企业领导。领导的价值观、胸怀格局、性格、经验能力和言行，决定企业的使命与战略目标、经营决策与判断、人才取向与数量、企业文化等关键组织要素。

所以，企业领导的关键作用有四个：

1. 组织目标是企业经营和员工行为的指路灯，也是组织成员沿着同一方向努力前进的基础。而只有有远见、有胸怀、有格局、有正确价值观的企业领导，才能为企业设立让员工认同且激动人心的企业使命和战略目标。

2. 企业的经营管理随时要面临重大的经营决策，出色的判断力和决策力是企业成功并实现组织目标的关键。因此，领导的能力、经验、性格、胸怀、格局等，都影响他能否依靠自己并利用他人，做出正确的判断与经营决策。

3. 什么样的企业老板，就会任用和喜欢什么样的员工。一位心胸狭隘、性格自私的老板，不会也不可能长久吸引、留住真正优秀的人才。只有胸怀格局大、性格开通公正的老板，才可能长久吸引并留住卓越组织必需的人才。

4. 企业的企业文化就是领导价值观和行为的积淀。卓越的组织都具有卓越的文化，而卓越的文化则要求有出色领导力的企业领导。

明确目标：明确的组织目标不仅为企业行为与员工提供了统一的指导，而且切实可行且吸引人的使命和高远目标，还会激励员工努力前行。因为，企业的成功为员工的快速学习成长、职业发展及未来提供了诱人的平台，也容易得到员工的认同。

客户导向：毋庸赘言，客户是企业的生命线，也是所有企业成功的基础。卓越的企业不仅深入研究和洞察客户的需求，还通过提供出色的产品与服务满足客户需求，并且追求极致的客户体验，全力以赴让客户满意。所以，卓越企业一切以客户为中心，而不是简单地盯着和打败竞争对手。

卓越文化：卓越的企业文化是卓越的企业组织的显著特征之一。尽管卓越的企业文化在不同的优秀企业里各具特色或有所不同，但仍具有一些基本的关键要素。第一，精益求精与不断改善的精神。长城不是一天造出来的，专业化也不是一蹴而就的。优秀的企业追求卓越的文化，通过天天努力而不断改善、改进，力图做得更好，并且通过长年累月的积累，使企业在技术、产品和经营管理等各环节、各层面建立起优势。第二，追求创新。创新是改善提升的核心手段，卓越企业勇于大胆尝试和冒险创新，并且这种创新文化不限于技术和产品，还涉及企业运营和管理的方方面面。第三，以踏实做事和业绩晋升的市场文化作为企业经营管理的基础。卓越企业的主调，就是大家踏踏实实做事，把工作做得更好，而不是在人际关系或务虚上浪费时间。并且，员工的发展与晋升都建立在工作业绩、价值与事实之上，所以卓越企业的文化氛围通常人际关系简单、积极向上且办事效率高。

高效执行：强大的执行力是卓越企业的标配，体现在把战略目标高效地落实在企业运营和管理的每一个细节，使企业有效地利用资源、优化成本结构、提高生产力，成为非常高效的组织。强大的执行力来源于明确的目标、合理的激励和强烈的做事文化，也是一般企业与优秀企业的最大差距之一。

人才济济：人才是任何企业成功的关键，卓越的企业往往能吸引并聚集一帮优秀人才，分布在企业运营和管理的各个层面。正是这些优秀人才，通过自身或带领他人身体力行，才成就了企业的卓越。

上下一致：中国企业通常组织结构复杂，往往是上有政策下有对策。但是，其中的优秀卓越者，基本不会在内部折腾、内耗，而是联合上下，同心一致地聚焦在工作上，朝着共同的目标努力工作、奋进，这些也是组织效率高的基础。

灵活适应：一些企业因为其强大的竞争优势，最终会使组织规模越来越大，但大企业容易滋生官僚作风、大船难掉头，往往会缺乏适应性和灵活性。卓越的企业通常能克服大企业通病，灵活应对变化，并且密切地关注客户需求和外部环境的变化，及时调整和适应，避免出现"温水煮青蛙"的情况。

第十三章 建立卓越组织

全球视野：卓越的企业大多会以全球标准和规则经营管理，并且不仅限于自己的一亩三分地，而是把经营的触角伸向世界的其他角落，并且从全球雇用优秀人才。中国企业要成为卓越的企业，必须走出去，按照国际标准经营与管理，充分利用国际人才与资源，建立国际化的组织，和其他跨国企业在国际舞台上同台竞技。

长期主义：追求卓越是一种持续不断、永无止境的习惯行为。卓越的企业既脚踏实地注重今天的业绩和现金流，也仰望星空注重未来的发展，并且会持之以恒地为长期战略和未来发展分配资源和投入。而这些和投机或机会主义无关，尽管它们偶尔也会有非常规的尝试，甚至大胆的冒险。

不难看出，卓越企业的许多特质与中国的一些传统观念、文化相抵触甚至冲突。所以，中国企业要成为卓越组织的关键，是打造卓越的企业文化。如何超越中国传统文化和现实市场环境的束缚，将是中国企业在组织内建立卓越企业文化的最大挑战。

管理点评

» 中国企业如何超越传统约束，打造卓越企业文化

卓越的企业文化是卓越的企业组织的基石，其具有三个基本要素：坚持精益求精和不断改进，提倡创新，以及坚守严格基于业绩结果的人才晋升机制和市场文化。但是，这三个要素与中国社会中"差不多就行""求同不求异""老板说了算""人情关系"的风气相冲突。所以，如何不受外部大环境的影响，在企业内部建立一种追求卓越的文化，是中国企业打造卓越企业的关键。

要挣脱深厚且强大的社会风气约束谈何容易，毕竟我们就是在这样的环境下成长、生活、工作的。"这孩子真听话懂事，好孩子！""小孩子懂什么，大人谈话别插嘴！""我的朋友都买了，就我没有，我也要买！""差不多就行啦！""这工作多好、多稳定啊，可以干一辈子，养老都没问题！""您是老板，您说了算，听您的！"等等。这些风气和习惯，为我们的观念和行为设置了心照不宣又默默遵守的条条框框、等级辈分等边界或规矩，使我们行事总是谨小慎微，以免出格或犯错，从而倾向于追求一致或随大流，也使任何事情都需要等老板拍板，

第十三章 建立卓越组织

或位高权重者说了算。不得不承认,这些风气习惯与追求不同、创新、卓越的企业文化格格不入。

当然,我们同时也要看到,中国企业在应用技术与工具适应环境,以及想方设法满足客户需求方面,从不缺乏创新力。事实上,中国企业的应用创新在某些方面甚至超过了跨国企业。比如,在中国工作、生活过的外籍人员经常提到的手机支付与应用。

具体来说,中国企业要建立卓越的企业文化,需要做好以下几个方面的关键工作。

第一,建立踏实做事,并且只以做事结果或工作业绩作为员工评价与晋升的唯一标准的严格市场机制与文化。业绩成为唯一评价标准,是形成卓越企业文化的基础。只有彻底贯彻这样的标准,并提倡和激励超常业绩,才能促使员工追求卓越,努力超越工作目标。这同时意味着,企业必须杜绝基于人情或裙带关系的照顾或提拔,惩罚任何违反业绩标准的非市场文化行为。

第二,对工作高标准、严要求,培养不断改进、精益求精和力求做得更好的工作习惯。为此,我们必须克服社会不良风气的影响,改变"差不多就行""完成任务交差"的平庸工作文化,把追求卓越、极致、结果写进工作基本要求里,并成为全体员工日常工作的习惯与精神。只有变成习惯,才能形成文化。多年前,我的第一份工作是在美国一家普通中型家电企业担任工程师,改善产品设计、制造或材料,以提升产品性能、降低产品成本或解决产品问题，就是我日常工作的主调，但国内很多流于平庸的企业往往缺乏这样的工作习惯与文化。

第三，建立做事面前人人平等的工作氛围。尽管工作职位与决策等级不可改变，但在工作面前，应该打破条条框框和边界，建立一个开放、畅所欲言、平等的工作文化。同时，平等的工作文化也是创新的基础。建立平等的工作氛围，需要三方面的保证：1. 具有公开透明的工作沟通渠道，关于工作和企业，任何员工可以各抒己见并畅所欲言；2. 员工可以公开、自由地表达和上级、老板不同的意见，包括提出反对意见；3. 任何员工的合理建议或想法都可能被采纳，并体现在企业大大小小的决策当中。

第四，鼓励员工尝试和冒险，提倡创新与不同。跳出现有观念和习惯的约束，走出自己的舒适区，去尝试和追求不同，或者冒险进入充满挑战的区域，去探索全新的项目或领域。这通常也是创新必须经历的过程。

第五，有目的地吸纳和雇用背景、性格、经验完全不同的多元化员工，并让他们基于建设性冲突原则——因不同而有所冲突，又能相互促进，因为共同的目标而和谐共事，而不是互相诋毁或打击，从而影响工作进展、损害工作目标——一起工作。人是创造性的唯一载体，越是背景不同的多元化员工在一起工作，越容易碰撞、摩擦出创造性的火花。不过，创造性强的人才往往不遵守传统，甚至被认为是另类或异类，尤其是技术性人才。

第六，建立包容、宽容的组织环境。包容和宽容不只是能容纳非传统的多元化人才，还能容纳不同意见，宽容错误和失败。错误与失败是创新的孪生兄弟，惩罚或不能宽容错误和失败，自然就会阻碍创新。另外，宽容还表现在给予创新者足够的时间与空间，而不是过多地聚焦他的短期工作结果。真正重大的创新需要积极的环境、执着的目标驱动，也需要当事者的努力与沉迷，还需要充足的时间，三者缺一不可。只有三者齐备，创新才能出现。

第七，设立合理的激励机制，奖励业绩出色者，激励精益求精、追求卓越的精神与行为，提倡创新与创造的文化氛围。卓越文化三要素的实现，不只是激动人心的工作目标或诱人的愿景驱动，积极的工作氛围与环境支持，还需要精神上的认可和物质上的奖励。当然，适当的限制制度与惩罚措施可能也是必要的，但不是用来打击创新活动中的错误与失败，或者抑制挑战上级、权威的不同意见，而是制止不作为、平庸、打击异己或人情关系等非市场或反卓越文化的行为。

第八，定期举办卓越文化相关活动，并鼓励全体员工积极参加。建立卓越的企业文化，同样需要配套的文化活动，员工参与文化活动是打造企业文化的必要环节。比如，定期举办专题头脑风暴会、专题群策群力建议会，建立创新意见箱，设立月度创新奖、最佳设计奖或创意奖、最大改进成果奖、最佳技术原创奖，以及相应的评比活动等。值得注意的是，除了动员和表彰大会适合全体员工参与，专题或特别活动可能更适合小众与自愿参与。

第九，企业领导或老板带头，起示范和表率作用。企业文化就是领导的价值观体现和言行的沉淀，任何文化建设都是一把手工程。因此，企业领导或老板必须亲自出面，带头积极参与，并且行为和言语必须与所建设的文化保持高度一致，否则任何企业文化的建设都只是作秀。比如，卓越的企业文化不仅表现在领导对创新成果的高度认可与重奖（极高的荣誉、重额奖金和突出的晋升提拔），还表现在领导细小的言行上，诸如没有架子、把自己放在同员工平等的位置上、公开赞赏提出不同意见的员工、尊重挑战自己观点的建议意见等。

第十，企业需要理解并承担变革创新时间上的长久性，以及变革创新可能带来的错误、失败与风险，坚持长期主义，并持之以恒地投入、支持创新活动。一方面，追求卓越是一个不断提升且永无止境的过程，其间必然伴随着不确定性、失败和风险，并且越是具有革命性的变革或创新，往往其不确定性和风险也越高。另一方面，变革创新的效果有时也并非立竿见影，许多时候可能只对长远发展产生重要影响。要真正建立卓越、创新的企业文化，企业绝不能因为不确定性、错误、失败风险，或者不能马上产生经营效益，而减少甚至停止对变革创新活动的投入与支持。

第十四章　发挥自身特长

　　国有品牌的崛起和全球品牌的败退，说明庞大的中国市场具有其特殊性。超越西方经验，发挥自身特长，建立中国特色的管理实践，是中国企业立足中国、走向世界、成为一流企业的契机。

一

我常年出差在外，这一天终于有时间待在公司办公室，算得上少有的清闲了。突然手机响了起来，原来是公司一年前服务过的老客户王总的电话。王总的公司是街道集体所有制工厂改制后发展起来的民营企业，王总和他的领导班子是公司的主要股东，还有上百名员工通过职工持股会拥有相当一部分的公司股份。中西咨询当时为他们服务的咨询项目，是法人治理结构和人力资源管理体系。

该公司的前身是一家生产汽车配件的街道工厂，经过20世纪90年代末的改制，员工的积极性得到了充分发挥，再加上近几年汽车行业的快速发展，公司的经营效益大大提高，规模迅速扩大。随着经营规模的日益增长，公司的管理开始跟不上步伐，并明显阻碍了公司的进一步发展。该公司的管理瓶颈主要表现在两个方面：一方面是人力资源岗位的设置、职责、考核、激励的系统方案，另一方面是法人治理结构与决策机制。

在改制为民营企业后的开始几年里，该公司的决策和经营管理是由以王总为首的领导班子和主要股东共同决策确定的，其他职工持股会的小股东从不参与，并且大家意见基本一致，决策效率很高。经过几年的快速发展并具有一定规模后，职工持股会的小股东对决策权、话语权的要求越来越强烈，总是试图以各种方式、渠道对公司的决策表达出不同的声音，导致在一些经营决策上大家闹意见，浪费了很多时间，不仅使公司的决策缓慢，还导致大家不能集中精力在工作上。

该公司的问题从表面上看，似乎只是具体的管理问题。但其背后的深层人文心理，却是中国市场的普遍现象。即随着经济地位的提高，引发了人们行为方式的本质变化，开始对话语权、名声地位和权力有了明确的要求与欲望。

王总在电话里告诉我："高总，你们去年设计的咨询方案我们早已实施执行完毕，一年下来效果不错。公司的决策顺畅了，股东之间也不吵吵闹闹了，并且现在每个人的工作职责很明确，大家的积极性也大大提高。但方案实施中，也出现了一个让我百思不得其解的问题，就是去年年终发奖金的事。以前我们只是简单地分几个级别，每一级别拿同样的奖金，大家一直都没有意见。但去年年终发奖金，我们采纳了你们咨询方案的建议，奖金与业绩考核结果挂钩。然而，许多员工对此很有意见，表现出强烈的不满。事实上，因为公司去年整体的经营业绩很好，除了少数表现欠佳的员工，大部分人的年终奖金比前年还多了不少。然而，不满和抱怨的并不是那些少拿或没拿奖金的人，而是一些表现不错并且奖金比前年还多拿的员工，这正是我百思不得其解的地方。我给员工发了更多的奖金，他们反而不满、抱怨，您说我冤不冤？高总，这到底是怎么回事？"

我问王总："员工都具体抱怨什么了？"

王总回答："他们倒不是抱怨自己拿得少，而是抱怨自己工作能力和表现比某某好，怎么奖金却没有那人多之类的。以前不发或发同样的奖金，却从来没有人这样抱怨过。"

我告诉王总："这是国人典型的'不患寡而患不均'的心理现象。即重要的不是自己拿了多少，而是不能比别人拿的少。您的员工抱怨奖金发放，可能有两方面因素。一方面是纯粹心理上的，比如爱攀比、不患寡而患不均，也可能对基于业绩发放奖金的新变化产生了天然的抵触心理，毕竟公司的奖金发放从等级制转变为业绩市场机制，会扰动不少人的利益；另一方面，可能是业绩考核没有完全执行到位。比如考核指标值的设定是否合理，定得过高或过低都可能导致人为的考核问题，出现不努力的员工业绩考核评价不错，而刻苦工作的反而考核评价不好。这种情况往往会出现在跨部门或跨职能的不同岗位上，所以考核指标值的设置需要合理，并不断调整。

"还有，考核的过程是否公开、透明，以及考核的评价是否客观，有没有出现评价打分依靠的是主观印象的情况，都与考核结果是否公正息息相关。

"另外，有的员工也可能利用考核指标设置，做出高评价业绩而忽视甚至损害考核指标不涉及的工作，这是KPI考核体系本身的问题。您后面需要了解事情的具体原因，并采取相应的解决措施。但是，执行新的考核方案出现您所说的问题实属正常。新考核方案的顺利实施，不仅需要做好宣传、沟通，必要时进行思想谈话等充分的准备工作，还需要注重实施过程、细节和不断微调。重要的是，必须坚持基于业绩的激励与奖金原则，最终才能让全体员工认同并自然遵守。"

让我们转到消费行为领域。20世纪90年代，曾有一家法国奢侈消费品商家决定进入中国市场，在广州尝试开了一家专卖店，商品单价大多高达一万元人民币，即使按西方的标准也是昂贵的。该法国商家选的是广州上好的商业区，选的也是一个很好的位置，店面也装修得典雅高贵，并配以高档的设施和一流的服务。不过，这家店的店面却不大。因为按照他们的经验，这样昂贵、高档的奢侈品的专卖店，只会有少数人光顾、零星客户真正购买。更何况，他们进入中国市场也只是一次尝试。西方的经验告诉他们，中国消费者的平均收入水平和昂贵奢侈品的购买能力存在着差距。这让他们犹疑。但出乎意料的是，专卖店开张的第一天就门庭若市，店内也拥挤不堪，昂贵的商品竟然一天里就卖掉了几十件。消息传到法国总部，令高层决策者目瞪口呆。其实，这在中国市场已经见怪不怪，和低薪族花几个月工资抢购新款苹果手机一样，都是中国消费者特殊消费心理的反映。

再让我们看看中国移动通信市场竞争的有趣例子。移动通信市场受国家严格管制，只有三家运营商，属典型的寡头垄断市场。按照西方的管理理论与实践，寡头垄断市场的商家之间存在明显的相互依存性，出于理性，任何一方都不会挑起价格战。所以，寡头垄断市场通常会享有比激烈竞争市场更高的价格、程度更低的竞争，政府为防止他们串通、共谋抬高价格，会设立专门的寡头垄断市场监管法律法规。

但中国的移动通信市场显然不是这样。运营商们为打击对手而主动杀价，有时价格战甚至到了近乎白热化的地步，丝毫不逊于充分竞争的市场。也正因为如此，中国市场的手机通信费，即使考虑人均收入和汇率的差异，也远远低于西方市场。

所以，中国市场是具有特殊性的。它不仅表现在对考核激励或人力资源管理产生重大影响的独特人文、心理与行为方面，也表现在客户的特殊消费心理、对手之间的特别竞争行为，以及中国市场的独特外部环境上。

下面，我们不妨概述性地探索一下中国市场的人文管理、消费心理、竞争行为和市场环境的特殊性，以及它们对中国企业管理实践可能产生的影响。

二

管理实践的基础，是影响激励的人文管理特征、客户购买的消费心理、对手争夺市场的竞争行为，以及影响企业生存的市场环境，我把它们称为企业管理四要素。人文管理特征是人力资源激励和管理的基础，决定了如何建立一个高效的企业组织；消费心理是产品规划和营销策划的依据和出发点，决定了如何打造一款畅销的产品或服务；竞争行为是企业为获得市场优势地位而采取的竞争性措施，决定了企业如何有效地和对手竞争，或避免无效、没有意义的竞争；外部市场环境是企业生存的基础，企业必须总体上适应环境、局部超越环境，并同时做到趋利避害或采取必要应对措施。

正是中国市场企业管理四要素的特殊性，才对中国企业管理实践产生了深刻的影响，使之不同于西方管理实践。只有对人文管理特征、消费心理、竞争行为和市场环境有深入的了解，才可能找到有效的管理办法，高效地管理好自己的企业。

现在，让我们概略地审视、分析中国市场企业管理四个要素的特殊性，以及对中国企业管理实践可能产生的影响。

1. 人文管理特征

重短期，轻长期。对于薪酬激励，国内企业的大部分员工最关心的是每月挣多少工资，而对西方初创、高科技企业惯用的股权激励并不太重视。他们觉得这种长远报酬有画大饼的忽悠之嫌，似乎可有可无，反而对通信费、餐费、交通费报销，以及逢年过节发放小礼品、小额礼金这样直接的物质激励更感兴趣。所以，中国企业要想长期留住员工，需要考虑股权之外的更多方式。比如，平时对工作上有突出表现、有成就的员工给予即时认可，包括精神和物质上的奖励。另外，中西咨询的项目经验表明，缩短考核周期、加快晋升速度——所谓的"小步快跑"考核晋升模式，如半年考核而不是整年考核——往往对员工有更好的激励效果。

重视学习发展。中华民族是最爱学习的民族，从我们如此重视教育和学历就可见一斑。中国企业的员工明显不同于西方同人的是，他们非常重视在公司能学习、提高和长进的机会。因此，如何建立学习提高机制是激励并留住员工的有效手段之一。比如，中西咨询的顾问薪酬与其他本土公司相比尽管要高一些，但和对他们严格要求的、长时间的辛苦工作未必完全匹配。然而，管理咨询的职业特征、中西咨询的传帮带和迅速晋升机制，给他们提供了快速学习和迅速发展的机会，对他们具有巨大的吸引力。

不患寡而患不均。由于受攀比和出人头地的传统风气影响，中国的同事之间喜欢比工资、比奖金，不仅使西方盛行的工资保密制度难以彻底执行，也容易出现不患寡而患不均的现象。正如前面王总公司里所发生的情形那样。这种现象容易引发员工的不满与懈怠，导致工作效率降低。所以，中国的企业考核激励体系要保证内部的公平性。它与外部的竞争力一样重要，甚至更重要。毕竟内部的公平性发生在自己周围，更容易、很快并强烈感受到。为此，企业的考核体系应该力求公开、透明、客观，激励体系应该公平，并以业绩说话，全力推行基于业绩的激励与晋升市场文化。

重人情和组织关怀。不同于西方社会，中国社会具有强烈的人情关系和集体主义文化。尽管优秀卓越的企业会坚守强市场文化，但中国企业也会对员工辅以人情与组织关怀。比如，对员工友好、逢年过节关怀员工家庭，以及关照困难员工家庭等，不仅可以提高员工的归属感和凝聚力，还可以改善劳资关系、减少纠纷。中西咨询曾有一位优秀的员工在离职时和人力资源部发生了强烈冲突，以致最后扬言要状告公司。后来我直接介入，以人情、友好的方式解决了纠纷，并化解了风险。

职业道德缺失。中国经济市场化的历程不长，并且受强烈的传统文化与环境影响，企业员工的职业道德素养还有待培养、提高。比如，一些员工还没有完全养成上班时间只做公事的工作习惯，一些人工作时间处理私事或上网聊天，也觉得很正常或没有心理负担。另外，"上有政策、下有对策"的不良习气普遍存在，导致员工轻视企业的规章制度。所以，适当的管理监控是中国企业管理实践不可或缺的手段。正因为如此，中国企业全盘照搬西方激发员工主观积极性和潜能的人本化或人文化管理方式，如果不辅以适当的管理监控，不仅很可能失败，还可能导致管理风险。

忠诚度不高。研究表明，中国的企业员工流失率通常比西方市场高很多。一旦别的企业给出更高的工资待遇，员工就会轻易跳槽，显示出较低的忠诚度。因此，如何建立合理、灵活的考核激励体系，提供员工不断学习与成长的机会，打造员工认同且拥护的企业文化等，达到长久激励和留住优秀员工，是中国企业的人力资源管理面临的主要挑战。

合作精神缺乏。关于国人喜欢"窝里斗"、缺乏团队精神的文化研究有很多，在此无意深入探究，但现象有目共睹。即使在国外留学的人员群体中，在抱团和相互提携、支持方面，中国留学生的表现也是留学生群体中最差的。企业成功必须要有良好的团队合作精神，所以中国企业需要重视提倡和激励团队合作的企业文化建设。

主奴双重性。人的行为和态度，通常会随着经济条件、社会地位、权力和名声的变化而变化，这是人性的基本特征。

但国人的这种行为变化通常非常巨大。在经济条件、社会地位低下时，人们通常表现得卑躬屈膝、谦卑和顺、言听计从，展示出明显的绝对服从或从属的奴性性格。一旦经济、地位得到明显提升，比如一夜暴富或一夜成名之后，立即变得趾高气扬、颐指气使以及没理也不饶人，展现出强势、随心所欲以及主导控制的主子性格，俨然是一副主人派头。

我把中国市场这种特别的人文行为现象，称作"主奴双重性"。该特性具体表现为，中国企业的底层员工比如蓝领工人，比较容易管理，远不像纪录片《美国工厂》所展现的福耀公司在美国的工厂里那些难管的美国工人那样。主奴双重性还表现在我们选择商业搭档（包括人选和数量）、实行大面积股票期权激励计划时，需要异常谨慎，对股权、职责、决策权、话语权等做出明确的规定，并以书面的形式落实下来。中国市场常见的商业搭档"共苦不能同甘"现象，或者股东之间在企业发展起来后的利益争夺，都是主奴双重性的现实反映。

2. 消费心理

虚荣消费。指主要出于心理需求，而不是理性的物理需求所导致的消费。即通过购买产品或服务，来显示或炫耀自己的身份、地位，或者使自己在朋友面前很有面子的消费行为。它包括身份和面子消费，以及别人有我也要有，或者别人有我要更好的攀比消费。前面说的法国高档奢侈品专卖店热卖、低薪族抢购苹果最新款手机，都是虚荣消费的典型例子。

　　虚荣消费相对于理性需求而言，属于非理性消费，它使消费者盲目追求名牌和热销产品。尽管西方市场也有类似的情况，但它在中国消费者群体的普及程度更广、更深。中国市场之所以会成为全球最大的奢侈品消费市场之一，虽然和中国经济起飞、消费者收入提升有关，但这种与收入不成比例的奢侈品消费，根源在于国人注重身份、面子或攀比的消费心理。虚荣消费使得追求高贵、品位的高端定位产品在中国市场更容易取得成功，比如小罐茶基于营销的迅速崛起。

　　名人推崇。在中国市场，有名人代言或名人推荐的产品更受消费者青睐。现今常见的名人直播带货，就是最典型的例子。名人推崇消费心理一方面满足了众人对偶像、名人的崇拜与关联心理（通过关联产生心理满足），另一方面通过名人为产品背书，无形中大大增加了消费者对产品的信任。以时尚达人、影视明星等大众名人代言，永远是产品营销或引爆销量最有效的手段之一。但也需要注意，产品必须做到实至名归，以免出现产品问题，导致产品或企业只是昙花一现的成功。名人消费在客户是企业的 to B 业务里，表现为客户是著名企业的，可以给企业营销背书。比如，中西咨询在起飞前的营销，就利用了它服务过的中国顶级电信运营商客户案例。

　　从众跟随。指看到大批其他消费者购买，从而跟随、促发的消费行为。在中国市场，我们不时会看到消费者蜂拥抢购同一款商品，出现排长队购买或产品脱销的现象，即源于从众跟随消费心理。从众跟随消费和随大流、求同的传统文化，以及好机会不能错过、爱捡小便宜的小市民心理有着密切的关系。产品宣传时，展现大量的购买客户数据或评价，是利用从众跟随心理进行产品营销的典型手段。

崇洋媚外。指消费者对国外洋品牌的崇尚与偏好的消费心理。一方面，在中国市场化经济的早期阶段，洋品牌产品是高质量、高技术的象征，中国品牌的产品与之相比差距较大。尽管这种差距如今已经远没有过去那么大，甚至一些产品国产的还优胜于洋品牌，但"崇洋"的信任背书依然存在。另一方面，洋品牌通常属于更高的产品档次，虚荣消费心理也促使一些消费者更倾向于洋品牌产品。崇洋媚外心理在营销上的反映，通常是产品或企业取一个洋名字，往往更容易被接纳，或更容易取得成功。

货比三家。是指中国消费者无论消费金额大小，在购买前对价格敏感和喜欢来回比较的购买心理。对于房子和汽车这类大宗消费来说，来回比较和慎重考虑是正常的。但对于日常消费或小金额消费，也花费很多时间来回比较价格、功能、性能，就属于特殊消费心理了。所以，物美价廉的产品在中国市场很容易取得成功。

爱贪便宜。指中国消费者喜欢讨价还价，或不愿错过打折优惠的消费心理。讨价还价几乎是大家购买任何产品或服务的默认习惯，即使千万级以上的房屋交易这样的大宗买卖，也会利用老乡、同事、长辈情面等，想方设法获得一两万元的降价。一些国内的消费者还把这种习惯带到了国外的正规商店。面对打折和低价的诱惑，国内消费者更是不容错过，商场里排着长队抢购打折商品就是一个见证。当然，西方市场也有类似的现象，但中国市场尤甚。所以，促销总是中国市场超卖产品的有效手段。

跨界漂移消费。指消费者跨越自己的收入阶层偶然消费的现象，尤其是向上跨界的突击消费。由于虚荣消费心理的驱动，中国消费者往往会跨界向上漂移，偶然性地购买和自己收入不对称的奢侈品或高档产品。比如，中低收入的消费者购买名牌包或名牌奢侈品，以及前面说过的花好几个月工资抢购最新款的苹果手机。尽管西方市场也有类似的现象，但远不如中国市场如此普遍与广泛。

当然，跨界消费也包括偶然性的向下漂移。比如，有中国消费者开着豪车去折扣店扫货。这种跨界偶然漂移消费行为，使得西方营销理论和实践中经常采用的基于收入划分目标客户群体的方法，并不完全适合中国消费者，而需要经过调整或改变才行。同时，这样也容易导致商家对客户或市场规模出现错误估计，比如前面提到的那家法国奢侈品商店。

口碑消费。指因为亲朋好友或他人的口碑传播而产生的对特定产品或服务的喜好与购买行为。中国是个人情关系社会，当我们买到一件好的或物美价廉的商品时，总喜欢与亲朋好友或他人分享。这种口碑传播，会通过爱贪便宜、虚荣消费等心理，转化为他人进一步的购买。当然，口碑传播也有好有坏，坏的口碑自然会抑制他人对产品的购买。值得注意的是，口碑传播不仅能促进商品销售，还是快速建立品牌的重要手段，这也是中国市场的特有现象。比如，在中西咨询品牌迅速崛起的过程中，口碑传播起到了极其重要的作用。所以，在中国市场，产品营销（包括产品本身）需要特别关注客户使用产品或服务的体验。

重有形，轻无形。指中国的个人、企业或组织消费者，愿意为看得见、摸得着的设备或资产支付高昂的费用，而不愿为无形的知识或服务支付高价的消费心理。比如，企业引进生产设备或流水线，即使是国外淘汰或并非最先进的设备，中国企业也愿意支付高昂的价格，但却不愿为专业的知识服务支付合理费用。这也是为什么中国企业通常会卖设备或软件，但送服务，或者收费性服务没有大规模发展起来的主要原因。相反，西方企业更倾向于便宜甚至贱卖设备或产品，对配套服务却收取昂贵的费用。所以，中国市场像管理咨询、律师这样的服务行业，服务费用并不高或没有与其价值相称，净利润只和不错的制造企业差不多，远不像西方市场的同类专业企业。

购买与消费利益主体分离。指中国市场产品购买的决策者与产品的实际消费者主体分离的现象。这种主体分离,可能使购买决策者和实际消费者的利益分离,导致许多非市场的、奇怪的消费行为。比如,某些未完全市场化的企业领导,因为个人利益和企业利益的不完全一致,决策时可能会出现支付虚高的价格购买一般的产品,或以重金购买未必迫切需要的产品或服务。

在管理咨询的早期阶段,不少财大气粗的大企业会花千万以上的资金,购买顶级跨国咨询公司的服务,只是为了向外界显摆、宣传,而买回来的咨询解决方案或报告从不实施或无法实施,只能摆在老总的书架上当摆设,或者老总吹嘘个人业绩的资本。这种主体分离的消费行为反映在个人消费市场上,就是礼品。在中国这个人情关系社会,请客送礼是必要的社会活动,但礼品是买给别人用的。如果是一般的礼节来往,那么购买面子上过得去的产品即可;如果是求人办事或送给重要人物,那么礼品不但要包装精美,还需要名牌、名贵或珍贵。

3. 竞争行为

价格厮杀。低价永远是获取客户最有效、最容易的手段,尤其是对价格敏感的中国消费者而言。正因为这样,价格竞争往往是中国企业最常用,甚至唯一采用的竞争手段。但低价只能是基于低成本优势的有效竞争策略，否则就是非理性的价格厮杀，最终会导致自身、对手和客户三方受损。事实上，许多中国企业为了争抢客户，会不惜一切代价杀价，有时甚至以低于成本的价格做非理性搏杀。

所以，中国市场的竞争行业通常会出现这样的典型特征：一开始参与的企业不多，企业有丰厚或不错的利润；等到吸引了更多的企业蜂拥而入，产能开始过剩，大家也开始非理性的价格厮杀和内卷。最终，所有企业都很难挣到钱，客户也因为企业在低价压力下的缺斤少两而受损，既得不到更好的产品，也得不到更好的服务。

面对非理性的价格厮杀，有效的应对方法只有两个。第一，通过优化产品设计、改善制造工艺与过程、提升供应链管理、相关技术创新来获得真正的成本优势，全力参与价格竞争；第二，不参与价格厮杀，而是通过产品、技术和管理创新进行差异化竞争。以中西咨询的崛起为例，其采用的是第二种策略。

盲目跟风模仿。当市场有企业取得引人注目的成功时，往往会吸引跟风模仿的新进入者，这是市场的正常现象。但中国市场不同的是，大量新进入者往往忽视市场的竞争现状和规模，非理性、一窝蜂似的蜂拥而上，很快就将整个行业做臭做烂，使大家都进入微利甚至亏损的状态。

比如，某条街上出现了一家生意兴隆的小店，常见的情况是，同一条街或临近街道上很快就会出现第二家、第三家乃至第 N 家与其几乎一模一样的店铺。然而，同一区域的店面所能辐射到的客户规模毕竟有限，这些店铺最后自然只能进入同质化的杀价竞争环节，很快就会出现店铺微利、亏损或倒闭，有的甚至连本钱都难收回。

在西方市场，同样情况下通常不会出现盲目跟风模仿的、在附近开第二家或更多一样的店，他们会理性地估算客户规模、投资成本和盈利前景，然后选择不进入或审慎进入。面对盲目跟风模仿，企业只能通过扩展护城河、打造撒手锏等手段，来建立自己的优势。

不择手段搞垮对手。中国市场偶尔也会出现一些极端的竞争行为，即不惜代价、不择手段地搞垮竞争对手。极端竞争的方式包括通过捏造事实、散布谣言、栽赃陷害等恶劣手段诋毁、打压对手，对竞争对手进行人身攻击、大打出手，有的甚至选择两败俱伤的手段把对手拉下马。面对这样的对手，最好的应对办法是别理它，把精力放在客户身上，必要的时候采取法律手段保护自己。当然，随着法治社会环境的改善，这种极端竞争行为应该会越来越少。

过度或虚假承诺。过度承诺指企业为了吸引客户，对消费者做出难以兑现或无法完成的承诺。比如，家电行业曾经承诺的终身免费维修服务，以该行业的产品质量、可靠性与利润水平来看，是难以兑现的。虚假承诺指商家脱离了产品实际，通过玩弄概念、虚假名头等，对产品的性能、质量、功能和功效进行无限夸大或完全说谎的营销宣传与忽悠。无论是过度承诺，还是虚假承诺，不仅会扰乱市场的正常竞争，也不利于自身打造长久持续的品牌。

侵权或盗窃商业秘密。虽然国家对知识产权的保护出台了相关的法律法规，法治环境也在不断改善，但仍有不少中国企业以各种合法或非法的方式，不择手段地获取、盗窃他人专利技术和商业秘密。比如，采取利诱或胁迫的方式，从竞争对手那里挖走掌握关键技术或商业秘密的员工；或者采取商业合作的方式，获取对方的技术与商业秘密；或者通过贿赂竞争对手关键员工，使其泄露保密技术与商业秘密材料。侵权不仅给当事方造成巨大的经济损失，也对企业的研发成果保密、保护工作提出巨大挑战，尤其是管理咨询这样提供专业知识与经验的企业。比如，中西咨询曾经出现过一次严重的报告泄露事件，客户投诉说他们的咨询成果报告，竟然第二天就出现在了竞争对手的桌上。

商业贿赂。通过采购返点、请客送礼或纯粹金钱贿赂，来获取商业交易或合作机会，这种情况在中国市场还是比较多的。商业贿赂改变了市场竞争的基本游戏规则，摧毁了企业参与公平竞争的基础。企业除了等待法律法治环境的改善，很少有其他应对手段。

欺骗、欺诈。尽管中国市场法律法治的改善大大减少了商业犯罪活动，但存在欺骗、欺诈的商业行为依然时有发生。严重的有彻头彻尾的纯粹欺骗，比如，制造和销售假酒、假药，以及添加有毒化学剂等的伪劣产品。较轻的有混淆视听，在商标或产品外形上采取与知名品牌或产品近似但又不完全一样的做法。欺骗、欺诈的行为侵蚀了市场竞争的基本游戏规则，对正规的企业竞争产生了严重的干扰与影响。

4. 市场环境

强政策调控和行政干预的市场经济。改革开放之后，我们的国家体制是中国特色的社会主义。这意味着我们的经济活动不仅具有自由竞争的市场特征，也有很强的政策调控和偶尔的行政干预，体现出政府强大的主导作用。除了体制原因，强政策调控还与中国市场经济不成熟、试错以及敏感行业有关。比如，影响国计民生和调控政策频繁的房地产行业。在存在强政策调控和行政干预的市场经济下，企业需要额外考虑做好两项工作：一是企业如何处理好与政府的关系，二是如何应对政策调控与波动带来的经营风险，尤其是处于政策敏感行业的企业。

对于无法预测的、风险高的行业，以及政策调控频繁、敏感行业，企业为应对潜在的或突发风险，一方面必须避免采取过高的经营杠杆，从而实行严格的现金流管理；另一方面，应该力图避免把业务放在一个篮子里，最好同时开展不相干的其他领域的业务。近年来，成批的大型房地产企业坍塌或陷入困境，就是因为忽视了自己身处政策频繁调控的高风险行业，却让贪婪、虚荣、自我膨胀像野马一样一路狂奔，采取了超高的经营杠杆、冒进的现金流管理和毫无节制的业务扩张（包括盲目多元化）。

国企先天资源优势。国有企业先后经历了经营制度改革、产权制度改革、企业制度改革后，在我国的许多行业里仍占据着重要的地位。作为共和国长子，国有企业在银行融资和国家资源方面具有先天的优势，但也承担着更多的社会责任，并且受体制约束，难以完全激励、发挥代理人和员工的积极性与潜力，具有一定的与生俱来的劣势。所以，任何参与中国市场的企业，必须充分考虑这样的特别对手和竞争因素。

人情关系和传统文化。改革开放四十多年来，不仅中国社会发生了深刻的变化，市场经济也站稳了脚跟，并具有广泛的基础。但是，人情关系和传统文化仍然影响和约束着中国社会几乎所有的经济和商业活动，尤其是在地级市及以下的城市里。比如，要办理的即使是合理合法、有章可循的事情，如果没有熟人的帮助，有时候仍然会困难重重；如果有认识的人帮忙，则可以顷刻间搞定。人情关系和传统文化仍影响着中国企业的商业活动和管理。

务虚求名和等级文化。名誉、身份和等级是中国传统儒家文化的根基，也普遍地反映在企业的各项活动中。比如，营销宣传或投融资总是冠以一个冠冕堂皇的概念或哗众取宠的名头，办事情讲究仪式与排场，企业不大却喜欢号称集团，企业挣钱了就建漂亮或奢侈的总部大楼，个人名片上一长串唬人的名头等，甚至不少企业因为纯粹追求大而盲目扩张，导致陷入困境或步入歧途。如何利用这种务虚文化宣传自己的产品与企业，同时又能突破其限制与约束，打造自身强大的实力，做好虚实兼顾、平衡，以及超越传统文化的束缚，建立平等、积极、创新的卓越组织，都是摆在中国企业面前的重大挑战。

民族爱国情结。近代百年的耻辱给中华民族留下了深深的伤痕，随着中国经济实力和国际影响力的增加、人民生活水平的大大提高，民族自信心和爱国情绪也水涨船高。尤其是"90后""00"后，他们本来就生长在一个国家繁荣强盛的年代。近年来，许多国产产品或企业品牌的强势崛起，正是这种民族心理的映照。类似新茶饮、某些高端手机和新能源汽车品牌等的崛起，也和新一代国人的民族自信与爱国情结息息相关。当然，最重要的因素是这些品牌产品本身适合新一代消费者的口味，满足了他们追求时尚的需求。但同时，企业也必须注意硬币的另一面，避免在营销宣传中出现伤害国家与民族的内容。比如，有些著名跨国企业因为营销时使用了敏感或令人产生联想的关于中华民族的不当文字、叙述或图片，而遭到国人的强烈抵制，就是令人警醒的反面例子。

地域文化和地方保护。中国地大物博，由于历史和环境原因，文化和消费显示出明显的地域特征。比如，对管理咨询解决方案的要求，不同的企业就因为地域不同而有明显的差异。华北地区的企业往往喜欢咨询方案理念先进、框架高瞻远瞩，对大的方向内容要求比较高，而对方案的细节要求却不深入；华东地区的企业则大部分要求咨询方案专业、深入细致、易于操作、规范和先进；华南地区尤其是广东的民营企业，则显得更为实在，什么名分、名头甚至专业性都不那么重要，只要能直接产生经济效果就行，正所谓"不管白猫黑猫，抓住老鼠就是好猫"。

地域文化的另一表象，就是地方保护主义。地方政府总是想方设法给予当地企业以政策倾斜和保护，并以当地企业的成功为骄傲。比如，政府总是会自然地抵制任何兼并本地知名企业的企图。尽管人员的全国流动和市场的统一化，在不断减轻地域差别，但地域特征仍是中国企业经营管理不可忽视的因素。

诚信和信用基础。虽然近年来社会诚信和信用状况正在不断改善，但诚信的缺失依然是中国市场普遍存在的严重问题。商家利用虚假、质次、不合规或存在安全隐患的商品欺骗消费者，或者不择手段搞倒竞争对手，消费者利用漏洞占便宜等不诚信的行为时有发生。诚信的缺失大大增加了商业和交易的成本，影响企业正常的经营模式，严重阻碍了中国市场经济的发展。

市场经济基础。健全的市场经济不仅需要周密、配套的法律法规和制度，还需要强大的司法执行能力，但就目前而言，中国市场经济和相应的配套保障基础仍处于不断发展完善中。不但法律法规与制度的完整性、合理性有待提高，而且更突出的问题在于司法执行不够彻底。比如，对商业欺骗、诈骗或虚假宣传以及知识产权侵权等的惩罚，存在缺失或处罚过轻等问题。事实上，仿造、假冒商品到处可见，几乎任何在市场上表现不俗的产品，很快就会遭到复制、仿冒，同时又很难得到彻底治理。这些难以遏止的侵权行为，严重打击了个人和组织的技术发明与创造的积极性，也使部分企业疏于或不愿意进行研发投入，严重阻碍了技术和商业的发展。

商业管理基础。和西方市场经济几百年的发展历史相比，中国的市场经济发展只有区区几十年，而商业管理需要有人才与专业基础。所以，中国市场在商业管理方面基础还十分薄弱。其具体表现在专业化程度低、专业人才少、职业经理人短缺和企业管理基础薄弱。商业管理基础的薄弱，也是中国企业管理水平难以迅速提升的瓶颈。

中国市场的特殊性使西方管理实践经验不能照搬、套用，为中国企业的有效管理带来了挑战，也使中国企业管理实践变得复杂和难以把握；但同时，也为中国企业超越那些习惯了西方管理实践、不了解中国或不能及时变化以适应中国市场的跨国企业提供了契机。中西咨询的崛起，正是利用了这样的机会。

三

严格地说，管理咨询起源于美国芝加哥大学会计学教授詹姆斯·麦肯锡于20世纪20年代创办，并以自己名字命名的管理顾问公司。但管理咨询行业的真正形成，应归功于他的继任者马文·鲍尔精诚执着的努力，以及对麦肯锡公司的卓越领导。经过近百年的发展，以麦肯锡为代表的跨国咨询公司不仅在西方积累了成千上万的成功案例，还为西方企业界输送了众多世界知名的CEO、企业领导者和管理精英。管理咨询对西方管理实践的贡献无可争议，并且影响巨大。如今，管理咨询已经发展成为一个庞大的产业，尽管不同的市场研究机构数据存在明显差异，但全球管理咨询行业的规模应该已经达到数千亿美元，并且以高于总体经济增长的速度不断扩大。

基于麦肯锡先生早年直接参与客户的项目执行，而以失败告终的惨痛教训，"不要过多地插手客户的内部事务"，或者"方案设计和执行必须分离"，一直是麦肯锡公司的戒律，也被认为是促使西方咨询行业成功发展至今默认的第一行规。另外，所有知名的跨国管理咨询企业，都致力于向客户推行所谓的全球最佳管理实践。站在西方管理最前沿的专业能力，一直是一流跨国咨询公司在全球发达市场取得巨大成功的关键，也是它们进入中国市场后最乐于宣传自己的说辞。

"但是，最先进的管理实践以及不参与客户实施执行的咨询行规，真的适合管理基础薄弱，并且组织情况复杂、特殊的中国企业吗？"当我最初思考和设想中西咨询的变革和出路的时候，我不禁对西方管理咨询所遵循的基本原则产生了严重疑问。

让我们先来看看对某顶级跨国咨询公司在中国市场遭遇失败的典型案例的公开报道。1997年，号称"新中国第一店"的王府井百货，聘请某著名跨国咨询公司为其下一步的发展做战略咨询。基于为王府井百货引进"国际先进的管理经验和体制"的理念和出发点，该咨询公司在战略方案上，提出了王府井"百货业大连锁经营"策略。即利用王府井百货的品牌，选择合适的城市开设王府井百货连锁分店，并对连锁分店进行统一的经营、管理、采购与核算，以实现规模效益，降低经营成本；在管理人员上，建议王府井空降经验丰富的"外籍管理人员"进入公司高层；在管理手段和工具上，建议王府井百货学习全球零售业巨头沃尔玛的成功经验，采取先进的计算机供应链管理系统和信息化技术，并且其与某顶级跨国IT咨询公司一道，为王府井百货选择了美国的JDA企业资源管理（ERP）软件系统。

那么，这些方案实施、执行的结果如何呢？由于国外百货公司的专业化经营与国内综合性百货商场截然不同，JDA管理软件系统与王府井百货的经营现状也格格不入，引进的外籍管理人员也于不久后辞职，随着方案的实施，执行过程中各单位进展不利的问题层出不穷，王府井百货最后不得不以方案"不太适合"的理由，终止了与该咨询公司的合作。

中西咨询多年的咨询经验和众多成功案例也证明，"引进全球最佳管理实践"和"不参与客户实施执行"这两条西方咨询业不能触碰的铁律，并不适合中国市场与中国企业。事实上，中西咨询正是以中国市场的特殊性为契机，灵活地适用中国市场，为客户提供适合企业实际情况的、有针对性的、综合最优的咨询解决方案，以及为客户实施、执行方案提供全面的辅助与支持，对西方管理咨询方法、过程及行规进行了变革，才成功崛起并成为当时本土咨询的龙头，也才有可能在中国市场对西方管理实践实现超越，挑战一流跨国咨询公司。

中国市场的特殊性，是否也可以为其他中国企业走向一流提供契机？可能的方向与出路又在哪里？

四

西方管理实践和众多知名国际企业在中国市场的触礁与挫败，一度令人十分困惑，但也促使中国的管理研究和实践者反思，并力图寻找中国企业管理实践的出路。尽管探索的过程繁复冗杂，收获多为碎片，但截至目前，研究者仍努力从中国的历史文化沉积或近代新中国成立的经验中搜寻答案。

中华文化博大精深，并且源远流长。与中国企业管理最相关的，也最吸引众多管理实践与研究者注意的，莫过于集军事谋略和战略战术于一身的中国历史文化瑰宝《孙子兵法》。事实上，《孙子兵法》是许多中国企业领导和管理研究者书架上最受欢迎的经典读物（其他还有名著《三国演义》），并让其中不少人顶礼膜拜。另一个颇受管理实践与研究者推崇和学习的，是近现代中国的毛泽东思想。它是当时还处于明显弱势的中国共产党得以战胜数倍于自己的强大对手的有力武器。当然，也有人试图从中国传统文化尤其是儒家文化，甚至是太极思想中，寻找中国企业管理实践的方向与出路。

毫无疑问，《孙子兵法》对企业竞争战略也许有借鉴作用，毛泽东思想对领导力、人员激励、思想工作和有效组织的研究与实践具有巨大价值，儒家文化则是深入了解和研究中国人文管理特征的基础。但这些基于中国历史、文化、思想积淀的探索，真的能帮助我们建立一套完整、系统的中国企业管理实践体系吗？

众所周知，中华文化尽管悠久流长，但商人的地位在历史上一直比较低下，也历来不受待见。所以，直至现代，商业从来不是中国历史的主流。那么，我们又怎能指望中华文化对商业与管理有系统且精深独到的经验、研究和积累呢？当然，中华历史上对管理的对象——人——的心性、心理、人际关系以及文化等的研究与总结可谓积累深厚，这无疑对中国企业管理实践及体系建设具有巨大的借鉴和参考价值，但直接应用或全盘照抄，却可能因历史与时代的局限性而产生严重的危害，同时也缺乏系统性与普适性。

所以，无论从体系建设的管理理论还是中国企业管理的实际出发，中国企业管理实践的方向和出路，在于充分利用中华历史文化在人性、心理和基础文化方面的深厚积淀，深入研究中国市场企业管理四要素的特色特征、对商业与管理产生的深刻影响，以及系统的商业管理解决办法。具体工作包括：弘扬西方管理实践中适合中国市场的部分，改造或摒弃不适用的部分，以及创建、补充新的中国市场特色部分。

相对于跨国企业而言，中国企业对中国市场的特殊性、管理应对手段与办法的感悟，自然具有先天优势。这也是中国市场发展至今，国潮品牌能够强势崛起，同时一些著名国际企业在中国遭遇挫败的根本原因。但是，中国企业是否还具有其他可以利用的自身特长？

成为一流企业

中华民族是世界上最勤奋、最努力、最拼搏的民族之一，中国人在世界的各个角落，甚至在一些危险、恶劣的环境中也要勤奋工作，不屈不挠地为自己的生存与发展努力拼搏，就是最好的写照。这也是中国在改革开放发展三十多年后，成为世界第二大经济体的关键原因。因此，对于国人普遍存在的努力拼搏精神，虽然可能导致一定程度的、非理性的内卷，但只要观念和战略引导得当，就会成为提升中国企业竞争力的主要来源。

同时，灵活适应也是华夏文化的优势。中华文明能源远流长五千年，成为人类历史上唯一从未间断、存续下来的古老文明，正是因为它能随机应变并迅速适应环境变化的强大能力，也是达尔文"适者生存"生物进化理论在社会领域的典型案例，值得深入研究。灵活适应性是卓越企业组织的特征之一，它能帮助中国企业在不同国家、地域提供更贴近客户的产品与服务，并能根据环境变化迅速做出反应，与大企业那种官僚、缓慢或拒绝变化的通病形成鲜明对比。

敏捷性表明对环境变化可以做出迅速反应的能力，也是中国企业通常表现出的明显优势。一个突出的例子是，像比亚迪这样的大公司，在新冠感染疫情暴发的 2020 年里，能用短短一个月的时间，从零开始建立自己核心业务之外的、日产数百万只口罩的生产线，这是令西方大型企业匪夷所思的事情，更不用说能否做到了。

中华民族勤奋、努力、拼搏的精神，灵活适应环境的能力以及敏捷快速的反应能力，也造就了令国外许多经管类学者称道的"中国速度"。曾任哈佛大学肯尼迪学院院长的埃里森教授为了展现中国速度，将哈佛大学附近查尔斯河上的安德森桥的维修和车道数倍于该桥的北京三元桥的翻新相比较：安德森桥的维修工程酝酿了20年，终于在2012年动工，预计2年完成，但直到4年后的2016年，这座桥依然没有修好；而北京三元桥的翻新，仅仅花了短短43小时，堪称奇迹！在快鱼吃慢鱼的时代，速度也是企业竞争的重要手段。

在中国传统文化中，集体主义是可以充分利用的巨大竞争力量。与基于个人或个人英雄主义的西方文化相对照，中国文化的集体主义显示出强烈的组织归属感和集体荣誉感需求（也是民族爱国情结的根源）。所以，在一家著名企业工作，或与一个强大的组织有关联，都是人们津津乐道的事。集体归属与荣誉感，使得员工愿意为所在的组织付出，或者在组织面临挑战时，愿意牺牲一部分个人利益而做出超常的付出。这样的集体就很容易形成一股上下一致的、巨大的力量，而这正是我们的企业在集体攻坚或面对危机时的力量所在。比如，西方社会里只有在初创的小公司里，才可能看到员工在办公室打地铺日夜奋斗，而在中国的大型企业里却司空见惯，尤其是在集体攻坚或特殊时期。

另外，中国是联合国公认的产业链最完整的国家，也是

成为一流企业

在39个工业大类191个工业中类525个工业小类的工业体系中，均具有完整布局的唯一国家。完整的产业链，不仅能为企业提供快速和低成本的供应，还能保证高效的分工协作，助力中国企业提高竞争力。

最后，中国企业还有潜在的工程师红利。中国的高校每年理工科毕业生高达700万，通过专业的训练、合理的机制与激励以及适宜的技术文化环境，中国企业能把其中的大部分人培养成优秀的工程师，这是任何其他国家都无法企及的技术人员规模。在技术和人工智能变得越来越普遍的应用年代，工程师红利将是企业竞争的重要资本与手段，并且能加强、巩固和延伸中国企业在应用层面的创新实力或优势（比如手机支付应用优势）。事实上，在中国密集型劳动力红利消失之后，利用工程师红利，大力开发应用产品、拓展生产性技术服务（包括工程师服务外包），可以成为中国经济结构转型的重要方向之一。

所以，中国企业首先应该立足庞大的国内市场，利用本土管理实践方面的先天优势，补齐在专业化、原创技术创新、卓越企业的组织与文化等方面的短板，在国内市场上与跨国企业争雄并建立优势。同时，中国企业还要走出去，利用自己勤劳拼搏、敏捷适用、快速反应、集体主义、工程师红利和产业链完整等优势，发挥自身的特长，克服自身的局限，和跨国企业在国际舞台上同台竞技。这才是中国企业通往一流的正确之路！

管理点评

» 《孙子兵法》对中国企业管理真的很有价值吗

当西方管理实践的某些经验在中国市场不适应、碰壁,以及中国企业在和跨国企业竞争时,我们往往会从中华民族浩瀚无垠的历史和文化积淀中,寻找中国企业管理实践的钥匙。我们有悠久丰厚的璀璨文明,只要引经据典就能管理好我们的企业,也因此我们会认为这是我们的特长所在。在中国企业管理界,最受吹捧且津津乐道的,非经典军事名著《孙子兵法》莫属。正如我在前文中指出的,许多管理学者和企业领导者对《孙子兵法》顶礼膜拜,将其视为中国企业管理实践的圭臬。

但是,《孙子兵法》真的适合中国的管理实践吗?它会不会误导了中国企业的领导或管理者,对中国企业管理造成危害?

商场如战场,这是中国商界流传甚广且为大家接受的共识。没完没了的"996"、惊心动魄的抢单大战、与对手你死我活的死磕、客户各式各样的讨价还价,还有层层加码的上级要求,商场似乎到处硝烟弥漫。即使只是敲边鼓的学者们,也在源源不断地为中国企业输送如何打胜仗、如何借用《孙子兵

成为一流企业

法》之类的精神粮草。

这些看不见的商场硝烟,到底是由于出人头地的现代攀比,还是不甘人后的传统文化驱动,抑或是企业领导或管理研究者的鼓动或误导,不得而知。但商场真的如战场吗?或者说企业管理真的像打仗吗?

让我们不妨来看看,战场打仗和企业管理的本质区别。

一般来说,打仗只有自己和敌人两方;企业管理除了自己与对手,还有第三方——我们视为上帝的客户(股份制企业的客户还有股东及其关联体)。另外,打仗只有一个唯一的目标,那就是打败对手让自己取胜;企业管理的最高目标,则是服务客户这个"上帝",让他满意(同时为股东创造满意的利润),然而许多时候即使打败了商场上的对手,客户也未必满意。

打仗是在特定时间、特定场所发生的一次性独立事件,可以采用虚张声势、声东击西等各种迷惑敌人的欺骗手段。同时,打仗一般不会对另一场战斗产生任何不良影响。但企业管理和商业竞争不同,它们是一项持续且长久的任务,必须踏踏实实做好每一项工作,任何欺骗最终都会产生涟漪,通过放大反应形成灾难性的后果,企业不只会受到当事客户的抵制,还可能波及其他客户乃至潜在客户。

军队的长官拥有绝对权威,并且打仗时会在现场指挥,军令如山,士兵只有绝对服从,所以决策、指挥或命令链顺畅高效。而在企业里,上级或领导远没有这样的绝对权威,员工也未必完全服从，更多时候需要动员、说服和激励，其命令链条也未必顺畅。

打仗时，士兵不拼命可能会导致打败仗，给队友和自己带来杀身之祸，并且只能向前，不能有退缩或逃跑等其他选择，否则遭到长官枪毙，同样会付出生命代价，所以打仗中的士兵通常不需要过多的激励，只需要命令与服从。但在企业里，员工工作的积极性完全取决于企业激励、文化与环境、员工责任心和喜好，并且员工不认同、不喜欢时可以选择离开，换一份工作。

所以，企业管理和竞争与战场打仗无论是在目的、对象驱动力，还是在可用的手段上，完全不是一回事。诚然，《孙子兵法》是一本关于战争谋略与战略战术的军事名著，对全球军事理论研究和实践影响巨大，即使对现代战争也有很大的参考价值，但将它全盘套用在企业管理与商业竞争上，无异于张冠李戴！

事实上，也许正是许多企业家、管理者、学者或政客，把《孙子兵法》视作企业管理的圭臬，加上企业竞争或管理就是打胜仗的误导叙事，使得众多中国企业把商业管理与竞争简单地看作是打仗和打败竞争对手，因而沉迷于和对手做单纯的价格厮杀和博弈，使中国市场的许多行业一个个变成了红海，也使得众多中国企业忽视了客户这个第三方，忘记了为客户创造最大价值，让客户满意的初心。

最后，让我们具体看看《孙子兵法》的战略战术是否对企业管理与商业竞争具有借鉴价值。

成为一流企业

表 14-1　孙子兵法与三十六计

瞒天过海	围魏救赵	借刀杀人	以逸待劳	趁火打劫	声东击西
无中生有	暗度陈仓	隔岸观火	笑里藏刀	李代桃僵	顺手牵羊
打草惊蛇	借尸还魂	调虎离山	欲擒故纵	抛砖引玉	擒贼擒王
釜底抽薪	浑水摸鱼	金蝉脱壳	关门捉贼	远交近攻	假道伐虢
偷梁换柱	指桑骂槐	假痴不癫	上屋抽梯	树上开花	反客为主
美人计	空城计	反间计	苦肉计	连环计	走为上计

尽管孙子认为，不通过战争就解决问题才是上策，打仗攻城是下策，即所谓的"上兵伐谋，其次伐交，其次伐兵，其下攻城"，但让《孙子兵法》流传千古的，却是其打仗的战略战术，即广为流传的三十六计。

细细咀嚼这些打仗的战略战术，不难发现这些举世闻名、应用广泛并多达三十六种的能打胜仗的计谋与策略，大部分都是建立在利用人性或心理上的弱点，通过虚晃、引诱、欺骗等尔虞我诈的方式技巧来误导、迷惑对手，从而打败对手。然而，这些方式技巧用在不会重复的一次次单独的战斗上可能非常有效，但用在企业管理与商业竞争上呢？

第十四章　发挥自身特长

也许采取这些技巧，可以让投机者在单次或偶然的商业机会中大捞一把，但依靠这些技巧，却无法造就一家持久成功的企业。因为企业的持续、长久，不可能建立在一次次的偶然成功之上，更不可能建立在欺骗之上。在商场上，基本的诚信事关企业的商业信誉，是企业持续成功的必要条件。

事实上，那些靠欺骗等非诚信的手段取得暂时成功的企业，往往迟早会穿帮露馅。因为商业与打仗不同，在上一次打仗中使用的技巧谋略，即使完全是靠欺骗或使诈获胜，也不会影响或传导至下一个战场，但商业的持续成功通常需要客户的重复购买。即使客户购买时上当受骗产生的负面影响不会传导给其他客户，企业也不可能依靠欺骗不同的新客户而取得持续的成功。更何况在自媒体盛行的时代，坏事秒传千里，所以在现实中，我们会不时地看到这类不诚信的企业突然崩塌。

诚然，要更好地服务客户自然绕不开和对手的竞争，但企业竞争的本质是"武装"自己超越对手，而不是打败、消灭对手；竞争的目的是使自己的产品或服务在客户这里取得优势地位，使他们优先或者持续购买；竞争的手段是通过技术、产品、创造性、企业文化与竞争过程等实现差异化，拉开和对手的距离。如果一家企业把竞争战略的主要目标定为消灭对手，而不是更好地服务客户的话，那么企业不但会陷入价格厮杀等低级的、非理性的竞争，而且可能会忘记如何更好地服务客户，或最终损害了客户的利益。事实上，中西咨询之所以能崛起和实现行业逆袭,正因为它聚焦于客户,以及如何创造性地为客户提供更大价值,而从未把目标放在针对或消灭竞争对手上面。

当然,在制定商业竞争战略时,《孙子兵法》里的计谋也具有一些借鉴价值。比如,当竞争对手很强大时,我们不应该采取正面竞争的方式,而应该采取更合理或更有把握取胜的竞争策略——攻击对手的弱点,在对手相对较弱、没有服务到客户的地方建立自己的优势。单点取胜后再逐步蚕食,具备足够的实力后,再考虑展开正面的竞争。并且,在自己还没有强大起来时,绝不能过早地暴露自己的实力和意图,甚至可以利用第三方削弱竞争对手,等等。这些企业常见的竞争策略,也许可以在《孙子兵法》里找到蛛丝马迹,涉及"走为上""打草惊蛇""暗度陈仓""假道伐虢""以逸待劳""借刀杀人"等计谋。但总的来说,《孙子兵法》对企业管理的借鉴价值很有限,潜在的害处反而远大于可能的益处。

所以,在商业管理方面,我们真正的特长并非悠久但轻商的文明积累,而是自身文化的相关优势与特色。中国企业管理和企业领导应该远离"打胜仗"的叙事,避免应用《孙子兵法》来管理自己的企业。像本书中所叙述的那样,发挥自身真正的特长,聚焦客户和客户价值,才能利用优势与契机走向一流!

第十五章　追寻商业本质

领导是组织的灵魂,企业领导如何认知自己的局限并超越自我,敬畏无形之手,遵循市场规律,以及始终追求商业本质,才是中国企业迈向一流的关键!

一

2005年的冬天迟迟不肯到来，11月立冬前后北京还异常温和。然而谁都没想到，随后的气温急转直下，平均气温竟达到几十年来历史最低气温。

中西咨询起飞至今已经三年，今年的发展尽管依然很快，但已经不再是一路狂奔。我真正担心的并非公司短期业绩的增速减缓，而是钟名像脱缰野马一样不受控制、快速膨胀的自我，使得公司在偏离市场的轨道上越走越远。

公司决策的连连失误和我数次的提醒、劝说而钟名无动于衷，慢慢吞噬了我的激情。尤其是钟名完全蔑视商业本质的为所欲为，以及他助手的无聊骚扰，使我不得不扪心自问：现在的中西咨询，还是我曾经一手打造的公司吗？还能成为我回国创业梦想建立的企业吗？继续坚持下去还有意义吗？

一番痛苦与失望的思索之后，我给钟名写了一封题为

第十五章 追寻商业本质

"沉重的思索"的邮件,既作为对钟名的最后警醒,也作为对自己良心的安慰。邮件的主要内容是这样的:

商业的本质,是为现有的客户提供更大的价值,更好地服务他们,并让潜在的客户知道和认同。但市场有其固有的规律,企业为实现这一商业本质,必须遵守这些市场规律。为了给客户提供更大的产品价值、更好的产品使用与服务体验,企业必须深刻了解、时刻洞察客户的真实需求与心理,并使产品和服务与之持续保持一致。为了能比对手更好地做到这一点,企业还需要深入了解对手的强弱,才能围绕客户的真实需求,提供更好的产品与服务,发挥和打造自己的优势。

但是,要真正做到这一切,企业必须首先能够吸引一批合适的优秀人才,并充分利用他们的专业经验与能力,全面发挥他们的主动性、积极性和创造性,使他们全力以赴、努力奋斗。为此,企业必须是一个吸引优秀人才而自身也优秀的组织,不仅要有激动人心的目标、激励员工的机制、激发企业资源(主要是人才和资本)的能力、高效执行的决策与管理,还要有能促使组织目标实现,且让优秀员工认同的企业文化。

所以,商业是一环扣一环的。只有做好每一环,才能形成一个完美的闭环。但必须指出的是,这个闭环是从外向内、从客户开始的,而不是从企业领导的个人欲望、从内向外的。

回顾我们四年多的搭档经历,在我主管经营的开始两年里，公司之所以能从行业的弱小位置强势崛起，并很快成为本土咨询龙头，是因为我们通过改革和调整、决策和行动，做好了商业完美闭环的所有重要环节。能实现这一点，是因为我遵守商业本质，并严格按照市场规律决策与管理，以及你从不表示异议，一如既往地举双手赞成，并全力支持我。

但是，在你接管公司的经营主导权后，我不得不说，你让自己的私心杂念替代了或优先于商业本质。公司的决策和日常经营管理常常忽视或违反市场规律，使公司渐渐偏离了市场轨道。尤其是带有私心的人事任命、随心所欲的决策和错误的管理措施，不仅对公司的经营管理造成了直接的伤害，而且侵蚀和异化了我们辛辛苦苦建立起来的追求卓越的企业文化。这种改变给员工传递了一个非常糟糕的信号：业绩表现再优秀不一定晋升，但靠人情关系与站对了队就能得到提拔。这其实也是一年多以来公司优秀顾问大量流失的根本原因。

你可能以为我小题大做，因为你看到的是公司依旧在快速发展，似乎看不到我所说的对公司造成直接损害或危害的迹象。偏离市场轨道的决策与管理，并不一定马上、直接反应在公司业绩上，但它会慢慢异化员工、侵蚀企业文化、破坏公司经营管理的健康基础，最终一定会严重阻碍公司的发展，甚至导致公司衰落或失败。

现在，你之所以看不到危害的明显迹象，只是因为曾经建立的商业优势依然存在，危害的影响只是在削弱它，还没

第十五章　追寻商业本质

有积累到使之丧失的地步。但商业竞争犹如逆水行舟，不进则退，更何况我们自己还主动倒退。与此同时，竞争对手却在不断学习、调整和改进。所以，不要以为我们的优势会自然、长久地延续下去。请记住，打江山难，守江山更难。已知和未知的竞争对手，天天都想着如何超越我们。我可以向你保证，中西咨询如果继续这样下去，衰落一定会出现，只是早晚的事。事实上，任何偏离市场轨道、不坚守商业本质的企业最终都会出问题。曾经叱咤风云多年的资本运作民企新疆德隆前不久的突然倒下，就是一个突出的例子！

中西咨询为数百家中国企业提供过咨询服务，从我们服务过的客户你也不难看出，那些面向市场、按市场规律经营管理的企业，就发展得很好或更好，而那些偏离市场轨道的企业，往往面临着这样那样的问题或瓶颈。同时，你也应该能看到，那些问题企业偏离市场的根本原因，往往不是缺乏经验与专业能力，而是创始人或企业领导受自身的局限，而导致的虚荣、贪婪、私心杂念、心胸狭隘，或者因盲目自信、自负而形成的自我膨胀、胆大妄为。

你也知道，我曾数次尝试与你坦诚交流，或写长长的警醒邮件，试图旁敲侧击地点醒你、影响你、帮助你，但现在看来收效甚微。的确，超越自己是世界上最难的事，并且只有通过自身去做才有可能。中西咨询的未来，是一直保持本土领先，与跨国企业分庭抗礼，还是逐步衰落，变成一家平庸的咨询公司甚至消失，完全取决于你，希望你好自为之！

最后，让我提一个灵魂拷问的问题：作为业务创始人、公司大股东以及你的搭档的我，都开始怀疑自己一手打造的企业时，公司的优秀人才又怎么会在中西咨询久留？

二

2006年初春的某天下午，我开着租来的白色SUV，穿梭在蜿蜒起伏的圣克鲁斯山脉（Santa Cruz Mountains）间的高速公路上。阳光明丽得有些刺眼，天空湛蓝悠远，飘着朵朵雪白的云彩。在忙碌、热闹、嘈杂的北京工作、生活近六年之后，突然来到如此幽美寂静的环境，颇有一种强烈的陌生与茫然之感。这种感觉以迅雷不及掩耳之势向我袭来，让我始料不及，并异常惊讶。毕竟这里也是我曾经工作和生活过的地方，看来环境对人的潜移默化影响巨大。

圣克鲁斯山脉东临科技创业天堂的硅谷，西靠广袤无边的太平洋，为硅谷抵御变幻的海风侵蚀提供了天然屏障，也使围绕旧金山海湾而栖的硅谷四季宜人。

长条形的山脉并不宽，半小时后我就到达了目的地——娴静漂亮的半月湾海滩。这里因形似半弯月而得名。也许是工作日的缘故，美丽的海滩上除了我，就只有远处一对夫妇和他们的孩子在追逐玩耍，偶尔飘来几声不连贯的西班牙语

第十五章 追寻商业本质

或者嬉笑。

我光着脚、拎着鞋，漫步在海浪不断拍打的沙滩上，留下一串深浅不一的脚印，又很快被海浪抚平。它们就像许多试图名垂青史，却被历史所遗忘的人一样。迎面是微煦的海风，脚下是清凉的海水，我不禁感到少有的轻松惬意。

很久没有这样放松了，更何况是在如此清净美丽的海滩上。那一刻，我的情绪高昂起来，我开始奔跑，脚掌拍击海浪，不时又和海浪比赛，在它即将淹没我脚趾时迅速跑开，在奔跑中高声呼喊。此前十二小时的国际长途飞行，并没有让我感到丝毫疲劳，我几乎全程保持在睡眠状态。更早时候的工作劳累，让我几乎一路沉睡。

在中西咨询没日没夜地工作拼搏了将近五年，还是头一次放下公司事务来到美国度假。其实，更多的是给自己找一个安静的地方，远离一切纷扰，想清楚公司和自己的未来。五年是一个人生标志，也是我曾经给钟名承诺的搭档最低年限。

五年前，我从这里出发，抛下硅谷舒适和熟悉的一切，义无反顾并满怀激情地回国去了中关村，为了亲手打造一家让自己自豪的优秀公司的创业梦想。五年后，尽管自己带领中西咨询弱势崛起，成为本土咨询公司龙头，并因这一成就而感到骄傲，但公司内部后来的变故，也使我感到自己的职业未来开始变得飘忽不定。

我停下脚步，找到一处松软的沙滩，然后面朝大海、落日而坐。一望无际的大海和遥远天边的落日，不仅让我感到人生的不确定和自己的渺小，也让我陷入了沉思。随着落日由橙色渐渐变红，我的思路也清晰起来，并最后聚焦在几个关键点上。

首先，公司的经营管理因为经常忽视商业本质，现在已经偏离了市场轨道，如果没有重大改变，肯定会越滑越远。长此以往，公司不但和我所梦想的可以与跨国公司分庭抗礼的本土一流咨询公司相距甚远，而且迟早会从本土咨询龙头的位置跌落。这并不是我希望看到的结果，也不是我心甘情愿与之同行的企业。

其次，公司忽视商业本质、偏离市场轨道的根本原因，是钟名对公司经营管理主导权的攫取、自身局限和自我膨胀。两年前，我天真而轻易地拱手让出了公司经营管理的主导权，已经使我从机制上失去了对公司经营管理进行纠偏的可能。之前多次的面谈和邮件交流的失败也表明，我已经无法利用个人影响力去改变钟名了。俗话说江山易改，本性难移。我必须接受自己的无能为力，放弃改变钟名的执念。执着和固执往往只是一线之差，前者坚持可能的事情，后者则坚持不可能的事情。

最后，离开自己一手打造的公司的确令人痛苦和难以割舍，就像要和自己全程呵护下长大成人的孩子分离。并且，离开还意味着个人利益的巨大损失，毕竟中西咨询现在是行业里一个响亮的品牌，公司经营规模和效益也相当可观，并且还在增长。但不得不承认，我对公司已经完全失去了昔日的激情，继续待下去意味着无奈和忍让，必将更加痛苦，犹如天天盯着一个失去理智的人在野蛮地残害自己的孩子而无力阻止。在自由快乐与无奈痛苦之间，哪怕后者仍然能带给我利益，我也应该选择前者。退一步，也许海阔天空！

想清楚了这一切，我的心中不禁豁然一亮，身体也感到少有的轻松。

时间飞快流逝，火焰般的太阳在天边慢慢坠落，把无边无际、波光粼粼的大海照耀得一片通红和金光闪闪，美丽得令人窒息。我沉醉在落日熔金的美景中，迟迟不肯离去。

三

2006年夏，在兑现了与钟名搭档五年的承诺之后，我选择离开了自己一手打造的中西咨询。

我离开后的第一年，中西咨询的收入开始明显下滑，甚至出现了公司历史上第一次且出人意料的巨大亏损。回想在此之前的五年里，公司每年都以超过50%的速度增长，有种不堪回首之感。

尽管离开之前我对关键员工做了深入的交流和安抚，然而这一年里，公司的优秀顾问还是以波涛汹涌之势成批流失。

合伙人范晓强离职后，去了一家著名的跨国人力资源咨询公司任中国区老总，黎同等业务负责人也大部分相继离去。作为公司核心业务的战略咨询中心与人力资源咨询中心，项目经理以上的优秀顾问也相继大量流失。尤其是人力资源咨询中心，除个别情况外，绝大部分项目经理以上的优秀顾问都相继离职，或被跨国人力资源咨询公司挖走。

具有讽刺意味的是，"非典"之后一直遭到钟名排挤、打压，我越权强力挽留下来的宗桓却选择留下。后来，他成为中西咨询的CEO，挑起了公司经营管理的重任，并利用品牌的余威，使公司恢复并实现了一定程度的规模增长。

但美好的时间总是短暂的，此前对市场规律的欠债，最终总是要还的。几年后，中西咨询终于吃尽昔日的品牌红利，从本土咨询第一品牌的位置重重跌落，品牌优势也消失殆尽。作为中西咨询品牌衰弱最有力的印证，就是媒体对钟名的关注与邀请开始消失。从中西咨询品牌鼎盛时期经常是CCTV-2节目的座上嘉宾，到后来降为省级电视台的宾客，再后来出现在小城市或边缘的电视台，最后基本从大众媒体中消失，其中的变化令人唏嘘。

中西咨询最后一次出名，是在2012年的12月，宗桓带领十几位合伙人状告公司。从2011年底开始，公司拖欠员工的奖金、佣金、津贴和报销等支付款达两千多万元。后来，宗桓带领这些合伙人离开了中西咨询，另起炉灶。这标志着中西咨询时代的落幕，改名后的中西咨询，最终沦落为另一家平庸的咨询公司。

钟名之前一意孤行开展的教育培训、人才服务（猎头）、资本运作、图书出版等多元化业务，除了耗费了公司不菲的资金与资源，大多以亏损、严重亏损或关门大吉告终。钟名曾经极力赞赏和一再重用的林杰，在负责咨询业务失败后，转而负责教育培训业务，终因表现平庸、业务毫无起色而黯然离开。

其实，早在几百年前，市场经济之父亚当·斯密就在他举世闻名的《国富论》里，向我们展示了市场经济中无处不在的无形之手的巨大作用：违反市场规律的行为必将适得其反。但是，总有一些"大胆"的中国企业家更相信自己，相信人定胜天，要么完全忽视无形之手的存在，要么无知者无畏地与市场规律公开叫板。结果总是一样的，不是头破血流，就是像飞蛾扑火一样灰飞烟灭。

也许他们认为自己和自己的企业想做什么就可以做什么，以为自己完全自由、没有约束，可以为所欲为。但言行导致结果，所有的后果都有前因，所有的苦果只能自己来尝，就像中西咨询的钟名一样。

所以，中国企业的创始人或领导，如果真正想让自己的企业长久不衰，成为世界一流，唯一的出路就是抑制自己的虚荣、贪婪，放弃盲目的自信、自负，限制桀骜的自我，严防其膨胀，并以谦卑的姿态敬畏市场经济的无形之手，遵守市场规律，努力追寻商业的本质。

四

我在中西咨询的创业故事，最终以既充满骄傲又带着遗憾的矛盾感受画上了句号。骄傲的是，中西咨询不仅在短暂的几年时间里，从极其弱小的行业位置迅速、强势崛起，逆袭规模数倍于自己的对手，成为本土咨询响当当的龙头，并且曾经是一家优秀卓越的公司。遗憾的是，中西咨询离与顶级跨国咨询公司竞争并分庭抗礼的一流企业已经近在咫尺，却因为组织的变故和领导人的局限，最后从曾经的辉煌跌落，成了一家平庸的普通公司。

令人深思的是，中国企业忽视商业本质、违反市场规律而横冲直撞的故事其实一直在继续。可以说，中西咨询的兴衰故事并非个案特例，而是众多中国企业的缩影！

中国企业通常擅长短期应对，应变也很灵活，却在抓住商业本质并长期坚守方面难以维系。许多企业之所以找不到出路、起不来，陷入困境、上不去，或者盲目求大、倒下来，根本原因都是企业的领导者忽视或不能抓住商业的本质，使企业的经营管理偏离或远离了市场轨道。

忽视和抓不住商业本质，既有专业能力与经验不足或外部环境造成的客观影响，使企业无法或不知道如何抓住商业本质，也有企业创始人或领导自身的性格和心理引发的主观局限，使企业忽视或藐视商业本质或市场规律。

现在，让我们更具体地审视一番这些客观和主观的因素。

1. 经验缺失，直觉行事

中国市场经济发展的时间相对短暂，各行各业、各大企业的商业和管理能力都有待提高，企业创始人也大多缺乏商业管理的综合经验与能力。早年的许多企业创始人，多是抓住了政策红利的机会，或者依靠自己的直觉将企业做大做强，但这种机会的抓取和直觉的感觉，往往和复杂的商业管理的本质与规律相去甚远。正因为单纯依靠直觉经营，许多初创企业找不到出路，起不来；取得初步成功的企业长不大，上不去或出现停滞。那些依靠机运长大的企业，也会在出现突然的危机时无力应对而坍塌。事实上，在市场经济发展的早期阶段，竞争对手少且弱，企业经营只要有产品，依靠直觉经营确实可以勉强成行，但在竞争激烈和深耕细作的当代社会是行不通的。企业的经营管理，只能依赖专业的经验和能力。

2. 大权独揽，忽视团队

成功创业的创始人之所以能成功，是因为他们在商业上的某些方面具有特殊的能力。比如，具有好的技术和产品、灵敏的市场嗅觉、强大的人际关系、应对环境与事务的出众处理能力等。但也正因为有这些特殊能力，他们不满意或不相信他人的能力，企业大事小事都事必躬亲，并且大权独揽，什么事都要自己说了算，往往忽视团队的打造和组织的力量，出现严重的头重脚轻的企业病。这样的企业，在规模尚小、市场经济早期或竞争少的年代也许问题不大，在规模变大、竞争激烈的时候，就必定需要团队和组织的众人力量。商业管理是一个复杂的体系，任何企业的创始人都不可能单靠自己，就能具备所有的关键能力与经验，而是需要方方面面的具有专业经验与能力的人或团队协同才行。所以，这种头重脚轻的企业肯定做不大，也上不去，最终只会衰退或消亡。

3. 重视人脉，轻视商业

无论中国的市场经济如何发展，都摆脱不了传统文化下的人情和关系，以及国家政策的主导。在市场经济早期，许多企业就是依靠人脉关系发展起来的。即使是今天，人脉关系对企业的经营也非常重要，有时甚至生死攸关。但也正因为如此，许多企业往往会过度聚焦于人脉关系的开发和维持，从而严重忽视了商业本质的重要性。一方面，企业必须认识到，尽管人脉关系会给企业带来商机甚至崛起的机会，但它只是企业在短期发展中可以利用的手段，而商业本质才是企业持续、长久存在的根基。另一方面，人脉关系是脆弱的，会随着时间的变化而变化，甚至消失。所以，人脉关系并不是企业长久发展可以依赖的工具，更不是企业经营的目的，打造商业本质才是。

4. 急功近利，计乏长远

浮躁和急于求成是多数中国企业的明显特征之一。所以，我们不难理解中国企业每年的经营重点，基本都是为实现当年的业绩而全力以赴，甚至不择手段。而企业对未来的发展准备和投入，则要么无暇顾及，要么浑然不知。但商业是循序渐进的，对未来的长期投入，不仅是企业现在更好地服务客户、建立或扩大竞争优势的保障，也会给未来的企业经营打下坚实的基础。

5. 投机取巧，喜欢捷径

中华民族几千年的悠久历史，造就了我们适应环境的强大应变和应对能力，同时也使我们存在着做事喜欢取巧、走捷径的投机心理。许多企业总觉得能一夜爆发，或弯道超车，从而超越对手。然而，投机取巧、走捷径在短期的或者单独某件事情上也许会奏效，但对于企业的长久、持续经营来说，却是需要脚踏实地一步步做出来的。"雄关漫道真如铁"，我们不可能一步或几步就能迈过去。况且，今日所谓的投机、捷径，比如仿冒、侵权、缺斤少两等，会为未来的企业经营管理埋下危险的种子。

6. 得过且过，中庸糊弄

几千年过去，孔子和儒家文化所倡导的中庸之道仍然影响着我们的日常行为，凡事不偏不倚、不走极端，但求和谐、不露不显走平常路的中庸之道，久而久之就形成了一种差不多就行、得过且过的平庸文化。在企业里，平庸文化不只表现在产品和服务等具体事物上，还表现在企业组织无法坚持原则、协调各方利益的折中决策上。这种平庸文化，不仅与卓越的企业组织所凸显的优秀企业文化相冲突，也和市场经济的要求相背离。

7. 玩弄概念，务虚轻实

我们的文化历来强调名头、名分，重视荣誉光环等一些抽象、虚荣的表象，以致许多企业聚焦或沉迷于务虚、忽悠，而不愿意踏踏实实把事情做好、做到位。正如前面中国市场独特环境和特别竞争行为里所描述的那样，国内企业在营销宣传时喜欢夸大其词、玩弄概念。在虚实双轮驱动营销更有效的中国市场，一定程度上的概念营销和夸大，是有作用的甚至必要的，但如果不配以扎实、过硬的实体实质的话，宣传过头无异于忽悠或欺诈，不可能长久，这是商业的基本规律。

8. 心胸狭隘，独断专行

企业领导如果心胸狭隘、独断专行，都和其性格有关，也受一定的虚荣欲望和外部环境影响。心胸狭隘的领导，既不可能构建企业发展的大格局，也不能与他人分享利益与权力，因此很难吸引到企业发展所必需的优秀人才，结果是企业发展起不来，或发展到一定程度后开始停滞、徘徊，甚至衰退。独断专行的老板总会时不时地判断错误、决策错误，不断给企业发展埋下风险。一方面，再能干的老板面对复杂的企业经营时，经验和能力总归有限；另一方面，这样的老板通常会有一帮唯命是从的跟班，他们只会提供顺耳的信息和反馈，如果有价值的意见跟老板相左，他们就不会说。心胸狭隘和独断专行，这样的企业领导在国内还是比较普遍的，所以才会有远超正常比例的企业发展起不来，陷入困境、停滞不前或衰落失败，这是商业的必然。

9. 盲目求大，忽视内功

成为老大是中华文化里最执着的追求目标，也是最值得炫耀的光环。正如俗话所说，老大说了算。这种刻在骨子里的"老大文化"，也使得中国企业盲目地追求做大，即使是世界500强企业，在中国也是按规模大小论资排辈的。中国企业在主业取得成功后，往往会进入五花八门的多元化业务，盲目扩张做大，仿佛做大就是企业发展的唯一目标。小企业追求在本城市或地区成为老大，大企业追求在全国成为龙头老大，或者进入世界500强。它们似乎忘记了，主业发展仍需要持续的投入，企业的内功实力还需要不断地夯实。更有甚者，为了获取过度扩张与做大所需的资金、资源，既敢于不顾自身的支付能力，也敢于蔑视商业的基本规则，不惜违反现金流管理的基本原则，依托高举债、高杠杆进行经营。其结果就是，一旦经营环境出现风吹草动，就会使企业陷入危险境地，甚至坍塌。近几年来，许多大型或巨型的房地产企业就是这样倒下的。所以，所谓"先做大，还是先做强"本身就是个伪命题。不强的企业能持续做大吗？即使有突然暴发而其实不强的企业，但还能保持大吗？

10. 投机冒险，胆大妄为

冒险和创新是成功企业家的明显特征，但冒险、创新是勇于尝试新生事物、敢于面对不确定性、乐于探索未知或挑战成规，并不是拿自己的企业去赌博。不少企业总是揣着一口吃成大胖子的希望，把全部身家性命都押注在自己承受不住的高风险业务上。比如，一个超大型的项目或一项不确定的业务（比如宇宙通信想用2个亿去赌3G新技术）。这不是企业家冒险，而是赌徒压盘。赌博可能一夜暴富，更可能倾家荡产，却绝对不可能成就一家持续成功的企业。许多企业就是在全盘压上的梭哈押注中大败亏输，因此一蹶不振或倒下的。

11. 自我膨胀，蔑视市场

正如本书第十一章所指出的那样，成功是一把双刃剑，可以使人获得自信，也容易使人盲目地自信，变得自负。这种盲目的、自负式的自信，在虚荣、贪婪和得意忘形的推动下，很快会变成自以为是、自我膨胀，从而导致随心所欲地决策，毫无节制地扩张，完全无视了商业的本质与基本规律。企业领导的这种自我膨胀心态，以及蔑视商业本质与市场规律的行为，正是多数大型企业轰然崩塌的根本原因。比如，以前的德隆、三九、华晨、托普、顺驰，近期的海航、恒大、方正等，案例不胜枚举。

虽然企业忽视或抓不住商业本质的成因，与专业能力缺失和环境制约息息相关，但根本原因是企业领导的自身局限。心胸宽广的领导，总能吸引足够多的优秀人才，以弥补企业专业经验与能力的缺失；格局宏大的领导，通常也能引领企业超越环境的制约。所以，正是企业创始人或领导者的心胸狭隘、贪婪、虚荣和自我膨胀，才使得他们为所欲为，带着企业得意忘形地一路狂奔，完全忽视商业的本质与规律，就像一群横冲直撞的野蛮人。

布赖恩·伯勒曾在1990年写了著名的《门口的野蛮人》，书中描写了20世纪80年代，华尔街各知名投行如何像一群豺狼争抢猎物一样，合纵连横、明争暗斗，以杠杆收购的方式吞下一家世界500强企业，争夺企业管理和控制权，并最后把这家企业拖进深渊的真实故事。

对于中国企业而言，其实更应该担心"门内的野蛮人"，这些虚荣、贪婪、狂妄自大的"门内野蛮人"，正在把许多企业带入进退维谷的挣扎困境，甚至走向正轰然崩塌的深渊！

管理点评

» 如何避免企业经营管理偏离市场轨道

正如前文所指出的,创业企业"起不来",成长企业"上不去",大型企业"塌下来",大多是因为企业领导忽视、蔑视或者不能抓住商业本质,使企业经营偏离了市场轨道。企业脱离商业本质、偏离市场轨道也是妨碍中国企业走向一流的核心问题。

许多企业之所以如此,关键原因在于企业专业能力与经验的缺失、外部环境的影响、企业领导的自身局限、毫无制约的独裁权力。所以,为了避免经营管理偏离市场轨道,企业需要围绕这些原因建立相应的修正与制约机制。具体包括以下几个关键方面。

1. 确立市场主导原则

运营、管理和决策等企业的方方面面,必须遵循市场规律和商业本质,并且以市场原则为最高原则。比如,员工任聘、考核激励、晋升提拔等,一切都以业绩为导向;决策的目标或评判的标准，也都是为了满足市场和客户对企业经营管理的需求，而不是某个人的期望或欲望；企业文化提倡优秀表现、突出业绩，总体运营与管理力求专业和精益求精；等等。一切以市场需要，而不是个人私心杂念或主观欲望为标准。

2. 建立开明、公平的企业文化

开明的企业文化，不仅会鼓励员工表达不同意见，甚至反对意见，还会促使管理者采纳员工虽不同但合理的意见。公平的企业文化，会使企业在工作奖惩与市场原则方面人人平等，并且员工具有同等的发言权和建议权，这样才能充分激发企业每个成员的创造力和潜能。开明、公平的企业文化也是卓越企业组织的明显特征之一，可以避免企业成为一言堂以及脱离市场的封闭组织。

3. 成立背景多样化的领导团体

尽管团队决策可能影响效率，但真正有效的团队决策反而会提高决策的全面性、客观性和科学性，大大降低企业经营决策偏离市场轨道的可能性。并且，越是成员的经验、能力和背景不同的团队，看待问题与进行决策的角度就越是多样化，也更能保证全面性和客观性。事实上，依靠团队决策和领导，是中国企业目前为数不多的卓越企业的明显特征之一。

4. 建立好的决策机制

决策事关企业经营中重要事项的选择和战略方向定位，即做正确的事情。它不仅涉及成为什么样的企业、做或不做什么业务、依靠什么竞争这样的大局战略抉择，也包括招什么样的人才、如何激励他们、重用或提拔谁等企业管理的日常策略选择，是企业日常经营是否遵循市场轨道的关键。事实上，中西咨询偏离市场、最终衰败，就是从错误决策开始的，或者说是重要经营决策的不断错误导致的。

决策的准确性，取决于决策信息、判断力和远见。如何建立好的决策机制，保证决策信息的准确性、客观性和全面性，以及提高决策者的判断力和远见，是企业合理决策的关键。决策通常有两种类型，一种是一把手说了算的独裁型，另一种是团队讨论的民主型。目前，多数中国企业的决策属于前者。众所周知，独裁型决策效率高、风险大，民主决策相较而言效率低但风险小（更能避免偏颇或极端的决策风险），许多中国企业突然崩塌或衰败，就是独裁决策与生俱来的风险所致。所以，如何提高决策的效率，同时又能提高决策的全面、客观性，降低决策风险，是企业建立好的决策机制的关键。

考虑到中国企业和环境的特殊性，笔者认为民主集中或许是一种更好的决策机制。指的是由团队自由提供决策提案（可包括不同选项），再通过民主讨论，最后由一把手拍板确定。一把手具有一票否决权和决策时间决定权，因此最好不要赋予其决策提案权，或者遵守一个简单的决策原则：决策团队一方强烈反对的提案不表决，或延迟决策，直到修改达成全体共识。

5. 创建独立的经营监督机制

企业大了，容易出现官僚、腐败和裙带关系，缺乏对外部环境的敏感性，并且企业领导也容易头脑发热、盲目自信或自我膨胀。因此，建立独立于企业决策层之外的监督机构，对企业的战略、经营、风险进行定期评估和经常监督，并及时给决策者提供反馈和预防建议，是中国企业避免偏离市场轨道的重要机制。比如，创建经营监督委员会、战略定期评估小组，以及允许员工匿名提意见等。

6. 企业领导练就卓越领导力

在"老板说了算"的中国市场，企业能否坚持市场主导原则，建立开明、公平的企业文化，依赖多样化的团队成员进行决策，并具有较好的决策机制和独立的监督机构，完全取决于企业的领导。领导如果具有卓越的领导力，这些问题都会迎刃而解。

目前，关于卓越领导力的研究可谓汗牛充栋，作者无意在此重复总结。从实战的角度来说，作者认为，中国企业的领导要练就卓越的领导力，必须具有一些关键的性格、能力和素质。具体来说，企业领导需要具有与他人分享并容纳异己的宽广胸怀，具有战略眼光、丰富经验与判断力的远见卓识，具备吸引优秀人才的个人魅力，具有打造和影响团队的出色能力，以及具有很强的共情能力，能满足客户和员工的需求，并把企业和自己的目标转变成跟随者的动力。这些性格能力，使中国企业领导能实现三大超越——超越自身能力、超越环境约束、超越自我，从而保证企业不会偏离市场轨道，并能抓住和坚守商业本质，遵循市场规律！

鸣　谢

一本书的写作和出版需要许多人的支持和帮助，本书也不例外。笔者在此谨对本书出版与发行过程中提供过支持的所有人表示衷心感谢！

首先，我想感谢山顶视角出版策划的创始人王留全和上海向心云联合创始人李伟，正是有了他们的帮助、联系出版事宜，本书才得以面世。尤其感谢在本书写作过程中，山顶视角王总提供的许多有价值的反馈与修改意见。

其次，特别感谢出版社的李晓波编辑和山顶视角的李俊佩编辑对本书的审阅和文字的润色加工，以及对书稿提出的许多宝贵意见和修改建议。另外，还要感谢出版社其他为本书付出心血的编辑和发行人员，正是他们努力地进行市场推广，才使本书有幸到达读者手中。

最后，我想感谢家人的大力支持。正是因为他们的无条件理解和全力支持，我才能集中精力完成本书的艰辛写作，女儿Jacquelyn甚至还专门为本书绘制了唯一的展示图。